일제 강제동원, 정부가 중단한 진상규명

-11년의 비판적 회고

강제동원 & 평화총서 16

일제 강제동원, 정부가 중단한 진상규명
-11년의 비판적 회고

초판 1쇄 인쇄 2020년 8월 5일
초판 1쇄 발행 2020년 8월 15일

저 자 허광무·전혜경·오일환
펴낸이 윤관백
펴낸곳 도서출판 선인

등 록 제5-77호(1998. 11. 4)
주 소 서울특별시 마포구 마포대로 4다길 4
전 화 02-718-6252
팩 스 02-718-6253
E-mail sunin72@chol.com

정 가 20,000원

ISBN 979-11-6068-393-6 94900
     978-89-5933-473-5 (세트)

■ 저자와의 협의에 의해 인지 생략.
■ 잘못된 책은 교환해 드립니다.

강제동원 & 평화총서 16

일제 강제동원, 정부가 중단한 진상규명
-11년의 비판적 회고

허광무·정혜경·오일환

2005년 3월의 어느 날. 강제동원 조사를 위해 출범한 정부기관이 피해접수를 개시한지 얼마 지나지 않던 때였다. 봄의 초입이라기보다는 겨울의 끝자락이라는 표현이 어울릴 정도로 추운 아침, 조사관들을 태운 차량은 전라북도 익산을 향하고 있었다. 피해신고서를 제출한 생존자를 만나기 위해서였다. 처음 만나는 피해자이기에 긴장도 되지만 설렘도 있었다. 책에서 읽었던 강제동원·강제노동의 이야기를 생존자에게 직접 듣는 기회란 흔치 않다. 그래서 내심 소중하기도 하고 기대도 컸다.

신고서에 작성된 주소지를 찾아가자 어느 평범한 한옥 농가가 나타났다. 피해자는 부인과 함께 방 안쪽에 앉은 채 우리 일행을 맞이해 주었다. 피해자의 긴장한 눈빛과 어색한 공기가 지난 후 본격적인 이야기가 시작되었다. 그런데 할아버지는 귀가 어두운지 면담자의 말을 알아들 수 없다는 눈치였다. 허공을 맴도는 할아버지의 눈동자가 애처롭기만 했다. "비행장을 닦다가 포탄에 고막을 다쳐 잘 듣지를 못합니다." 옆에 있던 아드님이 거들었다. 할아버지는 단순히 귀가 어두운 게 아니었다. 동원된 곳에서 청력을 잃었던 것이다. 아드님이 달력 뒷면을 펼쳐놓고 매직펜을 준비해 둔 이유를 알겠다. 우리가 질문하면 아드님이 이를 받아 적어 할아버지께 보여줬다. 할아버지의 목소리는 쉬고 거칠었지만 당당했다. 하지만 할아버지에게 동원된 장소나 회사명, 관리자 이름 등 동원지역을 확정할 수 있는 정보는 얻을 수 없었다. 할아버지는 노무관리자가 시키는 대로 밤낮없이 땅을 고르고 흙을 나르는 작업을 했다고 한다. 회사이름이 뭔지, 마을이름이 뭔지 대놓고 물을 수 없는 엄중한 시대였다고 하니 몰랐을 법도 했다. 더욱이 시설을 군이 사용할 것이었다면 더욱 엄중했을 것이다.

어느 덧 시간은 흘러 면담을 마무리하고 자리를 일어서려하자 가지마라는 듯 할아버지는 다급하게 손짓을 했다. 동시에 검붉게 그을린 주름진 얼굴에 굵은 눈물방울이 한줄기 흘러내렸다. 우리 일행은 당혹스러워 엉거주춤하다 이내 자리에 앉았다. "생각이 안 나. 분하고 원통해"라는 말이 들려왔다. 그 말은 모두에게 향한 듯 날서 있었다. 이름도 모르는 낯선 땅에 끌고 가 대가없이 밤낮으로 고생시킨 일본, 국민의 피해에 오랫동안 무관심했던 정부, 피해내용을 온전하게 전달 못하는 피해당사자, 말귀를 알아듣지 못하는 조사자, 이 모든 것을 향한 말인 것 같았다. 생존 피해자와의 만남은 그렇게 시작되었다.

그 후로 많은 피해자들을 만났다. 만난 수만큼이나 다양한 피해상황도 들을 수가 있었다. 그 덕분에 문헌에서는 알 수 없었던 사실을 알게 되었거나 또는 단절된 문서자료와 문서자료를 서로 연결시킬 수 있었다. 그리고 피해자 입장에서 강제동원을 돌아보는 시각도 갖게 되었다. 피해자의 심경을 이해하는 일, 그것이 중요하다. 기억에도 선명한 일제시기 고난을 설명하는 데 조리 있는 말이 무슨 대수인가. 2년간의 탄광노동이 단 몇 마디로 설명될 때가 오히려 더 먹먹했다. 2년 동안 같은 일만 매일 되풀이했으니 더 설명할 말이 없었던 것이다. 첫 만남의 할아버지는 내게 강제동원 진상조사의 어려움과 헛헛함을 미리 알려준 것 같았다.

강제동원 조사와 연구가 궤도에 오를 즈음 정부기관은 문을 닫았다. 한일 연구자와 시민단체가 한국정부와 국회에 존속을 요청했으나 소용없었다. 강제동원 연구의 일본측 석학 히구치 유이치樋口雄一 선생이 그 소식을 듣고 직접 찾아왔다. 그리고 한국 정부기관의 그간 활동을 정리해 줬으면 한다는 바람을 전해 왔다. 피해자와 현장에서 마주한 경험을 기록해 달라는 주문이었다. 현장에서의 경험을 남기는 것 또한 이 역사적인 과업을 수행한 연구자 중 한 사람으로서 책무이기도 하다는 생각에 흔쾌히 수락했다. 그로부터 5년이 흘렀다. 그 사이 강제동원문제로 한일관계는 역대 최악이라는 상황까지 치달았다. 한국 정부기관의 작동이 멈추자 발생한 일이었다. 우리의 경험이 한일 역사문제에 도움이 됐을지도 모르는 중요한 시점에, 이를 공유하지 못한 채 귀중한 시간을 소모하고 있었던 것이다. 모두 본 필자의 책임이다. 원고작성을 서둘러야겠다는 조급함이 앞섰다. 그럴수록 머릿속은 하얘지고 갈피를 잡을 수가 없었다. 그때마다 정혜경, 오일환 두 필자는 동지애와 같은 마음으로 필자를 격려해 주었다. 일찍이 탈고하고 기다려준 두 필자께는 송구한 마음뿐이다. 감사드린다. 히구치 선생과의 약속도 이제 지키게 되었다.

이 책은 위원회 업무를 대표하는 '피해조사(진상규명)', '피해자 지원', '유골봉환 및 추도', '자료수집'이라는 4대 분야로 구성하였다. 제I부 '강제동원 피해 진상조사'에서는 위원회의 핵심과제인 강제동원 피해조사와 진상규명 활동을 다루었다. 집필은 조사과장을 역임한 정혜경 박사가 담당했다. 제II부 '위로금 등 지원금 지원'에서는 강제동원 피해자와 유족에 대한 한국정부의 지원사업에 대해 돌아보았다. 집필은 조사과장과 심사과장을 역임한 허광무 박사가 담당했다. 제III부 '추도사업의 전개와 과제'에서는 돌아오지 못한 강제동원 희생자 문제, 귀환의 문제를 다루었다. 집필은 한일협의체 실무와 한·러협의를 이끌었던 오일환 박사가 담당했다. 마지막으로 제IV부 '자료수집의 노력과 성과'에서는 위원회가 수집한 대표적인 명부를 중심으로 위의 집필자가 각각 해당자료에 대한 입수경위, 내용, 의의 등에 대해 설명했다. 그리고 서언과 맺음말은 정혜경 박사가 담당했다. 이미 『터널의 끝을 향해』(도서출판선인, 2017)에서 위원회 업무를 소개했던 정혜경 박사는 강제동원 문제가 정치적으로 '소비'되고 위원회 운영이 파행을 겪을 수밖에 없었던 우리사회의 문제점과 한계를 냉철하게 진단하고 있다.

당초 위원회 활동의 성과와 과제를 쉽게 설명하고자 기획한 것인데, 집필자들은 피해자와 유족들의 고통뿐만 아니라 강제동원이 남기고 간 우리사회의 모순과 상처를 다시 한 번 뒤돌아보는 것만으로도 또 다른 트라우마를 겪어야 했다. 더욱이 한 세기가 지났지만 일제강점과 강제동원의 상흔이 우리사회에 뿌리 깊게 내려져 또 다른 후유증과 악성 종양으로 발전하려는 요즈음, 집필자 일동은 강제동원 진상규명이라는 '공적公的 과업'이 '끝난 게 아니라 이제 막 시작했다'는 사실만이라도 오롯이 전달될 수 있기를 간절히 희망한다. 이 책이 강제동원 진상규명의 '시즌 1'을 마무리하고 '시즌 2'를 준비하는 데 초석이 된다면, 이 책의 간행을 기다렸던 독자들이나 피해자, 유가족께 조금은 고개를 들 수 있을 것 같다. 아낌없는 질정과 응원을 부탁드리며, 이 책이 세상에 나오게 도와준 도서출판 선인의 윤관백 대표와 박애리 실장, 직원여러분께 감사의 인사를 전한다.

2020년 8월
부평 굴포천을 굽어보며 필자들을 대신하여
허광무 씀

| 차 례 |

발간사 · 4

강제동원위원회, 세상에 나오다 · · · · · · · · · · · · · · · 10

제I부 강제동원 피해 진상조사 · · · · · · · · · · · · · · · · 25

　　제1장 강제동원 피해 진상조사 · · · · · · · · · · · 30
　　제2장 강제동원 관련 자료 · · · · · · · · · · · 54
　　제3장 강제동원 피해 진상조사의 향후 과제 · · · · · · 87

제II부 위로금 등 지원금 지원 · · · · · · · · · · · · · · · 101

　　제4장 지원금 지급의 배경과 경과 · · · · · · · · · · 102
　　제5장 지원업무의 종류와 내용 · · · · · · · · · · 118
　　제6장 지원금 지급의 성과와 과제 · · · · · · · · · · 140

제III부 추도사업의 전개와 과제 · · · · · · · · · · · · · · · 169

제7장 한일유골협의 · · · · · · · · · · · · 172

제8장 희생자 유골봉환 사업 · · · · · · · · · 193

제9장 추도사업과 남겨진 과제 · · · · · · · · · 248

제IV부 자료수집의 노력과 성과 · · · · · · · · · · · 257

제10장 공탁금 명부 · · · · · · · · · 259

제11장 후생연금보험 명부 · · · · · · · · 266

제12장 그밖의 자료 수집 활동 · · · · · · · · · 280

강제동원위원회, 항해를 멈추다 · · · · · · · · · · 293

강제동원위원회, 세상에 나오다

■ 2015년 12월 31일.

서울특별시 종로구 신문로 세안빌딩에 걸렸던 '국무총리 산하 대일항쟁기 강제동원피해조사 및 국외강제동원희생자등 지원위원회(이하 강제동원위원회)'의 간판을 뗀 날이다.

2004년 11월 10일, '일제강점하 강제동원피해진상규명 등에 관한 특별법'에 따라 '일제강점하 강제동원피해진상규명위원회'라는 이름으로 발족한 지 11년 만이었다. 강제동원위원회 폐지로 전문가와 어렵게 모은 자료는 흩어졌다.

35자나 되는 긴 이름의 정부 기관. 이곳은 무엇을 하는 곳이었을까. 이름만큼이나 길고 복잡한 대일역사문제를 해결하는 곳이었다. 폐지를 막기 위해 2015년 11월, 일본의 대표적인 역사학자들과 일본 시민단체가 연명으로 대한민국 국회와 대통령에게 강제동원위원회 존속을 청원했고, 주요 언론에서 하나같이 폐지의 문제점을 제기했다.

무슨 이유로 40여 일본 시민단체와 역사학자들은 한국정부 기관의 존속을 원했을까. 한국 주요 언론은 왜 존속을 주장했을까. 이곳은 어떤 존재의미가 있었고, 무슨 일을 했는가, 그리고 왜 문을 닫았는가. 이 책에서 이야기하려 한다. 이 책은 강제동원위원회 구성원으로써 대일역사문제의 한복판에서 거친 길을 가야 했던 이들이 직접 경험하고 기록한 이야기다. 이미 5년 전 일이지만 역사의 교훈을 공유하기 위해 쉽지 않은 이야기를 시작해 보고자 한다.

▣ 한국정부가 나선 아시아태평양전쟁 강제동원 진상규명의 길

일본은 1938년 국가총동원법 제정 후 법적 근거에 따라 인력과 물자, 자금을 동원해 아시아태평양전쟁(1931~1945년)을 수행했다. 일본이 일으킨 아시아태평양전쟁은 조선과 일본, 중국과 만주, 동남아시아, 태평양의 민중들에게 상처를 남겼다. 아시아태평양 민중들이 입은 전쟁 피해에 대한 진상규명의 책임은 가해국 일본에 있다. 그러나 그동안 일본정부 차원의 진상규명은 없었다. 다른 아시아태평양전쟁 관련국들도 마찬가지였다. 전쟁 관련국 가운데 정부 차원의 진상규명을 시도한 나라는 한국이 유일하다. 한국정부는 2004년 11월 10일 국무총리 소속 강제동원위원회를 출범해 진상규명을 시작했다.

강제동원위원회는 세계 유일의 '일본이 일으킨 아시아태평양전쟁에 의한 피해를 조사하는 공적 기관'이었다. 피해자와 시민이 문을 열었고, 아시아태평양전쟁 피해라는 과제를 대상으로 진상규명을 추진한 '야전사령부'였다. 일본 시민들과 연대하며 먼지가 낀 역사의 거울을 닦아 나갔다. 일본정부를 상대로 사망자 유골 현황 조사를 했고 공탁금문서 등 관련 자료를 확보했으며, 일본·사할린 유골봉환사업도 시작했다.

모두 '전후 역사상' 첫 시도였고, 성과가 적지 않았으나 진상규명작업은 11년 만에 중단했다. 11년 가운데 제대로 진상규명을 할 수 있었던 기간은 일부였다. 그렇다고 강제동원위원회에 대한 역사적 평가는 퇴색되지 않는다. 대일역사갈등 해결과 미래지향적 한일관계의 가능성을 확인한 점은 큰 성과다. 담론이 아니라 경험을 통해 얻은 교훈이다.

먼저 강제동원위원회가 탄생하게 된 배경을 풀어보자. 한국정부가 진상규명작업을 하게 된 배경에는 한국사회의 민주화와 시민사회의 성장, 국제연대의 성과라는 두 가지 축이 있었다.

■ 대일배상소송으로 맞섰으나 좌절로 마감한 20세기

대일배상은 해방 후 한국사회의 큰 과제였다. 임금을 받지 못한 강제동원 피해자들이 속속 고향으로 돌아오면서 대일배상 요구는 강해졌다. 정부 수립 후 이승만 정부도 적극적으로 대응했다.

1950년대 초와 1957~1958년 등 두 차례에 걸쳐 정부가 전국단위로 했던 피해신고도 대일배상을 위한 협상용 자료 생산 목적이었다. 이 과정에서 '일정시피징용징병자명부'와 '왜정시피징용자명부'를 얻었다. 그러나 '일정시피징용징병자명부'는 한일회담 후 2013년에야 세상에 나올 수 있었고, '왜정시피징용자명부'도 제1공화국 붕괴로 오랫동안 총무처 창고 신세를 면치 못했다.

'응징사원호회'나 '태평양동지회' 등 대일과거청산운동 단체가 발족했으나 6·25전쟁을 거치면서 잠잠해졌다. 피해자들이 권리를 찾으려는 움직임 자체만으로도 불순한 세력으로 취급하던 엄혹한 시기였기 때문이다. 1970년대 '대일민간청구권자금'에 의한 보상이 이루어지기 전까지 활동 단체는 '한국원폭자협회(1967년 결성)'가 유일했으나 개점 휴업상태였다. 1968년 미쓰비시三菱중공업을 상대로 미불임금 반환 청구 활동을 벌인 적이 있었을 뿐이다. 이런 상황에서 피해자 사회가 피해자성을 유지하고 권리를 요구하기는 어려웠다.

피해자들이 권리를 각성하게 된 계기는 1965년 한일협정 체결과 관련한 대일보상금청구였다. 한국정부는 '대일민간청구권 자금'에 의한 인적·물적 보상을 통해 인적피해보상 8,552명(25억 6,560만 원)과 물적피해보상 74,967건(66억 2,209만 원)을 지급했다. 정부 스스로 대일협상 자리에서 제시한 피해자 규모에도 미치지 못한 미흡한 보상이었다. 인적피해보상 지급건수가 이렇게 적었던 가장 큰 이유는 정부의 의지 부족이었다. 정부 차원의 홍보도 부족했고, 신청 기간도 짧았으며, 지급 대상도 제한(현지 사망과 행방불명)했다. 신고 당사자가 스스로 문서를 통해 피해를 증명해야 했다. 가장 높은 장벽이었다. 한국정부가 대일민간청구권 보상금이라는 제도는 만들었지만 높은 벽을 만들어 버린 셈이다.

이렇듯 대일민간청구권 보상금 지급은 큰 아쉬움을 남겼으나 피해자 사회에 자극이 되었다. 피해자들은 자신들의 권리를 인식하고 전국단위의 단체를 조직했다. 1973년 4월 친목 단체 수준으로 출발한 '태평양전쟁희생자유족회'는 전국 규모의 단체로 성장했다. 일본의 소송(원폭피해자 손진두孫振斗 수첩 재판)은 단체 성장에 영향을 주었다.

일본 소송은 재일동포 중심으로 시작해 1990년부터 한국 거주 피해자와 단체의 소송으로 이어갔다. 한국의 유족단체들은 일본정부를 상대로 소송을 제기했고, 일본 시민단체의 지원을 받으며 조직을 키워나갔다. 소송을 계기로 '태평양전쟁희생자유족회' 독점 체제는 막을 내리고 지역별로 설립한 여러 단체가 각각 소송에 나섰다. 그러나 일본 법정의 판결은 '기각'이었다. '기각'의 벽은 완강했다. 승소(인용)나 '화해'로 확정판결 받은 소송은 원폭 관련 소송을 제외하면 2건에 불과했다.

2000년대에 들어 미국 캘리포니아와 한국에서도 일본기업을 상대로 소송을 시작했다. 미국에서 소송이 가능했던 것은 전쟁 중 일본기업에서 강제 노역했던 미군 포로들이 일본기업을 상대로 소송을 제기했기 때문이다. 캘리포니아주는 나치 정권과 동맹국에 대해 2010년까지 시효를 연장한다는 '징용배상특별법'(일명 헤이든 법)을 제정해 소송의 길을 터주었다. 이를 주목한 재미 한국·중국인 변호사들은 본국의 한국인을 대표해 미쓰비시, 미쓰이三井, 신일본제철, 오노다小野田시멘트 등 일본의 기업을 상대로 미국의 캘리포니아주 법정과 연방 법정에 제소했다. 그러나 진상규명 없이 시작한 소송 결과는 참담했다. 기본 자료도 제시하지 못하는 궁색한 소송이었다. 이스라엘 정부 차원의 진상규명이 선행되었던 '홀로코스트 소송'과 비교할 수 없었다.

미국은 물론 한국에서도 기각 판결은 그칠 줄 몰랐다. 일본과 미국, 한국 소송에 지친 피해당사자와 유족들은 방향을 돌렸다. 한국사회에서 자기편을 찾기 시작했다. 한국사회에서는 1990년대부터 대일과거청산운동에 대한 관심이 일어났다. 가장 큰 배경은 독재정권 종식과 한국사회의 민주화였다. '가만히 있으라!'가 먹히지 않는 시대가 온 것이다. 한국사회가 대일과거청산운동에 관심을 갖게 된 계기는 일본군'위안부'와 역사교과서 문제였다. 한국사회의 관심은 피해자 단체와 일본 지원 단체에 힘을 실어 주는 선순환구조를 가져왔다. 그러나 피해자들의 염원과 달리 대일과거청산은 성과를 거두지 못한 채 20세기의 막을 내렸다.

▣ 21세기를 연 국제연대의 거보, 2000년 국제법정

지금도 여전히 많은 시민은 강제동원 피해를 한일관계로 여긴다. 그러나 당시 조선은 물론, 동남아시아와 중국, 일본, 태평양 민중들도 피해자였다. 그러므로 국제연대를 통해 전쟁 피해의 상흔을 치유하고 평화의 길로 나아가야 한다. 이 길을 걷기 위한 국제연대의 역사는 한국이 정부 차원의 진상규명작업을 시작하는 밑거름이 되었다.

민간 재판 이벤트인 '일본군 성노예 전범 국제법정(2000년 12월 8~12일, 일본 도쿄. 이하 '2000년 국제법정')'은 대표적 국제연대 사례다. 일본군의 전쟁범죄, 특히 일본군'위안부'를 조직한 행위를 비판·검증할 목적으로 열었다. 한국을 비롯한 피해국과 일본 시민단체가 공동 주최하고 세계 인권·평화·여성 단체들이 참여했다. 아시아태평양 지역 총 9개국에서 온 64명의 피해자, 전 세계 천여 명의 방청객과 3백 명이 넘는 기자들도 참석했다.

2000년 국제법정은 판사와 검사, 법률 조언, 증인(전문가, 일본인 재향군인)은 있었으나 변호인과 피고인은 없는 결석재판이었다. 판사는 가브리엘 커크 맥도널드(Gabrielle Kirk McDonald, 전 유고슬라비아 전범 재판소) 재판장을 비롯해 미국·아르헨티나·영국·케냐 국적의 법조인이 맡았다. 법정은 임시로 쇼와昭和 천황[1]과 일본정부에 유죄판결을 내린 후 1년 후 2001년 12월 4일 네덜란드 헤이그에서 최종결정을 내렸다. 국제법정을 통해 쇼와 천황은 전범이 되었다. 국제법정은 민간 법정이므로 법적 구속력은 없었으나 상징적 의미는 컸다. 상징 천황이기는 하지만 일본에서 천황제는 중요했기 때문이다.

'2000년 국제법정'은 새로운 21세기가 새롭게 열리는 시점에서 세계시민사회에 인간의 보편적 가치를 제기한 이벤트였다. 강제노동과 일본의 전쟁 책임 문제 해결의 가능성을 확인한 기회가 되었다. 참가국 시민들은 한일 양국의 문제를 넘어 세계 시민 사회가 함께 지속·조직적으로 대응할 문제임을 인식했다.

'2000년 국제법정' 실행위원회는 비록 법정 판결을 강제할 권한은 없지만, 변화를 전망했다. 변화란, 국제사회와 시민사회가 판결을 받아들여 실천하고 각 정부가 법 개정의 길을 여는 것이었다. 적극적으로 실천한 국가는 한국이었다.

■ 국제법정의 경험을 토대로 시작한 진상규명 특별법 제정 운동

한국의 강제동원 진상규명 법제화 움직임은 '2000년 국제법정' 개최 이전부터 시작해 국제법정 직후 본격화했다. 2000년 9월. 피해자와 연구 단체, 시민

단체 대표들이 모여 진상규명 특별법 제정을 위한 '일제강점기 강제동원진상규명모임'을 발족했다. 2000년 6월 독일미래재단 설립 발표는 자극이 되었다.

10월 12일, 국회는 법안을 발의(김원웅 외 69명 공동 발의)했다. 발의를 위해 준비한 초안에는 진상규명과 생활지원 조항(제14조 의료지원금 및 생활지원금)을 포함했으나 발의 법안에는 제외했다. 전략적 선택이었다. 법안 발의의 역사적 의의는 대표발의자가 기자회견에서 밝힌 것과 같이, '건국 이후 최초로 한국정부가 일제의 전쟁에 동원당한 자국민의 피해를 조사하고 진상을 밝히는 법'이다.

2001년 9월 26일, 모임은 법제화 운동을 위해 '일제강점하 강제동원피해 진상규명 등에 관한 특별법 제정 추진위원회(이하 법추진위)'로 확대 개편하기로 하고 법안 발의 후 12월 11일, 법추진위를 발족했다. 법추진위는 2002년부터 '뉴스레터-특별법추진속보'를 발간하고 국회를 상대로 활동에 나섰다.

- **공동대표**: 강만길(상지대 총장), 곽동협(대구 곽병원장), 송두환(민주화를 위한 변호사모임 대표), 이남순(한국노동조합총연맹 위원장)
- **공동 집행위원장**: 이정식(한국노동조합총연맹 대외협력본부장), 최봉태(변호사)
- **집행단체**: 연구(민족문제연구소, 역사문제연구소, 한국독립운동사연구소, 한국정신대연구소, 한일민족문제학회), 피해자(나눔의 집, 태평양전쟁피해자보상추진협의회, 태평양전쟁한국인희생자유족회, 한국원폭피해자협회, 한국정신대문제대책협의회, 우키시마폭침진상규명회), 시민(3·1여성동지회, 민주화를 위한 변호사모임, 정신대할머니와 함께 하는 시민모임, 한국노동조합총연맹)
- **사무국**: 민족문제연구소(~2002년 9월), 정신대할머니와 함께 하는 시민모임(2003년 2월~)
- **상설기구**: 조사연구실(한일민족문제학회 정혜경)
- **비상설 기구**: 대외협력실(한국정신대문제대책협의회), 법률실(민주화 사회를 위한 변호사모임)

법추진위는 심포지엄(구술자료로 복원하는 강제연행의 역사', 2001년 12월 19일)과 한미일 연대 국회 공청회('일제강점하 강제동원피해 진상규명 어디까지 왔나', 2002년 2월 4일)를 개최했다. 주요 사회 인사 서명과 국회의원 전원 서명운동도 전개했다. 2002년 여름에는 지방 거주 피해자들에게 법 제정에 대한 지지 여론을 조성할 목적으로 전국 방문 투어 '평화 지킴이들의 전국 순례(7월 27일~8월 3일)'도 했다.

2002년 9월 17일 일본 고이즈미小泉 총리는 전격적으로 북한을 방문해 김정일 국방위원장과 정상회담을 개최하고 국교정상화를 논의했다. 이같이 주변 여건은 무르익는 듯 했으나 3년간에 걸친 법제화 과정은 쉽지 않았다. 2002년 2월 6일 국회 행정자치위원회에 상정한 법안은 심의 단계로 가지 못했다. 국회 해당 상임위 수석전문위원이 작성한 검토보고서에는 '피해 사실 및 피해자 확인의 어려움' '외교 관계 지장 초래 우려' 등 문제점이 적시되어 있었다. 검토보고서는 관련 부처의 의견을 반영해 작성하는 것이므로, 강제동원 진상규명에 대한 한국정부의 인식을 알 수 있었다.

2002년 12월 대선에서 노무현 후보가 당선되자 법추진위를 비롯한 역사청산 추진 세력들은 새 정부에 큰 기대를 걸고, 여러 단체와 연명으로 대통령직 인수위원회에 정책제안서(올바른 한일관계 모색을 위한 현 단계 문제점과 향후 방향-역사 인식과 과거사 청산을 중심으로)를 제출했으나 인수위원회는 아무런 반응도 보이지 않았다.

▣ 법제정을 위한 실천운동

법안 발의 후 2년이 지나도록 지지부진한 상태에서 돌파력이 필요했다. 방법은 세 가지였다. 하나는 자료 공개이고, 다른 하나는 '국적포기운동'이었으며, 마지막은 '한일수교회의기록 공개요구소송'이었다.

2003년 2월 28일, 법추진위는 국회에서 강제동원 41만 명부를 일반에 공개했다. 이 명부는 일본 시민단체인 '조선인강제연행진상조사단'이 수집한 자료로써 일부는 국가기록원 소장 명부와 중복되지만 새로운 자료도 많았다. 유족들은 명부를 열람하기 위해 국회 로비에 모여들었다. 언론의 관심은 높았으나 법안 심의 전망은 여전히 어두웠다.

두 번째 방법인 '국적포기운동'은 연로한 피해자와 유족들이 '자신들의 피해를 규명해주지 않는 국가에 실망해 국적을 유지하지 않겠다'는 취지의 운동이다. 한국 실정법에 따르면 국적 포기는 불가능하므로 선언적 운동이다. 절박함을 타개하는 방법에 대해 언론의 관심도 높았고 정부에서도 반응을 보이기 시작했다.

그러나 정부 입장은 법제정 반대였다. 8월 12일자 연합뉴스가 보도한 외교통상부 아시아태평양국장의 의견은 "1965년 한일청구권 협정의 결과, 우리 정부는 1975~1977년간 보상을 끝냈"고, "국내 법률적으로도 끝난 사안이라는 것이 정부의 입장"이었다. '정부가 할 만큼 다 했음에도 법 제정을 추진하며 국적 포기까지 선언하는 것은 이해할 수 없다'는 견해도 표명했다. 법제화 과정에서 외교부의 반대는 거셌다. 그러나 강제동원위원회 발족 후 폐지할 때까지 존속 필요성에 대해 강력하게 입장을 표명하고 지원한 정부 부처는 외교부가 유일했다. 진상규명의 성과가 한일외교에 미치는 순기능을 실감했기 때문이다.

정부 여당의 싸늘한 반응 속에서 국적포기운동을 계속했다. 피해자와 유족들은 KBS TV 생방송 시사프로그램 '시민프로젝트 나와 주세요'에 출연해 법제정을 촉구했다. 이 프로그램은 시민의 상대역이 출연하는 포맷이었다. 주제와 관련해 '시민'의 상대역인 한나라당은 출연(제1정책조정위원장)했으나 여당인 새천년민주당에서는 아무도 나오지 않았다. 대선 승리 후 오만해진 집권 여당은 강제동원피해 문제를 외면했다. 16대 정기국회 회기 종료는 다가오는데 피해자와 유족들의 호소에 관심을 보이지 않았다.

그러나 터널의 끝은 있었다. 2003년 10월 24일 국회 운영위원회는 '과거사진상규명에 관한 특별위원회 구성 결의안'을 채택했다. 강제동원특별법 발의 후 발의한 일제강점하친일반민족행위진상규명에 관한 특별법 등 7개의 역사 관련 법안을 함께 심의하기 위한 조치였다. 간신히 강제동원 특별법의 '심의'가 가능해졌다. 그러나 일본을 상대로 하는 강제동원특별법과 국내 역사 문제 진상규명 법안을 '과거사(過去事, 과거의 역사가 아닌 과거의 일)'로 뭉뚱그린 편법은 이후 강제동원 진상규명작업이 정치적 외풍을 타는 원인이 되었다.

법안 발의 후 3년이 다 되도록 지지부진했던 강제동원특별법 심의는 국회 특별위원회 설치로 속도감을 냈다. 2004년 2월 2일, 법안 수정안이 특별위원회를 통과해 2월 9일 본회의 상정을 앞두었다가 상정 직전에 보류되었다. 법추진위에 참여하지 않았던 태평양전쟁희생자유족회가 한나라당 당직자들을 찾아가 법안 상정 철회를 강력히 요청했기 때문이다. 당시 태평양전쟁희생자유족회가 추진하던 '태평양전쟁희생자에 대한 생활안정지원법안' 무산을 우려한 행동이었다. 참담했다.

법추진위 소속 피해자와 유족들의 노력으로 뒤집힌 솥단지를 다시 세운 덕분에 2월 13일 오후 법안은 국회 본회의를 통과했다. 출석 의원 175명 중 찬성 169명, 반대 1명, 기권 5명의 압도적 찬성으로 진상규명의 길을 열었다. 2001년 12월, 피해자를 포함한 시민사회가 법추진위를 발족해 법 제정에 나선 후 3년 만에 거둔 성과였다.[2]

법안은 통과되었으나 아쉬움은 컸다. 심의 과정에서 주요 권한을 약화한 형태로 수정했기 때문이다. 위상의 약화(대통령 소속 → 국무총리 소속), 조사 권한 일부 삭제('그간 한국정부가 행했던 조치에 관한 조사 권한' 조항 삭제), 조직력 약화(위원장 등 전원 비상임), 짧은 존속 기한(2년)은 방대한 진상규명 작업 수행에 걸림돌이었다. 다른 '과거사 관련 위원회'가 대통령 소속으로 예산과 인사를 독자적으로 운용할 수 있었던 것과 달리, 국무총리 소속이어서 예산과 인사권을 행정자치부가 주관했다는 점도 큰 한계였다. 이후 행정자치부(행정안전부)는 강제동원위원회의 조직과 운영을 좌지우지하고 통폐합과 폐지를 주도했다.

법이 규정한 업무와 역할은 방대한데 턱없이 부족한 연한과 조직 규모는 처음부터 무리한 조합이었다. 힘들게 법안을 통과시켰으나, 단명한 형식상 조직으로 그칠 것이라는 우려는 컸다. 그러나 정부가 아닌 시민의 힘으로 한국 역사상 처음 진상규명의 길을 열었다는 점은 한국사회의 소중한 경험이자 자산이다.

▣ 진상규명의 또 다른 기둥, '한일수교회의기록 공개요구 소송'

국회에서 강제동원특별법을 의결한 2004년 2월 13일은 '한일수교회의기록 공개요구 소송'(이하 한일기록공개소송) 1심 승소일이기도 했다. 한일수교회의기록 공개는 진상규명과 피해권리구제를 위해 필요한 또 다른 과정이었다. 강제동원특별법이 피해를 대상으로 한 진상규명 방법이라면, 한일수교회의기록은 해방 후 양국이 수행한 사후 처리 과정을 파악하는 데 필요한 자료이기 때문이다.

관련 기록 공개는 공개 후 파장도 예상할 수 있는 사안이었다. 그간 한일수교회의기록은 30년의 연한이 지정된 비공개자료여서 일반인은 열람할 수 없었다. 도쿄東京대에 일부 자료가 있었으나 어느 시기부터 비공개가 되어 한일회담의 전모에 대해서는 추측과 설이 무성했다.

법추진위는 강제동원특별법 제정 과정에서 한일기록공개소송을 추진했다. 당시 피해자 사회는 강제동원특별법에 대해 전폭적 호응을 보내지 않았다. 법안 내용에 피해보상이나 생활 지원이 포함되지 않았기 때문이다. 피해자와 유족들은 진상규명보다 보상이나 지원을 시급하다고 여겼다. 이러한 인식은 이후 강제동원위원회의 진상조사 추진을 저해하고, 위원회 폐지의 배경 가운데 하나가 되었다.

이미 일본기업과 정부를 상대로 한 소송이 기각과 패소를 거듭한 상황에서 피해자 사회가 기댈 곳은 한국정부와 법정이었다. 그러나 한국정부와 법정의 반응도 일본과 다르지 않았다. 이 과정에서 한일회담 당시 개인 청구권 합의 과정을 확인하지 못한 상황에서 한국정부를 상대로 한 피해자 권리 요구는 성과를 기대하기 어렵다는 점을 깨달았다. 피해자 사회의 열망을 담기 위해서는 근본적인 대응이 필요했고, 방법의 하나가 한일기록공개소송이었다. 기록 확보는 향후 소송 등 후속 조치로 향한 첫 단계였으므로 피해자 사회의 호응은 컸다.

법추진위는 2002년 6월 17일, 외교통상부에 기록 공개를 요구했으나 '한일관계에 영향을 미친다'는 이유로 거부당했다. 7월과 9월에도 계속 기록 공개를 요구했으나 결과는 마찬가지였다. "공공기관의 정보 공개에 관한 법률 제7조에 의거해 공개할 수 없다"는 답변이었다. 법추진위는 10월 10일, 외교통상부를 상대로 '한일협정 관련의 외교문서 정보공개거부처분 취소청구'소장을 서울행정법원 제3행정부에 제출했고, 2004년 2월 13일, 서울행정법원은 1952년 제1차 한일회담 본회의록 등 총 57건 가운데 5건 문서 공개를 판결했다.

공개를 요구한 57건 가운데 '5건 공개'라는 일부 승소판결이지만, 중요 문서의 공개라는 점에서 전면 승소와 다름없는 성과였다. 1심 판결 직후 정부는 노무현 대통령의 결단으로 '전면 공개'를 결정했다. 정부는 2005년 1월 17일, 청구권 관련 문서 공개 후 8월 26일에 나머지 관련 문서 전체를 공개했다. 문서 공개는 한국정부의 보상 논의로 이어졌고 2007년 한국정부의 '위로금 등 지원금 지급 업무'의 계기가 되었다.

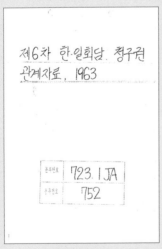

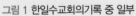

그림 1 한일수교회의기록 중 일부

강제동원 진상규명과 피해자 지원을 위한 위원회 계보

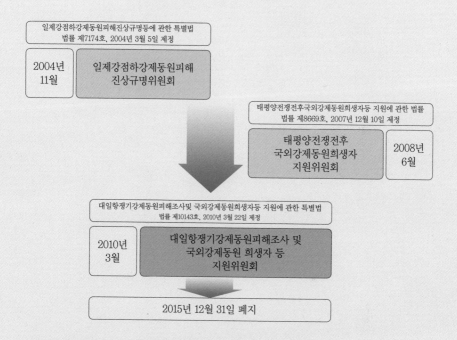

일제강점하강제동원피해진상규명등에 관한 특별법
법률 제7174호, 2004년 3월 5일 제정

2004년
11월

일제강점하강제동원피해
진상규명위원회

태평양전쟁전후국외강제동원희생자등 지원에 관한 법률
법률 제8669호, 2007년 12월 10일 제정

태평양전쟁전후
국외강제동원희생자
지원위원회

2008년
6월

대일항쟁기강제동원피해조사및 국외강제동원희생자등 지원에 관한 특별법
법률 제10143호, 2010년 3월 22일 제정

2010년
3월

대일항쟁기강제동원피해조사 및
국외강제동원 희생자 등
지원위원회

2015년 12월 31일 폐지

※ 강제동원 진상규명과 피해자 지원을 위한 위원회는 그림과 같은 계보를 걸어왔다. 본문에서는 강제동원 진상규명을 위해 발족한 '일제강점하 강제동원 피해 진상규명위원회'는 '**진상규명위원회**'로, 피해자 지원을 위해 발족한 '태평양전쟁 전후 국외 강제동원 희생자 등 지원위원회'는 '**지원위원회**'로, 그리고 양 위원회를 통합한 '대일항쟁기 강제동원 피해조사 및 국외 강제동원 희생자 등 지원위원회'는 '**위원회**'로 약칭해 사용한다. 그 외 특별히 위원회를 구별할 필요가 없는 경우에는 '**강제동원위원회**'로 약칭한다.

제 I 부

—

강제동원 피해 진상조사

정혜경

■ 광복 60년 만에 진상규명의 닻은 올렸지만

2004년 11월 10일, 제1차 위원회 전원회의와 현판식을 통해 진상규명위원회가 발족했다. 행정자치부는 준비기획단을 구성하고 2004년 4월부터 대통령령(시행령, 대통령령 제18544호, 2004년 9월 11일 제정 시행) 및 각종 운영규정 제정, 위원과 조직 구성, 공간 마련 등 준비 작업에 들어갔다.

초대 위원장(비상임)은 전기호 경희대 명예교수(민족문제연구소 감사)가, 사무국장은 최봉태 변호사(정신대할머니와 함께 하는 시민모임 공동대표)가 맡았다. 모두 민간 인사였고, 관련 단체의 의견을 반영한 선임 결과였다. 위원장은 비상임이었으므로 위원회 진상규명 작업 전반과 사무국의 운영을 책임지는 자리는 사무국장이었다.

이러한 막중한 자리를 시민단체 출신이 맡는 장점은 많다. 틀에 매이지 않는 파격적 행보는 매너리즘에 빠질 수 있는 관료 조직에 신선함과 유연한 조직문화를 정착시킬 수 있으며 역동적으로 운영할 수 있다. 더구나 해당 인물이 강제동원과 관련해 활동해왔다면 더할 나위 없다. 최봉태 변호사는 오랫동안 대일과거청산 관련 소송과 일본군'위안부' 단체를 주도한 인물이었으니 적임자였다.

그러나 정부 기관을 책임지는 수장이라는 점에서 볼 때, 단점도 많았다. 공직자에게 필요한 것은 일관성 있는 운영 방향과 책임감 있는 리더십이다. 개인적 판단에 따라 수시로 바뀌는 조직 운영 방향이나 취임 1년 만에 변호사로 돌아간 것은 책임 있는 모습이 아니었다. 내부에서 시민단체와 정부의 역할을 구별하지 못한다는 평가도 많았다. 의도성이 없다면 업무 추진과정에서 발생하는 시행착오는 어쩔 수 없지만 그렇지 않았다. 이런 사례는 특정 개인의 문제에 그치지 않았다. 위원회가 문을 닫을 때까지, 민간 출신의 위원장과 사무국장들은 대동소이大同小異한 모습을 보였다.

이 문제는 2004~2005년에 발족한 역사 관련 위원회 모두에 해당하겠지만 진상규명위원회는 유독 심한 편이었다. 관료 출신이 아니므로 관료사회가 가진 폐해에서 자유로웠는가 하면, 그렇지 못했다. '사익에 눈이 팔려 공익을 포기하는' 모습, 진정성을 의심할 만한 일도 자주 있었다. 원인은 정부가 위원회 수장을 역사적 과업 수행보다 '생색내기용', 논공행상의 엽관주의 자리로 인식한 때문이었다. 정부는 업무와 아무 상관없는 산부인과 의사를 낙점해도 상관없다고 생각했다. 이러한 인사 정책의 폐해는 전쟁피해자와 국민의 몫이었다. 기관의 성격도 모른 채 내려온 낙하산의 주인공은 제사보다 잿밥에 관심이 많았다.

위원회는 2004년 11월 발족했지만 즉시 진상규명 업무를 시작할 수 없었다. 법에서 규정한 공식 업무 개시일이 진상조사 개시결정일 기준(법 제16조 제1호 '위원회는 최초 진상조사 개시결정일 이후 2년 이내에 일제강점하강제동원 피해에 대한 조사를 완료하여야 한다')이었기 때문이다. 10여 명 정도의 정부 파견 공무원만으로는 할 수 없는 일이기도 했다. 2005년 2월 최소한의 전문 인력(별정직 공무원과 민간계약직 조사관)을 충원한 후 4월 15일 제7차 위원회 진상조사 개시 결정을 기준으로 2년간 공식 업무를 개시했다.

위원회 발족 후 10여 명의 행정공무원이 지키고 있던 진상규명위원회는 2005년 2월, 공개 채용을 통해 인력을 보강했다. 처음에는 별정직 공무원(4급 상당) 2명과 민간계약조사관 30여 명을 채용하려 했으나 별정직 공무원(4급 상당)은 적임자를 찾지 못해 1명 충원에 그쳤다. 다행히 역사학 전공 석박사 학위소지자를 민간계약조사관으로 다수 확보했다. 그러나 2005년 4월, 다른 역사 관련 위원회가 발족하자 역사학 전공 민간계약조사관의 다수가 자리를 옮겼다. 이들의 전직 배경에는 2년이라는 짧은 존속기간과 위원회 조직의 취약성이 있었다. 다른 역사 관련 위원회도 한시 기구이기는 했으나 존속기간이 2배로 길었고, 별정직 공무원이나 전문계약직 공무원으로 일할 수 있었다. 그에 비해 진상규명위원회에서는 1년마다 재계약을 해야 하는 불안정한 민간계약직 신분의 조사관으로 일해야 했다.

2005년 여름부터 연말까지 공석이었던 별정직 공무원(4급 상당) 1명과 별정직 공무원(5급 상당 2명), 전문계약직 공무원(나급, 다급)을 충원했다. 1년간 인력 충원 작업을 했으나 전문성을 담보한 인력 충원 목표는 이루지 못했다. 당시 한국 학계의 현실은 척박했다. 현실적으로 강제동원 관련 연구자는 유관 전공 분야를 포괄해도 10명을 넘기 어려웠다. 얼마 되지 않은 연구자들도 모두 진상규명위원회 식구는 아니었다. 다섯 손가락도 채우지 못할 정도의 전문인력을 확보한 채 2년간의 진상규명 업무를 시작했다.

민간 계약 조사관들에게 업무를 지시할 팀장급은 대부분 강제동원 내용을 전혀 모르는 행정공무원이었고, 업무에 필요한 소양(일본어, 강제동원 관련 내용)을 갖춘 민간계약조사관은 드물었다. 가능한 학부에서 관련 분야를 전공한 학사 출신으로 채우려 했으나 쉽지 않았기 때문이다. 지속적인 교육을 통해 해결할 수밖에 없었다. 위원회를 거쳐 간 이들 가운데 나중에 강제동원 관련 석박사 학위소지자도 나왔다. 진상규명위원회가 배출한 연구자인 셈이다.

▣ 진상규명을 위해 출항한 배

법에 명시한 진상규명위원회 업무(제3조)는 크게 여섯 가지이다. 이 업무는 2010년 통합법 제정으로 '위로금 등 지원업무'를 추가할 때까지 큰 변화가 없었다.[3]

- 강제동원 피해 진상조사
- 피해관련 국내외 자료수집·분석, 진상조사보고서 작성
- 유해 발굴 및 수습
- 희생자 및 유족의 심사 결정
- 사료관 및 추도공간(제정 법률에는 '위령공간') 조성
- 호적 등재 사항

특별법이 명시한 진상규명의 목적은 '역사의 진실을 밝히는 것'(제1조)이다. 2010년 제정 '대일항쟁기 강제동원 피해조사 및 국외강제동원 희생자 등 지원에 관한 특별법' 제1조에 명시한 목적은 '역사의 진실을 밝히고' '1965년에 체결된 대한민국과 일본국간의 재산 및 청구권에 관한 문제의 해결과 경제협력에 관한 협정과 관련해 국가가 태평양전쟁 전후 국외 강제동원 희생자와 그 유족 등에게 인도적 차원에서 위로금 등을 지원함으로써 이들의 고통을 치유하고 국민화합에 기여'이다. 2건의 법률에서 명시한 목적의 핵심은 역사의 진실규명 → 희생자와 유족의 고통 치유, 국민화합으로 이어지는 단계이다.

진상규명위원회 업무 가운데 첫 번째 과정인 '진실규명'의 핵심 업무는 '피해·진상조사' '국내외 자료수집·분석, 진상조사보고서 작성' '유해 발굴 및 수습'이다. 이 가운데 제1부에서는 '피해조사와 진상조사', '국내외 자료수집·분석, 진상조사보고서 작성' 내용을 담았다. 국내외 자료수집·분석의 성과는 매우 방대하고, 자료별 수집 과정이 갖는 의미도 적지 않다. 제1부에서는 전체적인 강제동원 관련 자료의 현황과 자료수집·분석의 방법을 언급하고, 주요 자료의 수집 과정과 의미 등은 제4부에서 상세히 다루도록 하겠다.

제1장

강제동원 피해 진상조사

피해조사와 진상조사는 강제동원의 진상을 규명하는 기본적이고 필수적 방법이자 진상규명위원회의 가장 중요한 업무라고 할 수 있다. 강제동원 특별법은 피해조사와 진상조사로 구분해 강제동원 피해 진상규명을 수행하도록 했다.

◆ **해당 조항**
- 피해신고와 진상조사 신청 : 법 제12조(진상조사 신청 및 피해신고), 제13조(신고 및 신청의 각하)
- 진상조사 수행 : 제14조(진상조사개시), 제15조(진상조사방법), 제16조(진상조사의 기간), 제16조의 2(신고 및 신청의 기각)
- 결정과 통지, 이의 신청 : 제17조(결정 등), 제17조의 2(진상규명 및 피해판정 불능 결정), 제17조의 3(결정 통지 및 이의신청) 별도 표기가 없는 경우는 2004년 3월 5일자 법률 제7174호 제정법을 의미

진상조사가 주제별 조사보고서를 통해 진상을 규명하는 방식이라면, 피해조사는 피해자 개인이 입은 개별 피해 내용을 조사해 진상을 규명하는 방식이다. 그러므로 피해조사는 넓은 의미의 진상조사이다.

피해조사는 신고한 피해 내용을 대상으로 법령에서 정하는 강제동원피해에 해당하는지를 판단해 피해자 여부를 의결한다. 그러므로 피해를 신고하지 않은 개인의 피해 내용은 조사 대상에 포함하지 않는다.

이에 비해 진상조사는 신청 또는 직권으로 진상규명위원회가 상정한 강제동원 관련 정책·사건 등을 조사해 진상을 규명하는 것이다. 진상조사를 신청

하지 않은 주제라도 '직권조사' 형식으로 수행할 수 있다. 위원회 전원회의에서 진상조사를 수행하도록 '개시 결정'을 의결한 주제를 조사하도록 되어 있다. 이러한 특별법 규정에 따라 2005년 2월부터 3차례에 걸쳐 228,126건의 피해신고와 52건의 진상조사를 접수해 조사에 들어갔다.

1. 강제동원 피해조사

법 제12조(진상조사 신청 및 피해신고) 제1항에는 '희생자 또는 희생자와 친족 관계에 있는 자'가 피해신고를 할 수 있도록 규정했다.

피해·진상조사는 국내는 물론 국외에서도 신고할 수 있었다. 한국 국적을 가지고 있으면서 국내 또는 외국에 거주하는 자이거나 외국 국적을 취득하고 외국에 거주하는 한인 등이 피해를 신고할 수 있었다.

진상규명위원회는 2005년 2월부터 3차례 피해신고를 접수했다. 피해신고 접수 기간은 2005년부터 2008년까지 3년이었다. 그러나 3년 내내 접수받지 않았으므로 총 접수 기간은 15개월에 불과했다.

표 1 피해신고 접수 기간

차수	접수 기간	
1차	2005. 2.1. ~ 6.30.	5개월
2차	2005.12.1. ~ 2006.6.30.	7개월
3차	2008. 4.1. ~ 6.30.	3개월

▣ 피해신고 접수의 어려움

피해신고를 할 때 가장 중요한 서류는 피해신고서이지만 피해신고서만으로는 신고할 수 없었다. 강제동원 피해를 입증할 수 있는 자료가 있는 경우, 자료(사본 포함)를 함께 제출하도록 했다. 강제동원 당시 명부, 행정문서, 수첩, 사진, 물품, 편지, 진단서 등이다. 이러한 입증 자료가 없는 경우에는 1명 이상의 인우보증인이 작성한 '인우보증서'가 필요했다.

- 인우보증인 : 신고인이나 피해자의 직계존비속(부모, 자녀, 손자)과 배우자를 제외한 사람 가운데 피해자의 강제동원 당시 현장을 목격하였거나 피해자와 함께 동원된 자, 직접 목격은 하지 않았으나 피해사실을 구체적으로 알고 있는 자
- 인우보증서 : 인우보증인이 알고 있는 사실을 상세히 적은 자료

직접 피해를 당한 당사자에게도 피해신고서 작성은 쉬운 일이 아니었다. 구체적인 지명이나 기업명을 모르는 경우가 대부분이었기 때문이다. 이미 70년이 다 된 옛일을 구체적으로 기억하는 일도 쉽지 않다. 몇 년 몇 월에 고향을 떠났는지 제대로 기억하는 이는 드물었다. 당사자가 이런 상황인데 유족이 내용을 파악하기란 매우 어려운 일이었다.

피해신고서에 첨부할 자료를 확보하는 일은 더욱 난감했고, 인우보증인을 찾는 일도 쉬운 일은 아니었다. 인우보증인의 인감증명서까지 제출해야 하는 번거롭고도 책임이 따르는 일이었다.

그런데도 많은 자료가 피해신고 과정을 통해 세상으로 나왔다. 기대 이상의 내용과 규모였다. 고향으로 돌아오는 배에 탄 동료들과 함께 만든 메모장은 훌륭한 비망록이었고, 고향에 보낸 편지봉투나 동봉한 사진은 실상을 생생하게 보여주는 자료였다. 집을 떠날 때부터 홋카이도 탄광에서 돌아올 때까지 전체 과정을 시조로 남긴 주인공도, 현장에서 사용한 도장이나 담배 케이스를 소중히 간직하던 분도 계셨다. 이런 자료는 피해조사에서 중요한 자료로 활용했고, 이후 자료집으로 발간하기도 했다. 총 3회에 걸쳐 개최한 강제동원 전시회를 빛냈고, 지금 부산 국립강제동원역사관의 주인공이다.

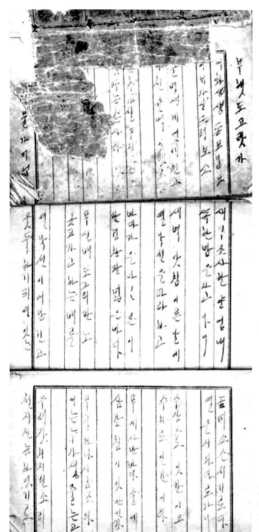

그림 2 홋카이도 미쓰비시 오유바리탄광에 끌려갔던 고 강삼술이 작성한 4음절 가사歌辭형식의 북해도 고락가. 이동경로, 작업 현장 상황이 매우 구체적이다.

자료를 보관한 분들은 자료 주인공의 경험을 소중하게 여겼다. 인상 깊었던 모습은 2008년 8월에 개최한 전시회장에서 종일토록 '북해도 고락가' 전시물 앞에 서 있었던 고 강삼술의 아들 부부였다. 아드님도 '북해도 고락가'를 인쇄 본으로 만들어 배포할 정도로 정성을 가진 분이었지만 "우리 아버님이 저기 계시다"며 종일 고개를 들고 전시물을 바라보던 자부님의 모습은 인상적이었다. "작년 전시회에는 있었는데 왜 올해는 우리 아버지 사진이 없냐"고 강하게 항의하던 어느 유족도 부친의 자료와 경험을 소중하게 여긴 분들이었다.

법 제11조(일제강점하강제동원피해진상규명실무위원회) 규정에 따라 시도에 일제강점하강제동원피해진상규명지방실무위원회(이하 지방실무위원회)를 설치하고 피해신고 접수 및 피해신고에 대한 기초조사를 담당하도록 했다.

다만 인권 차원에서 개인정보를 공개할 수 없는 위안부 피해신고는 중앙 위원회가 전담하도록 했고, 업무 특성상 전문성이 필요한 만주나 사할린 피해신고도 중앙 위원회로 이관해 처리했다. 특히 위안부 피해신고서는 담당 조사관만이 피해신고 관련 문서에 접근할 수 있도록 제한해 위안부 신고자와 피해자의 인권을 존중하려 노력했다. 나는 2012년부터 위안부 업무를 담당하는 과장이었으나 업무전산시스템에서 위안부 피해서류는 검색할 수 없었다. 접근 권한은 담당 조사관에게만 부여했기 때문이다.

▣ 피해조사 과정을 거쳐 결정통보까지

진상규명위원회가 피해조사를 처리하는 과정은 접수 → 사실확인조사 → 지방실무위원회 심의 및 중앙 위원회 이관 → 위원회 조사 및 심의조서 작성 → 심의 및 의결, 통지 → 원하는 경우, 가족관계증명서 등재다. 이 가운데 중요한 과정을 살펴보자.

ㅇ사실확인조사 : 지자체에 접수한 피해신고서는 접수기관에서 피해사실기초조사를 담당하도록 했다. 다만 재외공관에서 접수한 신고서와 위안부, 만주와 사할린 피해신고서류는 중앙 위원회로 바로 송부하도록 했다.

접수기관 담당자는 사실확인을 통해 '피해사실기초확인서'를 작성한 후 지방실무위원회로 송부한다. 지방실무위원회는 서류를 검토한 후 심의를 거쳐 '의견서'를 작성해 중앙 위원회로 송부한다. 이 과정에서 문헌자료와 구술자료 등을 수집한다. 기초조사와 구술자료 수집에 필요한 양식은 중앙 위원회에서 제공했다. 지방실무위원회에서 위원회로 송부 기간은 접수 후 90일 이내이지만 조사 연장이 필요하다고 판단한 경우에는 위원회와 협의 후 기간을 연장할 수 있었다.

ㅇ위원회 조사 : 중앙 위원회는 신속한 처리를 위해 우선순위를 정했다. 1순위는 피해자가 생존하고 있는 피해신고이고, 2순위는 증빙자료가 첨부된 피해신고이다. 3순위는 피해신고서 내용이 명확하고 구체적인 경우이고, 4순위는 신고인과 인우보증인에 대한 현장조사와 진술 청취가 필요한 경우였다.

조사 과정에서 동행자 이름을 확인해 다른 피해신고내용에서 찾아내 피해자로 판정하기도 했다. 사진의 활용을 높이기 위한 웹 콘텐츠를 만들어 홈페이지에 올렸다. '동행자 찾기'라는 웹 콘텐츠는 신고인이 제출한 단체 사진을 게시하고 시민들로부터 다른 피해자 정보를 제보받을 목적으로 만들었다. 사진에 돋보기 기능을 넣어 콘텐츠 이용자들이 얼굴을 확인할 수 있도록 했다. 단체 사진 주인공들을 통해 신고인 외에 다른 피해자를 찾으려는 노력이었다.

그림 3 '동행자 찾기' 콘텐츠 대문

O심의 및 의결 : 조사과에서 심의조서를 작성해 올린 안건을 소위원회(분과위원회)와 전원위원회에서 두 번의 심의 과정을 거쳐 의결했다. 안건심의를 위해 심의조서에는 조사과정을 담도록 했고, 조사가 객관적으로 이루어졌음을 기술하도록 했다.

위원회 설립 초기에는 전원위원회에서 모든 피해조사와 진상조사안건을 심의했다. 그러나 매월 개최하는 전원위원회에 상정하는 피해조사 안건이 수십 건 단위를 넘어 수백 건에 이르자 안건 하나하나를 심의하는 것은 물리적으로 불가능했다. 정부 소속의 당연직 위원들은 강제동원 실태를 정확히 파악하기 어려웠으므로 전문성을 갖춘 심의 과정이 필요했다. 그래서 소위원회 제도를 마련했다. 위원들 가운데 일부를 소위원회로 구성해 유형별(노무, 군인·군무원, 군위안부 등)로 전담위원들이 전원위원회 개최 이전에 개별 피해조사안건을 심의한 후 전원위원회에 상정하도록 했다. 2010년 통합 위원회 출범 이후에는 소위원회를 분과위원회로 변경해 피해조사는 강제동원피해조사분과위원회에서 담당하도록 했다.

소위원회(분과위원회)가 열리는 날은 조사과가 가장 긴장하는 날이었다. 심의조서를 작성한 담당 조사관과 결재 과정에 참여한 팀장급과 과장급은 매번 소위원회(분과위원회)에 출석해 안건별로 피해조사의 과정과 피해자임을 입증하는 근거 등에 대해 설명했다. 위원들은 모든 피해조사 관련 기록물을 직접 확인하며 심의했는데, 재조사나 보완조사를 요구하기도 했다. 이같이 소위원회(분과위원회)제도를 통한 심사 및 의결과정은 촘촘했고, 신중했다. 전원위원회는 단지 소위원회(분과위원회) 결정을 추인하는 과정이 아니었다. 전원위원회는 소위원회(분과위원회) 의결을 거친 피해조사 안건에 대해 다시 담당 조사관과 팀장, 과장들을 출석하도록 해 질의응답을 하며 확인하는 절차를 거쳤다. 위원회의 피해조사 의결은 한국정부의 공인을 의미하므로 신중에 신중을 기한 것이다.

이 과정에서 중요한 것은 담당 조사관과 여러 단계의 결재권자들이다. 그러나 최종 의결권은 위원들에게 있었다. 더구나 진상규명위원회는 말 그대로 위원들의 의결에 따라 결정하는 기구였으므로 위원들의 인식과 역할은 중요했다.

전원위원회에서 어느 위원은 군위안부 안건을 설명하던 조사관의 발언을 끊었다. 설명하는 과정에서 피해자의 이름이 나왔기 때문이다. 소위원회나 전원위원회는 모두 녹음(2010년 이후는 일부 녹화)했는데, 보안이 중요한 군위안부 피해자의 이름이 녹음 내용에 담길 것을 염려했기 때문이었다. "군위안부 피해자의 인권이 중요한데 이름을 발설하는 것은 바람직하지 않다고 생각합니다. 접수번호만을 호명해주시기 바랍니다"는 위원의 발언은 위원회 구성원들이 다시금 피해자의 인권을 생각하는 계기가 되었다.

피해조사분과위원 가운데에는 평소 강제동원에 대한 부정적인 견해를 가진 연구자도 있었다. 소위 '뉴라이트' 경제학자였는데, 조사과장(정혜경)이 추천했다. 추천 이유는 위원회의 강제동원 피해조사에 대한 객관성에 대한 자신이 있었기 때문이다. 조사과장은 정부가 의결하는 피해자인데, 일본 우익도 인정할 수 있을 정도로 객관성을 담보해야 한다고 생각했다. 분과위원회에 출석한 경제학자는 피해조사를 심의하면서, "이렇게 충실하게 조사할 줄 몰랐다"거나 "이것이 강제가 아니면 무엇이 강제인가"라고 공식 발언할 정도였다.

○통지 : 법 제17조(결정 등)에는 피해조사를 완료한 후 결정해야 하는 사항을 규정했다. '일제강점하 강제동원 피해 여부, 피해의 원인과 배경, 희생자 및 유족('희생자'는 이후 '피해자'로 변경)을 명기하도록 했다. 이 규정에 따라 진상규명위원회는 피해신고 심의조서에 위 세 가지 내용을 명기했다. 그러나 구체적으로 어느 지역으로 동원되었는지, 또는 부대명이나 동원 기업 이름을 확정하지 못한 조사 결과도 많았다. 동원 시기가 명확하지 않은 경우도 있었다. 이런 경우에는 '불상不祥의 시기에' '불상의 지역'에서 '불상의 작업장(또는 부대)'에 동원된 피

해자로 기재하는 수밖에 없었다.

안타까운 것은 의결을 거쳐 확정한 후 새로운 자료를 확보해 '불상'에 구체적인 연도나 지역명, 기업명을 기재할 수 있는 상황이 되어도 반영할 수 없었다는 점이다. 내부에서도 의결완료한 피해조사에 내용을 추가하기 위해서는 재심의절차를 밟아야 한다는 의견과 내용만 추가해 피해조사관련서류에 반영하면 된다는 의견으로 나뉘었다. 위원장도, 전원위원회에서도 결정을 내리지 못한 채 위원회는 문을 닫았다. 진상규명의 완결성이라는 점에서 아쉬움이었다.

O가족관계증명서 등재 : 신고처리 절차 가운데 가장 마지막 단계인 가족관계증명서 등재는, 현지 사망이나 행방불명된 피해자의 사망 정보를 확인하지 못해 사망신고를 하지 못한 사정을 해결하는 단계다.

현재 민법에서 사망신고는 정확한 사망 일자와 사망원인 등을 공적인 문서로 입증해야 가능하다. 그러나 70년 전에 일어난 사망과 행방불명 피해자 가운데에는 유족들이 사망일시와 장소를 몰라 사망신고를 못하는 경우가 많았다. 이러한 어려움을 위원회 결정통지서 제출로 해결했으니 유족들의 짐을 덜어준 셈이다.

▣ 피해자 인정, 기각, 각하, 판정불능

표 2 피해조사 결과 현황   (단위:건)

구분	계	군인	군무원	노무자	위안부	기타
피해자	218,639	32,857	36,702	148,961	23	96
각하	449	21	23	339	7	59
기각	1,318	195	104	966	1	52
판정불능	6,177	325	204	5,213	305	130
계	226,5832[5]	33,398	37,033	155,479	336	337

법 규정에 따라 진상규명위원회는 피해신고 조사결과를 네 가지로 의결했다.

첫째, 피해자로 인정하는 결정이다.

둘째, '기각'과 '각하'(법 제13조 신청의 각하, 시행령 제20조 각하결정 등의 통지) 결정이다. 기각과 각하는 신고내용이 명백히 사실이 아니거나 사실이라고 인정할만한 증거가 없는 경우, 또는 일제강제동원 피해에 해당하지 않는 경우이다. 예를 들면, 일제강제동원 피해자로 신고하였으나 조사결과 1950년대 한국전쟁의 피해자로 확인된 경우, 1938년 국가총동원법 시행 이전에 현장에서 사망한 경우 등이다.

기각과 각하의 차이는 무엇인가. 기각은 조사 과정에서 신고내용이 명백히 사실이 아니거나 사실이라고 인정할만한 증거가 없거나 일제강제동원 피해에 해당하지 않는다는 점을 확인한 경우이다. 각하는 신고를 받을 필요가 없는 경우이다. 조사하기 전에 접수한 서류만으로도 일제강제동원 피해에 해당하지 않는다는 점을 확인한 경우이다. 즉 조사를 할 필요가 없음을 확인한 경우이다.

셋째, 피해판정불능이다. '현재로서 피해판정이 불가능하다는 선언'이다. 피해신고에 대해 조사할 수 없거나 조사를 했으나 일제강제동원 피해의 진상을 밝히지 못하거나 밝힐 수 없는 경우가 해당한다. 주로 입증자료가 없거나 인우보증인을 찾을 수 없는 피해신고였다.

'피해판정불능' 규정은 제정 당시 법에서는 없었던 규정이다. 2007년 3월 23일자 개정법 제17조의 2(진상규명 및 피해판정불능 결정)를 신설하면서 탄생했다. 이 규정이 출현한 배경에는 산적한 피해조사업무를 신속히 처리한다는 정부의 방침이 있었다. '조사에 많은 시간이 필요한 피해조사는 과감히(?) 처리하라'는 지침이었다. 정부가 진상규명 업무를 민원처리 정도로 인식한 결과였다. 노무현 대통령 시절이었다.

■ 피해자의 유형

법에서 규정한 피해자 유형은 '군인, 군속(2013년 12월 30일자 법안에서 군무원으로
변경), 노무자, 군위안부 등'이다. '군위안부 등'이라 규정한 것은 일본군'위안부'
외 다른 성격의 피해자(기업위안부 또는 노무위안부)를 확인했을 경우를 상정한 조항
이었다.

표 3 피해조사 피해유형별 결과 현황 (단위:건)

구분	계	군인	군무원	노무자	위안부	기타
사망	19,205	3,305	8,704	7,180	-	16
행방불명	6,380	1,062	974	4,334	-	10
후유장애	3,398	414	583	2,398	1	2
귀환 후 사망	145,944	16,549	19,689	109,643	7	56
귀환 후 생존	43,712	11,527	6,752	25,406	15	12
계	218,639[6]	32,857	36,702	148,961	23	96

〈표 3〉에서 '기타'란 무엇인가. 군인, 군무원(군속), 노무자, 군위안부 등에 해
당하지 않는 피해자를 가리키는 용어다.

기타는 두 가지가 해당한다. 첫째는 신고 당시부터 군인·군무원·노무자·군
위안부에 분류하지 못한 피해신고이다. 둘째는 강제동원되어 집 밖을 나섰으
나 동원 과정에서 사망·행방불명·후유장애를 입었거나 강제동원을 거부해 형
무소에서 억울하게 수형생활을 한 피해자이다.

〈표 3〉 가운데 다수는 무사히 고향으로 돌아온 피해자다. 그러나 강제동원
당시 현지에서 또는 귀환하는 과정에서 사망하거나 행방불명된 피해자도 총
피해 결과의 10%가 넘을 정도로 많았다.

▣ 신고도 조사도 어려운 후유장해 피해

〈표 3〉 결과에서 주목해야 할 점 가운데 하나는 후유장애 피해 3,398건이다. 후유장애는 일제강제동원의 피해가 남긴 상흔으로써 신체적 피해와 정신적 피해를 모두 포함한다. 그러나 조사과는 육체적 피해조차 충분히 조사하지 못했다.

이유는 무엇인가.

첫째, 신고가 불충분했다. 2004년 강제동원특별법이 보상이나 지원이 아닌 진상규명을 목적으로 제정했으므로 피해신고 당시부터 후유장애에 대한 인식은 제한적이었다. 피해신고 과정에서 후유장애는 '귀환 후 사망·귀환 후 생존'과 중복 신고를 하도록 했다. 그러므로 후유장애 신고 없이 다른 피해만으로도 신고가 가능했다. 보상금을 받는 일도 아닌데, 굳이 어렵게 입증서류까지 갖추어 신고할 필요를 느끼지 못했다. 특히 생존자의 후유장애는 신고가 가능했으나 사망자는 입증자료를 확보하기 어려워 신고하지 못하는 경우가 대부분이었다.

두 번째, 피해판정과정의 제한이다. 후유장애를 조사할 수 있는 전문성도 부족했고, 조사관의 주관적 판단을 방지하기 위해 엄격한 심의가 이루어졌기 때문이다. 정신적 피해에 대해서는 거의 인정하지 않았고, 신체적 피해도 부상 당시 상황을 입증할 자료를 제출한 피해신고에 대해 제한적으로 인정했다. 그러나 병원진료기록은 10년 이상 보관하지 않으므로 일제강점기 병원진료기록을 확보하기란 불가능했다. 다행히 다리 부상을 입은 피해자가 당시 병원에서 촬영한 사진이 있어 인정한 경우가 있다. 해방 후 찾은 병원에서 강제동원 시기 부상으로 진단한 기록이 있어 인정한 경우도 있다.

이러한 상황은 조사관 입장에서도 안타까웠다. 위원회는 조사관이 부상 부위를 직접 확인하도록 했으므로 귀환 후 생존자만 조사할 수 있었다. 홋카이도 탄광에서 채탄 작업 중 청각을 상실한 피해자는 객관적으로 입증할 수 없는 상황을 자책하며 조용히 눈물만 흘렸다. 귀환 후 사망자의 경우에는 더 안타까웠다. 생존 당시 장해를 입증할 사진조차 남지 않은 경우가 대부분이었다. "남들에게 보이고 싶지 않다고 평생 문밖에도 나가지 않고 살았다" "병신된 것이 무슨 자랑이라고 사진을 찍어두었겠나!" "산소를 파서 시신을 보여주란 말이냐!"며 울분을 토한 유족은 한둘이 아니었다. 맞는 말이다. 그들이 무슨 수로 입증할 수 있는가. 70년이나 지나 조사를 시작한 정부가 입증해야 하는 일이다.

2. 강제동원 진상조사

▣ 진상조사? 직권조사?

진상조사는 국외에서도 신청할 수 있었다. 제12조 제2항 '위원회는 제1항의 규정에 의한 진상조사 신청을 위한 기간을 정하여 신고처를 명기하여 공고하여야 한다. 이 경우 외국에 체재하거나 거주하는 자를 위하여 재외공관에도 신고처를 둔다'는 규정에 근거했다. 피해신고와 달리 외국 국적자도 신청할 수 있었다.

2004년 출범 후 2010년 '태평양전쟁 전후 국외 강제동원희생자지원위원회'와 통합 전까지 진상규명위원회의 명칭은 '일제강점하 강제동원피해진상규명위원회'였다. 특별법의 명칭도 '일제강점하 강제동원피해진상규명에 관한 특별법'이었다. 2010년 3월 22일까지 진상규명위원회는 특별법에 따라 출범한 강제동원 진상규명 기관이었다. 진상규명 작업에서 중요한 과정은 피해조사를 포함한 진상조사이다.

진상규명위원회는 법제3조와 제12조~제16조에 따라 일제강제동원피해 진상을 규명하기 위해 진상조사를 실시했다. 특별법은 진상조사를 신청을 받아 수행하는 진상조사(법 제12조)와 위원회 필요에 따라 수행하는 직권조사(제14조)로 구분했다.

▣ 진상조사가 필요한 이유

진상조사는 진상규명의 출발점이다. '언제, 왜, 어떤 과정으로 끌려가, 어디서, 무엇을, 어떠한 피해를 입었는가'는 문제 해결의 출발점이기 때문이다. 그러므로 진상조사는 피해조사와 함께 일제강제동원 진상을 규명하는 두 가지 기둥 가운데 하나다. 진상조사의 필요성을 살펴보자.

첫째, 피해 당사국 정부가 당연히 해야 할 책무 및 역할이다. 피해 역사를 규명해 대일역사문제를 해결하고자 하는 정부 차원의 조사 수행은 국가의 당연한 책무다. 제2차 세계대전 피해 당사국 정부가 진상조사에 나선 이유이기도 하다. 이스라엘은 1953년에 설립한 야드바셈을 통해 진상조사를 진행하고 있고, 중국도 난징학살기념관·731기념관·731문제 국제 연구센터 등을 건립해 피해신고 접수 및 조사를 이어가고 있다. 양국의 조사는 현재 진행형이다.

둘째, 강제동원 문제 해결의 핵심이다. 진상조사는 강제동원 피해조사·지원금 지급 업무의 근거이다. 유해 발굴 및 봉환, 추도사업, 대외협력사업, 대일협상 등의 결정적 자료로 활용되는 등 강제동원 관련 업무의 핵심적 기능이며 파급효과의 중심축이다. 완결한 226,583건 피해조사 결과를 보면, 피해판정불능이 6,177건이고, 피해조사가 완료된 노무자 15만 건 중 '작업장 등을 확인하지 못한 채 처리한 경우'가 약 78,000건(52%)이다. 이러한 결락缺落은 진상조사 결과를 통해 보완할 수 있다.

셋째, 신규 강제동원 피해실태 발굴 및 규명에 기여이다. 그간 알려지지 않았던 '작업장 내 재해재난 사고' '731부대 세균전 피해' '수형인 동원 실태' 등 반인권적 전쟁범죄 관련 피해실태를 발굴하고 규명할 수 있다. '북한지역 매장, 미발굴 유골 실태 공동조사' '북한지역 강제동원 작업장·군사시설 등 실태 공동조사' '사할린 및 시베리아 지역에서 북한지역으로 송환·경유한 피해자에 관한 공동 실태조사' 등 신규 주제 발굴을 통해 남북한 협력사업에 근거를 제공하고 통일시대를 대비할 수 있다. '자금통제' '강제저금 및 채권' '군사우편저금 관리 실태' '조선인 재산 관련 자료 실태' 등의 진상조사는 미불금 지급 업무의 근거를 확보하는 작업이다.

넷째, 국민화합에 기여이다. 국민화합을 위해 필요한 것은 한국사회가 피해자성을 유지하는 길이다. 피해자성이란 당시 무슨 일이 있었는가를 알고, 이를 통해 피해자를 추도하며 재발방지 방안을 고민하는 일이다. 이 과정을 통해 국민화합이 가능해진다. 당시 무슨 일이 있었는가를 알기 위해서는 진상조사가 필요하다. 진상조사 결과는 피해자 지원의 근거가 된다. 그러므로 진상조사를 통해 한국사회는 피해의 역사를 직시하고 피해자 지원과 추도를 통해 피해자와 유족들을 위로할 수 있다.

다섯째, 학계 연구를 선도하고 지원하는 역할이다. 강제동원 피해자는 수백만 명이지만 학계 연구는 미비하고, 결락은 채워지지 않고 있다. 정부 차원의 진상조사 및 관련 자료의 수집·공개는 학계의 관심과 연구를 증폭, 고무시키는 계기가 되며, 국제사회에서 전쟁 중 가혹행위 및 비인도적 범죄 관련 연구를 선도하는 효과를 기대할 수 있다.

여섯째, 일본이 '사실의 무게'를 알 수 있도록 돕는 역할이다. 강제동원 피해사실의 역사적, 객관적 진상규명은 일본이 스스로 사실에 다가서도록 하는 선행 조건이다. 이러한 조건을 조성해 일본이 침략 및 전쟁범죄 사실을 은폐 왜

곡 부정하는 몰역사적 행태에서 벗어날 수 있도록 견인해야 한다.

이같이 진상조사는 일제강제동원피해 문제를 해결하는 출발점이다. 진상조사를 통해 다음과 같은 선순환 구조가 가능하다.

진상조사 선순환 구조도

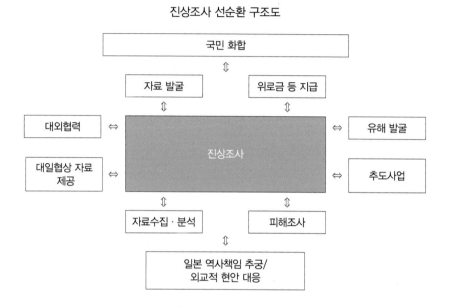

▣ 진상조사와 실태조사

진상규명위원회 존속기간 중 완료한 진상조사는 총 32건(직권조사 5건 포함)이다. 32건 가운데 31건은 보고서로 출간했다. 진상조사는 보고서만 남기지 않았다. 진상조사 과정에서 생산한 구술기록은 구술기록집으로, 사진과 자료는 다양한 자료집으로 남았다. 구술기록집과 자료집은 지금도 행정자치부 과거사지원단 홈페이지를 통해 다운받을 수 있다. 이 가운데 일부는 일본 시민들이 일본어로 번역해 일본 사회에 배포하고 있다.

진상조사 32건의 동원 유형별로 보면, 군인과 군무원이 총 7건, 노무자가 16건, 군위안부가 3건, 유해봉환 및 기타 분야가 6건이다.

표 4 진상조사 결과 현황 (단위:건)

구 분	합계	조사개시			각하	취하
		소계	완료	판정불능		
계	57	33	32	1	4	20
신청접수	52	28	27	1	4	20
직권조사	5	5	5		–	–

진상조사(직권조사 포함)를 하려면 전원위원회에서 '진상조사개시 결정'을 내려야 한다. 진상조사 결과에 대해서도 전원위원회가 확정 의결해야 한다. 내용 보완 결정이 내려지면, 조사를 추가해야 하고, 기각 결정이 내려지면 다시 조사해야 한다. 전원위원회 확정 이후에도 진상조사 신청인에게 통보해 수락 의사를 확인해야 한다. 모두가 법이 규정한 절차였다. 신청인이 조사결과를 수락하지 않아 완료하지 못한 진상조사 주제도 있었다. 〈표 4〉의 판정불능 1건이 그것이다.

이 과정에서 위원회 상정 절차가 차지하는 기간은 많이 걸렸다. 그러나 진상조사를 해야 할 주제는 많았다. 진상규명위원회 자체적으로 파악한 과제가 304건이었으므로 일부 시급하고 가능한 주제라도 진상조사를 할 필요가 있었다. 그래서 마련한 제도가 실태조사였다.

진상조사와 실태조사의 가장 큰 차이점은 위원회에 상정 및 의결절차 없이 위원장 전결로 추진한다는 점이다. 그나마 2012년에만 가능했다. 2013년 초, 기관장은 진행하던 조사 중단을 지시해 자신의 결정을 번복했다. 2012년 1년간 발간한 보고서는 총 4건이다.

표 5 실태조사 목록

연번	실태조사 보고서 제목
1	일본 하시마탄광 동원 조선인 사망자 피해 실태 기초조사
2	1944년도 남양청 동원 조선인 노무자 피해 실태조사
3	전남 해남 옥매광산 노무자의 강제동원 실태 기초조사
4	이오지마 조선인 군인 군무원 강제동원 실태조사

▣ 일본시민과 함께 한 진상조사

진상규명위원회는 법제화 과정부터 일본 시민과 연대 아래 특별법을 제정했다. 그러므로 이후 진상조사와 자료수집의 과정에서 일본 시민단체와 함께했다. 조선인 강제동원 관련 일본 시민단체의 역사는 유구하다. 패전 후 일본에서 아시아태평양전쟁에 동원된 아시아인에 대해 관심을 보인 시민들이 있었다. 자기가 사는 지역에 남아 있는 강제동원의 흔적을 외면하지 않고 사실에 다가서려 노력한 이들이었다. 처음에는 외로운 작업이었다. 그러다가 조선대학 교원이었던 박경식(朴慶植. 1922~1998)이 지역 조사결과를 모아 1965년에 책을 출간한 후 1970년대부터 조직적으로 움직이기 시작했다.

1972년 5월, 미국령 오키나와의 통치권이 일본으로 반환되었다. 1972년은 미국과 중국의 역사적 화해가 이루어지고, 중일 간 국교정상화를 성사한 해이다. 이같이 동아시아에서 일어난 정치적 변화에 힘입어 1972년 오키나와에서 전국 규모의 조선인 강제동원 단체(조선인강제연행진상조사단, 이하 조사단)가 발족했다. 조사단은 일본 시민들과 재일본조선인 총연합회 연대 형식으로 결성했고, 국적이나 정치적 지향성과 관계없이 학자·문화인·법률가·교사·지역 시민활동가 등이 구성원을 이루고 있다.

조사단을 시작으로 각지에서 탄생한 조선인 강제동원 관련 단체들은 1990년대에 가장 큰 성장세를 보였다. 한때 200여 단체가 전국 교류집회에 참석할 정도로 왕성했다. 1990년대 말부터 침체기를 겪었으나 한국에서 위원회가 발족하자 활기를 되찾았다. 개점휴업 상태의 단체가 활동을 재개하거나 새로운 단체를 설립하기도 했다. 일본 시민단체와 학술단체(재일조선인운동사연구회)도 위원회 활동의 성과를 극대화하기 위해 조직적 지원에 나섰다. 2005년 7월 18일 도쿄에서 발족한 '강제동원진상규명 네트워크(이하 일본 네트워크)'이다.

일본 네트워크에 가입하지 않은 시민단체와 연구자들도 헌신적으로 진상규명위원회의 진상조사 활동과 유골봉환사업을 지원했다. 위원회도 이들과 연대를 중시했다. 네트워크 간담회와 초청 워크숍을 개최하며 귀한 성과를 공유했다.

일본의 활동가들과 연구자들도 진상규명위원회의 도움을 받아 한국 유족과 피해자 조사를 했다. 위원회가 피해신고 조사를 하면서 생존자와 유족 정보를 축적하게 되자 한국 현지조사가 가능해졌기 때문이었다. 2010년 이후부터 매년 10회 이상 일본 단체 및 연구자와 위원회의 공동조사가 있었고, 조사결과를 토대로 일본에서 다양한 연구성과를 발표했다. 상호 시너지효과이다.

▣ 일본 시민의 힘으로 번역한 진상조사보고서

일본 시민들은 진상규명위원회 진상조사 결과물 내용이 궁금했다. 읽으려면 번역해야 했다. 번역서 제공은 위원회가 해야 할 일이지만, 위원회의 사정을 감안해 일본 시민들이 나섰다. 2012년 4월 발족한 '일본번역협력위원회'였다.

2005년 말 진상규명위원회가 구술기록집을 발간하기 시작한 후 구술기록집과 진상조사보고서를 출간하자 2007년부터 일본에서 번역 출판 제안과 문의가 있었다. 그러나 한국정부 발간물을 영리적으로 출판할 수 없었고, 진상규명위원회가 번역물을 제공할 수 있는 여건도 아니었다. 2011년 12월, 위원장 방일 때 일본국회도서관에 진상조사보고서와 구술기록집 등 책자 49권(국문)을 전달할 기회가 있었다. 이를 계기로 주선자 아리미츠 켄(有光健, 전후보상네트워크 대표)을 중심으로 일본 시민단체 사이에서 무상번역 움직임이 일어났다.

아리미츠 대표는 위원회와 협의를 거쳐 일본번역협력위원회를 구성해 번역을 추진하기로 하고 2012년 4월 양측이 협약을 체결했다. 일본번역협력위원회가 무상으로 번역하고, 출간과 배포는 위원회가 맡는다는 내용이었다. 협약에 따라 번역을 시작하고 위원회가 폐지할 때까지 13권의 번역문이 나왔으나 내용 검수 등을 거쳐 보고서 4권을 출간 배포하는 데 그쳤다. 구술기록집은 구어체와 많은 사투리 때문에 일본 시민들이 뉘앙스를 살리기에 어려움이 많았다.

특히 군위안부 관련 구술기록집(들리나요-열두 소녀의 이야기)은 번역서 발간 대상에서는 1순위였으나 초벌번역본은 출간하기 어려운 상태였다. 피해자들의 구술에 함축한 의미를 왜곡할 가능성이 높아 위원회에서 예산을 마련해 일본의 관련 연구자에게 검수를 부탁했으나 성사하지 못했다. 그런데도 2015년에는 위원회가 정치적 의도로『들리나요』를 번역출간하지 않았다고 오해한 야당 국회의원실로부터 심한 질타를 받기도 했다. 만약 정치적 의도가 있었다면 미국에서 영역본은 왜 출간했겠는가.『들리나요』는 미국 뉴저지 소재 한인 기업 '미디어조아Media Joha Ltd.'의 제안으로 양측이 협약을 맺고 2013년부터 번역에 들어가 2015년에 출간했다. 번역은 인권운동가 스티브 카발로Steve Cavallo 등 9명의 번역가와 소설가 등 시민의 자원봉사로 이루어졌고, 위원회는 2만부를 출간해 미디어 조아를 통해 미국에 배포했다.

위원회 폐지 이후에는 행정자치부의 예산 지원으로 일본 시민들의 번역서 출간 작업은 이어지고 있다.

그림 4 한글판 표지

그림 5 피해자 할머니의 그림을 토대로 디자인한 영문판 표지

■ 진상·실태조사가 거둔 성과

수적으로 빈약한 진상조사였으나 성과는 빈약하지 않았다. 창대했다.

첫째, 신규 강제동원 피해실태 발굴 및 규명이다. 일부이기는 하지만 진상조사 결과를 통해 시기별·지역별·유형별로 다양하게 발생한 강제동원 피해실태를 조금이나마 파악할 수 있게 되었다. 위로금 등 지원금 지급업무에 활용할 수 있게 되었다.

둘째, 일본의 책임 인정 입증자료로 활용했다. 2015년 7월 독일 본에서 열린 유네스코 세계유산위원회에서 한일 양국 여론을 뒤흔든 핫 이슈는 일본의 유네스코 세계유산 등재와 관련한 강제성 인정이었다. 일본의 강제성 인정을 위한 외교적 노력의 배경에는 진상조사보고서 1건(히로시마, 나가사키 원폭 피해에 대한 진상조사)과 실태조사보고서 1건(일본 하시마탄광 동원 조선인 사망자 피해실태 기초조사) 등 등재 신청 해당 지역과 관련된 진상조사 결과가 있었다.

셋째, 대외 요구에 대응해 강제동원 피해문제 인식을 확산하는 데 기여했다. 홋카이도 히가시카와초東川町 '한반도와 히가시카와의 역사를 말하는 모임(대표 곤도 노부오近藤伸生 변호사)이 한 사례다. 이 모임은 진상규명위원회 진상조사를 계기로 지자체(히가시카와초) 차원에서 직접 한인 강제동원 진상조사와 생존자를 초청하도록 한 성과를 남겼다.

곤도 대표는 2011년 2월의 공동조사 이후 히가시카와초를 설득해 2011년 8월에 지자체 예산으로 생존피해자 초청 위로 행사를 개최했다. 히가시가와초는 자체 진상조사 결과를 담은 뉴스레터廣報誌를 발간하고 2012년과 2014년에 발굴한 자료를 위원회에 제공했다.

훗카이도 히가시카와정 공동조사 사례

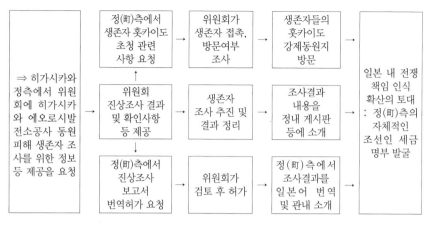

그림 6 히가시카와초가 후원한 생존자 초청행사

■ 진상조사, 계속되어야 한다!

위원회의 진상조사업무는 위원회 존폐와 무관하게 한국정부가 지속적으로 수행해야 할 과제이자 향후 복원해야 할 업무다. '정부의 진상조사가 아닌 학술조사로 대체하면 어떤가'라는 의견도 있다. 정부 진상조사 결과는 연구자 개인의 학술연구조사 결과와 비할 수 없다. 정부의 공적인 행위를 통해 정부가 책임지는 공식 결과물이기 때문이다. 또한 진상조사는 단지 위원회에 국한한 업무가 아니다. 그 이유는 정부 정책 수립과 시민사회에 실질적인 도움이 되기 때문이다. 강제동원 진상조사 결과는 크게 다섯 분야에서 활용할 수 있다.

첫째, 정부 내 활용이다. 세 가지를 들 수 있다. 하나는 다양한 콘텐츠 제공 가능성이다. 진상조사보고서 및 조사수행 과정에서 획득한 기록물·명부·구술·사진·박물 등의 공개를 위한 다양한 유형의 강제동원 관련 간행물 및 번역본 발간이 가능하다. 강제동원 연혁, 인물, 사건 등 진상조사 결과 확인한 사실을 달력으로 제작해 강제동원피해 연표 작성 및 관련 사실 홍보에 활용할 수 있다. 강제동원 피해자 중 인상적인 사례, 피해자를 돕거나 보호한 일본인, 진상규명에 헌신한 국내외 인사 등을 발굴해 소개하는 인물록 작성도 가능하다. 진상조사를 통해 집단학살, 중요사건·사고 등 역사적 사실 및 피해지역을 발굴해 정부가 주관하는 추도사업 추진에 정보를 제공할 수 있다. 마지막 하나는 각급 교육기관에 자료를 제공해 일상적 교육 활동에 활용할 수 있다.

둘째, 민간 영역에 전파 및 활용이다. 위원회는 발표한 보고·진상조사 결과·자료집 등 책자, 영상물 등 생산 자료를 일반인이 열람할 수 있도록 각 도서관과 기관에 배부하는 등 적극적으로 민간 영역에 제공했다. 창작집단(문학인, 방송작가 등)에 제공한 자료는 강제동원 관련 문학작품 집필, 방송제작 등 콘텐츠 생산에 도움이 된다. UCC, 플래시 애니메이션, 소규모 독립영화 등 일반인이 접근 가능한 영역에서 창작을 유도할 수 있다. 진상조사 결과는 학계 연구자 증가 및 관련 연구 촉진을 유도할 수 있다. 진상조사를 통해 집단학살, 중요사건·사고 등 역사적 사실 및 피해지역을 발굴하여 각종 피해자 추도사업에 관련 정보를 제공하고, 지자체·종교·학술단체·시민사회단체 등과의 공동조사사업 추진 등 외부의 협력 요청에 활용할 수 있다.

셋째, 대북 협력 및 통일 후 대비 활용이다. 강제동원의 공동 피해자인 북한과 강제동원 피해자에 대한 공동조사 및 유골 발굴, 일본으로부터 이미 입수한 자료의 제공, 대일 공조 등 다양한 남북공동 협력사업 추진에 기본 자료로 활용할 수 있다.

넷째, 국제적 활용이다. 국외단체의 강제동원 추도사업 및 공동조사 요구에 능동적으로 대처해 일본의 전쟁 책임 인정 등 피해문제 인식의 확산에 활용할 수 있다. 왜곡된 역사교육으로 인한 일본 국내 우익세력 확장 억제에 활용하고, 대일과거청산을 위한 국제연대 및 남북한 공조에 근거자료로 활용할 수 있다. UN, ILO, 유네스코 등 국제기구 대응을 위한 근거자료로 유용하다.

다섯째, 시민교육 활용이다. 현재 진상조사 보고서와 관련 콘텐츠(사진, 구술기록, 영상, 사진집 등)는 국립강제동원역사관을 비롯해 독립기념관과 대한민국역사관 등의 전시 콘텐츠 구성의 토대가 되거나 도움을 주고 있다.

제2장

강제동원 관련 자료

1. 진상규명을 위한 마중물, 강제동원 관련 자료

1950년대, 한국정부가 한일회담 과정에서 대일배상을 논의하기 위해 준비한 자료 가운데 하나는 피해자의 이름이 적힌 명부였다. 1970년대 한국정부가 대일보상금을 지급할 때, 심사 기준은 문서 료 존재 여부였다. 지급 신청서를 제출한 유족들 가운데 제적등본에 적힌 일본기업의 이름, 일본기업의 이름이 적힌 문서 한 장, 일본정부(軍)와 기업이 발행한 사망통지서를 가진 사람만이 30만 원의 보상금을 받을 수 있었다. 이렇게 피해자들이 권리를 요구할 때 필요한 것은 '자료'였다.

그러나 자료는 대일배상이나 미불금 등 피해자 권리 요구에만 필요한 것은 아니다. 일본이 일으킨 아시아태평양전쟁으로 인해 입은 강제동원 피해의 실상을 파악하기 위해서도 필수 자료이다.

강제동원 관련 자료의 구성에 대해 살펴보자. 강제동원 관련 자료는 구분 방법에 따라 다양하게 구분할 수 있다.

첫째, 생산 주체에 따라 가해자·피해자·관련 국가 및 관련 국제단체가 생산한 자료로 구분할 수 있다. 가해자가 남긴 자료는 일본정부가 생산한 정책 문서와 명부·포스터·사진·영상물, 지방자치단체가 생산한 행정문서, 강제동원에 관여한 기업이 생산한 각종 문서와 명부·전보문·사진·영상물, 관변단체가 생산한 문서와 명부·포스터·사진·영상물, 정부 당국자가 남긴 메모·서간문·수기·회고록·사진·영상물 등이 있다.

피해자가 생산한 자료는 증서나 명부, 메모·서간문·수기, 사진과 현장에서 사용한 물건, 구술인터뷰 자료·영상물 등이다. 관련 국가가 생산한 자료는 점령 후 연합군이 생산한 심문조서와 보고서, 명부, 사진 등이 있고, 관련 국제단체로는 국제적십자사가 대표적이다. 그 외 아시아태평양전쟁 관련 지역에서 발간한 신문과 잡지, 해당 지역민의 회고록과 수기·서간문·사진·영상물 등도 빠질 수 없는 자료다.

둘째, 자료의 매체에 따라 문서자료와 비문서자료로 구분할 수 있다. 정책문서와 행정문서, 심문조서, 명부, 보고서, 전보문, 메모·서간문·수기 등 종이 형태로 생산한 자료는 문서자료에 해당한다. 사진과 포스터 등 시각자료, 물건, 구술인터뷰 자료·영상물은 비문서자료이다.

셋째, 자료 성격에 따라 공식 자료와 비공식 자료로 구분하기도 한다. 정부와 지방자치단체, 관련 기업과 관변단체, 관련 국가와 관련 국제단체가 생산한 문서와 비문서자료가 공식 자료이다. 피해자가 생산한 자료와 메모·서간문·수기·회고록·신문·잡지·구술인터뷰(당국자와 관련자)가 비공식 자료이다.

넷째, 유일성 여부에 따라 원본 자료와 사본 자료로 구분한다.

네 가지 방법의 구분은 자료를 이해하는 방법일 뿐, 자료의 가치나 의미에 대한 평가는 아니다. 누가 생산했든, 공식이든 비공식이든 중요하지 않은 자료는 없다. 모든 자료를 분석해서 결락을 맞추고 행간을 읽어내는 작업이 중요할 뿐이다. 자료 분석 작업을 통해 우리는 주관적 객관성을 확보하고 사실事實에 조금 더 가까이 갈 수 있다. 그런데 자료 분석 작업의 전제는 모든 관련 자료의 수합이다. 일단 자료가 있어야 분석을 시작할 수 있다. 그래서 수집했다.

(1) 위원회가 수집한 자료

▣ 일제강제동원, 이름을 기억하라

『활동결과보고서』에 따르면, 2015년 12월 말 기준 11년간 강제동원위원회가 수집한 자료는 총 5,377건이다.

표 6 위원회 수집 자료 현황(2015년 12월 말 기준)

구분	종류	규모(건)
문헌자료	원본 명부	52
	사본 명부(이미지 포함)	377
	원본 문서	346
	사본 문서	2,882
	소계	3,657
박물자료	의복, 신발, 명찰, 집기, 기타	81
시청각자료	동영상	410
	사진 및 필름	1,229
	소계	1,639
계		5,377

〈표 6〉은 강제동원위원회 수집자료를 매체별로 구분한 현황이다. 이 가운데 가장 다수는 문헌자료다. 그러나 자료 1건이 1장, 또는 1점을 의미하지 않는다. 박물자료나 시청각자료는 1건=1점이지만 문서자료에서는 1건≠1점(또는 개)인 경우가 많다. 특히 명부는 1건에 수십 명, 심지어 수십만 명의 이름이 담긴 자료다. 그러므로 명부 429건에 담긴 이름은 429개가 아니다.

명부 429건에는 1,433,588명(중복인원 포함)의 이름이 담겨 있다. 위 표에 포함하지 않은 2건의 명부(피해조사, 지원금 지급심사 명부)를 합하면, 1,772,728명(중복인원 포함)이 된다. 개수로 따지면 위원회 수집 자료 가운데 가장 큰 규모다. 물론 177

만 개가 모든 강제동원 피해자의 이름은 아니다. 같은 이름이 여러 번 수록되어 있으므로 실제 규모는 강제동원 피해 규모 780만 명의 10% 정도일 것이다.

강제동원위원회는 명부의 대부분을 DB로 제작해 활용하기 쉽도록 했다. 강제동원위원회는 왜 이렇게 많은 명부를 수집하고 DB를 만들었을까. 인간의 기본적인 권리를 찾는 길이기 때문이다.

1953년, 이스라엘 정부는 정부 기관, 야드바셈을 설립했다. 야드바셈은 1935년부터 제2차 세계대전 당시 히틀러와 나치에 의해 학살·희생된 약 600만 명의 유태인을 추념하고 인류에게 역사적 교훈을 남기기 위한 상설 조사기구와 기념시설이다. 야드바셈Yad Vashem이란 '이름을 기억해'라는 의미의 히브리어다. 왜 이스라엘 정부는 야드바셈이라 지었을까. '이름'이 주는 의미와 무게가 있기 때문이다. '이름'이 주는 무게를 느낄 수 있는 장소는 또 있다. 중국의 난징南京대학살기념관이다. 이곳에서도 피해자의 이름은 빠질 수 없다. 이름은 존재감이다. 후대인들은 이름을 통해 과거의 피해를 실감한다.

한국사회가 기억해야 하는 이름은 많다. 공익과 나라의 독립을 위해 헌신한 이들, 국가 폭력으로 목숨을 잃은 이들, 전쟁의 와중에서 나라를 지킨 이들. 나라를 잃어 남의 나라 전쟁에 동원되었던 이들의 이름.

전쟁으로 인한 각종 피해자의 권리 회복은 인간의 기본적 권리다. 제2차 대전 후 탄생한 국제인권법international law of human rights에서는 인간의 기본적 권리를 '전시·평시·식민 지배를 막론하고 문명인들 사이에 확립된 관례, 인도주의의 법칙, 공공의 양심, 국제법 등에 따라 전시 중 상병자·포로·민간인뿐만 아니라 억류자의 조속한 본국 귀환·송환, 사자死者의 유해와 묘지의 존중 및 일상생활의 회복'으로 규정했다. 우리가 피해자 이름을 기억해야 하는 이유는 바로 인간의 기본적 권리를 찾는 길이기 때문이다.

▣ 대일배상을 위해 모은 이름

이름을 기억하기 위한 첫 번째 과정은 이름을 기록하는 일, 명부 작성이다. 피해자의 이름을 모으는 작업은 제1공화국 시절부터 한국정부의 몫이었다. 정부 수립 후 과제가 산적한 가운데, 한국정부가 나서서 강제동원 피해자들의 명부를 작성한 이유는 무엇일까. 새로운 국가 건설에 중요했기 때문이다.

정부 수립 이전부터 한국사회에서 대일배상은 큰 관심사였다. 일본에서 귀환한 한인들은 군산과 인천, 부산, 남원 등지에서 미수금을 받기 위해 직접 행동에 나서기도 했다. 당시 일본인 세화회에 관여했던 모리타 요시오_{森田芳夫}의 『조선종전의 기록』에 담긴 내용이다.

> 인천에서는 귀환 노동자 약 3천 명이 인천 부윤에게 구제를 강요했으나 이미 미군정하에 있던 인천부는 아무런 힘이 없었다. 조선인 측 '응징사 원호회'는 이 책임은 일본정부가 져야 하며 인천 거주 일본인도 그 의무를 분담해야 한다고 하며 인천일본인세화회에 요구해왔다. … 군산에서는 9월 중순 경 갑자기 약 천명의 조선인들이 군산부청을 포위해 이노우에 부윤에게 면회를 요구하고 군산에서 일본으로 간 노무자 1,803명이 일본에서 당한 냉혹한 대우에 관해 말하며 1인당 사망자 2만엔, 신체장애자 1만 5천엔, 귀환자 1만 엔을 요구하고 그 후 1인당 3천엔, 총액 540만 엔의 손해배상을 요구했다.

1948년 10월 9일, 재무부는 '대일배상요구자료조서'를 발표했고, 11월 27일 국회는 본회의에서 '대일강제노무자 미제임금 이행요구에 관한 청원'과 '대일청장년 사망배상금 요구에 관한 청원'을 채택했다. 1949년 2월, 대통령 지시에 따라 기획처는 '대일배상청구위원회'를 설치했다.

대일배상청구위원회는 한국정부가 대일배상요구를 위해 설립한 공식기구였다. 대일배상청구위원회가 정한 대일배상원칙은 '일본을 징벌하기 위한 보복의 부과'가 아닌 '희생과 피해회복을 위한 이성적 의무의 이행'이었다. 이 원칙에 따라 작성한 보고서가 『대일배상요구조서』다.[7]

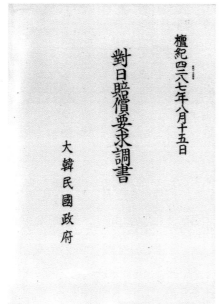

그림 7 대일배상요구조서 표지(이상호 제공)

1949년 4월 7일, 한국정부는 '대일배상요구조서 1부'를 GHQ(연합국 총사령부, General Headquarters of Supreme Commander for the Allied Powers, 약칭 GHQ)에 제출했다. 그러나 GHQ는 완곡하게 거절했다. 미국이 이미 '점령정책의 완화'로 정책을 변경했기 때문이다. 미국의 정책 변화는 대일배상정책에 큰 영향을 미쳤다. 한국민의 인식과 열망, 한국정부의 대응은 미국의 대일정책 변화라는 벽 앞에서 초라했고, 대일배상의 길은 험난했다.

1949년부터 미국의 정책이 일본과 조기 강화로 바뀌면서 대일배상반대 주장이 나오기 시작했다. 한국은 즉각 반발했다. 1949년 5월 16일, 임병직 외무장관의 담화문이 나왔고 이승만 대통령도 7월 8일 GHQ의 일본 편향 정책에 비난을 퍼부었다. 그러나 한국정부가 할 수 있는 것은 그 정도였다. 한국의 의견을 전혀 반영하지 못한 채 샌프란시스코 대일강화조약은 체결되었다. 한국이 배상을 청구하려면 일본을 대상으로 직접 협상해야 했다. 대한민국의 명운을 걸고 일본과 본격적으로 맞붙으려면 무기가 필요했다. 그래서 명부를 만들었다.

▣ 한국정부가 축적한 이름, 피해자 권리를 회복하는 방법

일본과 협상을 통해 배상금을 받아내고 피해자들에게 전하는 것은 광복을 이룬 국가가 해야 할 책무 가운데 하나다. 고향으로 돌아오지 못하고 이국땅에서 목숨을 잃은 이들의 유해를 찾아오는 것도 정부의 일이다. 강제동원 피해자의 명부를 찾고 만드는 일도 정부의 역할이다. 한국사회에서 강제동원 피해자의 이름을 잊는다면, 그들의 경험도 역사에서 사라져버린다.

이러한 역사적 의미에서 강제동원위원회는 문을 열자마자 가장 먼저 명부를 찾아 나섰다. 강제동원위원회가 명부 확보를 시급하게 여긴 이유는 세 가지다. 첫째, 피해자의 권리 회복을 위해서였다. 해방 후 한국사회에서 가해자 측의 자료가 없는 피해자, 자료에서 이름을 확인할 수 없는 피해자는 당당하게 자신의 권리를 주장할 수 없었다. 반면, 가해자 측 자료를 확보한 피해자·유족은 당당했다. 자료가 있다면 다른 말이 필요 없이 '누가 뭐래도 피해자'임을 입증할 수 있었기 때문이다. 그러나 자료를 찾을 수 없는 이들은 구구하게 설명해야 했고, 피해를 입증해줄 누군가를 찾아야 했다. 피해자임을 피해당사자 스스로 입증해야 했다.

두 번째는 강제동원 전체 실상 파악에 필수적이기 때문이다. 명부를 통해 어느 지역으로, 어느 기업으로 동원되었는지 동원 규모를 알 수 있다. 몇 년에 어디로 갔는지, 나이는 어떠했는지, 몇 년간 동원되었는지, 어디로 이동했는지, 사고를 당했는지, 사망했는지, 언제 돌아왔는지, 받아야 할 임금과 수당은 얼마나 되는지 등 동원 실태를 알 수 있다.

세 번째는 가해자의 책임을 물을 수 있는 근거자료가 되기 때문이다. 그러므로 가해자는 자신들에게 불리한 명부 공개를 꺼렸다. 전쟁범죄와 관련한 명단은 찾기 어렵다. 일본군'위안부'는 존재했으나 일본군'위안부' 관련 명부가 없는 이유다.

명부를 찾는 작업은 70년 전 강제동원의 실상을 파악하기 위한 첫 번째 단계다. 그러나 열심히 노력한다 해서 모든 피해자의 이름을 가해자 측 명부에서 찾을 수 있는 것은 아니다. 처음부터 명부에 이름을 올리지 않았다면 찾을 수 없다. 이미 재로 사라진 명부도 마찬가지다.

가해자 측 명부에 이름이 없는 피해자는 일본군'위안부'만이 아니다. 명부에서 이름을 찾을 수 있는 노무자는 극소수다. 강제동원위원회는 조선과 일본, 남사할린과 중국 만주, 동남아시아와 태평양 등지에 동원된 노무자를 연인원 7,534,429명으로 집계했다. 그러나 현재 가해자 측이 남긴 명부는 10만 명도 되지 않는다.

군인으로 동원되었음에도 일본정부 자료에서 이름을 찾을 수 없는 이들도 있다. 1945년 5월, 징병 영장을 받고 입대한 최동언도 그 가운데 한 명이다. 2013년 12월 6일, 최동수는 일본 후생노동성을 방문해 형의 행방을 문의했으나 기록은 찾을 수 없었다. 후생노동성 관계자는 1945년 1월~ 8월 사이 조선인 징병자 명부 중 일부는 존재하지 않는다고 답했다. "구 일본육군과 해군 관련 명부는 후생성에 전부 인계됐으나 전쟁 혼란 상황으로 인해 부대별 명부 등이 없는 경우가 있다"는 것이다.[8] 1945년 1월 이후 입대한 조선인들 가운데 얼마나 많은 사람의 기록이 사라졌다는 것인가. 알 수 없다. 입대는 했으나 기록은 없다? 어떻게 이런 일이 가능할까. 일본 당국이 군 관련 기록을 없앴거나 병적 관리가 제대로 이루어지지 못했기 때문이다.

그렇다면 가해자 측 명부에서 이름을 찾지 못한 이들은 피해자가 될 수 없는

가. 그렇지 않다. 한국정부와 사회 스스로 명부를 만드는 방법이 있다. 정부 수립 후 한국정부가 했던 일이다.

표 7 위원회 소장 명부 중 한국정부 생산 명부 현황

명부 이름	수록인원	생산 시기	생산 기관	생산 목적 및 방법	용도	비고
일정시 피징병 징용자명부	229,782명	1953년 1월 최종 수합	내무부	1953.4월 개최 예정인 제2차 한일회담 준비를 위해 전국 단위로 신고 접수	대일협상	
왜정시 피징용자 명부	285,711명	1957 ~ 1958년	노동청	제2차 한일회담 준비를 위해 전국 단위로 신고 접수	대일협상	
대일 청구권자금 지급명부	8,552명	1975 ~1977	재무부	청구권자금운용 및 관리에 관한 법률(1966.2.19) 및 대일민간청구권신고에 관한 법률(1971.1.19)에 의거해 '75.7~'77.6.30신고건에 대한 지급명부	보상금 지급	
검증– 왜정시 피징용자 명부	118,520명	2006 ~ 2008년	위원회	왜정시피징용자명부의 한계를 보완하기위해 실시한 전국 전수조사 결과	진상규명 및 피해자 지원	왜정시 피징용자 명부 중 검증을 완료한 명부
대일항쟁기 위원회 피해조사 명부	226,584건*	2005. 2 ~ 2012. 4	위원회	특별법 규정에 의한 피해조사를 위해 전국 단위로 2005. 2 ~2008. 6. 30간 신고 접수한 228,126건에 대한 조사결과 최종피해자로 확정한 명부	진상규명 및 피해자 지원	
대일항쟁기 위원회 지급심사 명부	112,556건*	2008. 9 ~ 2015. 12	위원회	특별법 규정에 의한 위로금 지급을 위해 전국 단위로 2008. 9~2014. 6월간 신청 접수한 121,261건에 대한 심사 결과 심사대상자로 확정한 명부	진상규명 및 피해자 지원	

*: 1인이 다중 피해를 입어 중복 신고, 신청한 경우가 있으므로 명이 아닌 건으로 표시

강제동원위원회가 확보한 177만 명의 명부가 모두 가해자 측이 생산한 명부는 아니다. 177만 명 가운데 일본정부로부터 확보한 명부가 737,819명분이고, 한국정부가 자체적으로 생산한 명부가 총 6건 981,705명분(표 7)이다. 그 외 강제동원위원회 자체 수집 명부·국가기록원과 국사편찬위원회 수집 명부는 총 53,204명분이다.

▣ 제1공화국이 남긴 명부 2종

〈표 7〉에서 제1공화국 시기에 만든 명부는 2건이다. 전국의 피해자를 상대로 신고를 받아 취합한 자료다. 신고내용을 모은 후 조사를 하지 않았으므로 검증해야 하는 자료이기는 하지만 '정부가 국가의 책무를 다하기 위해 노력한 사례'라는 점에서 의미는 매우 크다.

'일정시피징병징용자명부'는 제1공화국이 남긴 첫 번째 명부이자 한국정부가 생산한 명부 중 현존하는 가장 오래된 명부다. 6.25전쟁의 와중에 교통과 통신도 열악한 상황에서 탄생했다. 언제부터 신고를 받았는지는 알 수 없다. 1953년 1월 내무부가 최종적으로 취합, 합본했다는 사실만 알 수 있다. 마을 이장 등이 신고를 받아 명부를 작성한 후 도별로 취합해 내무부에 제출했다.

그림 8 겉표지 사례   그림 9 총괄표

'일정시피징병징용자명부'는 1953년 4월, 제2차 한일회담 준비를 위해 전국 단위로 조사한 결과물인데, 2013년까지 존재를 알지 못했다. 2013년 6월, 주일한국대사관 신축 이전 과정에서 세상에 나왔다. 세상에 나온 과정은 극적이었다. 2013년 7월 2일 밤, 주일한국대사관은 강제동원위원회 조사2과장(정혜경)

에게 전화를 걸었다. 서고에서 나온 자료 뭉치를 확인해달라는 요청이었다.

이 요청이 없었다면, 명부는 세상에 빛을 보지 못한 채 쓰레기 소각장에서 사라졌을 것이다. 강제동원위원회 담당 전문계약직 공무원(오일환)이 자료를 검토한 후 대사관에 '1953년 제2차 한일회담에 대비해 준비한 자료'라고 알려주었고, 주일한국대사관은 국가기록원으로 이관했다. 담당 서기관의 정성과 강제동원위원회 오일환 팀장의 전문성 덕분에 명부는 60년 만에 고국으로 돌아왔다.

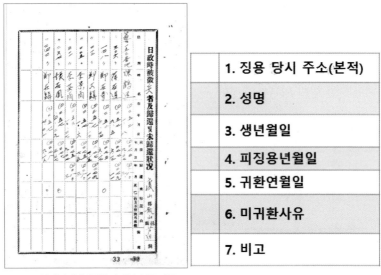

그림 10 일정시피징병징용자명부 수록 내용

| 1. 징용 당시 주소(본적) |
| 2. 성명 |
| 3. 생년월일 |
| 4. 피징용년월일 |
| 5. 귀환연월일 |
| 6. 미귀환사유 |
| 7. 비고 |

'일정시피징병징용자명부'는 생년월일, 면리 단위의 하부 주소 기재. 동원기간, 동원지, 귀환 및 사망 여부 등을 수록한 군인·군무원·노무자 명부다. 그러나 신고자 명부이므로 정부 차원의 검증이 필요하다. 검증 작업은 강제동원위원회가 담당했다. 강제동원위원회는 문을 닫기 직전인 2015년 11월 14일까지 총 23,110명(총 9.9%)을 조사해 16,920명을 강제동원 피해자 명부로 확정했다. 만약 강제동원위원회가 존속했다면, 지금도 검증 성과는 축적되고 있을 것이

다. 현재 검증 작업은 중단되었다. 피해국가인 한국정부가 어려운 시기에 만든 명부를 한국정부가 검증하지 않는 것은 무책임한 행태라고 생각한다.

2013년 '일정시피징병징용자명부'가 공개될 때까지 한국사회에서 명부의 존재를 아는 이 없었다. 1953년 제2차 한일회담을 위해 명부를 가져간 대표단은 회담이 끝난 후 명부를 도쿄에 있는 주일 한국대표부(이후 주일본 한국대사관)에 남겨두고 왔고 명부의 존재를 잊었다. 그러다가 일명 구보타 망언(구보타 간이치로久 保田貫一郎 일본 측 대표가 한 다섯 가지 발언)으로 중단되었던 한일회담이 다시 열리자 한국정부는 일본 측을 압박할 자료가 필요했다. 그러나 1953년에 명부를 일본에 두고 왔다는 사실을 기억하는 이는 없었다. 그래서 다시 신고를 받아 만든 자료가 '왜정시피징용자명부'다.

1957~1958년 노동청 주관으로 만든 '왜정시피징용자명부'는 '동원 당시 연령, 주소, 귀환 및 사망 여부'를 수록했다. 물론 여성은 찾아볼 수 없다. 생산 목적이나 생산과정, 수록 내용은 '일정시피징병징용자명부'와 차이가 없다. 다만 신고하지 않은 주민의 이름이 들어 있는 등 믿을 수 없는 내용이 있다. 정권 초기에 의욕적으로 신고를 받았던 '일정시피징용징병자명부'와 달리, 정권 말기에 행정체계가 느슨해졌고 강제동원 피해에 대한 사회적 관심도 전과 같지 않았기 때문이다. 오류를 바로잡아야 하기에 강제동원위원회는 전수조사를 실시했다. 그 결과물은 '검증-왜정시피징용자명부'다.

▣ 강제동원위원회 진상규명 과정을 통해 탄생한 명부 3종

'왜정시피징용자명부'에 생명력을 넣기 위해 2006년 6월~2008년 12월까지 2년 6개월 간 전국 시군구 소속 공무원 약 2천여 명이 전수조사를 실시해, 최종 118,520명을 강제동원 피해자로 확인했다. 도시화가 진행된 지역은 조사가 불가능해 조사대상에서 제외했다. 이 검증 과정은 정부가 생산한 명부의 한계를 정부 스스로 파악하고 보완한 모범 사례이자 강제동원위원회가 생산한 첫 번째 명부다.

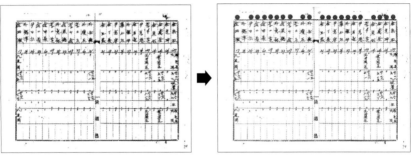

그림 11 왜정시피징용자명부   그림 12 검증—왜정시피징용자명부(상단 검정동그라미 표시가 검증한 명부)

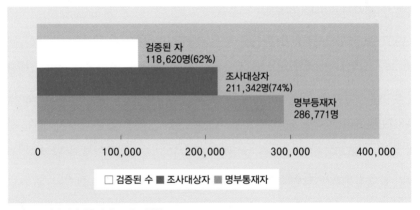

그림 13 왜정시피징용자명부 검증 현황(2008년 12월 30일 기준)

강제동원위원회 진상규명 과정을 통해 만든 두 번째 명부는 '피해조사 명부'다. 2005년 2월부터 2008년 6월까지 총 세 차례, 15개월에 걸친 피해신고 228,126건을 조사해 피해자로 확정한 226,584건의 명단이다.[9] 원본과 DB가 있다. 신고에 의존한 기존 명부와 달리 정부가 피해신고 내용을 조사해 검증한 명부다.

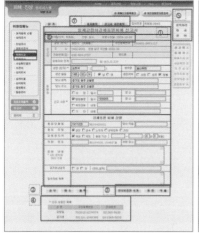

그림 14 군인군속 분야 피해조사 심의조서   그림 15 노무자 피해조사 심의조서

강제동원위원회의 세 번째 명부는 '지급심사명부'다. 2008년 9월부터 2014년 6월까지, 2007년 12월 10일 법률 제8669호 '태평양전쟁 전후 국외 강제동원희생자 등 지원에 관한 법률'에 따라 접수한 신청 서류를 대상으로 조사해 최종 지급대상자(사망 및 행방불명 피해 위로금, 미수금, 생존자 의료지원금 등 세 종류)로 확정된 이들의 명부다. 대부분은 피해조사 명부와 중복 명단이다. 피해조사를 거쳐 피해자로 판정받은 이들이 지원금 신청을 했기 때문이다. 그러나 정부가 신청내용을 조사해 검증했다는 점에서 의미가 있다.

그림 16 강제동원위원회가 생산한 피해조사서서철(피해조사명부)과 지급심사서서철(지급심사명부)

▣ 가해자가 남긴 이름

강제동원위원회가 소장한 명부 177만 건 가운데 737,819개의 이름은 일본 정부와 기업, 즉 가해자가 생산한 명부다. 일반적으로 가해자는 자료를 남기려 하지 않는다. 피해자에게 자료를 넘겨주는 일은 큰 결단 없이 불가능한 일이다. 가해자의 결단을 끌어내는 것은 피해국가의 몫이기에 〈표 8〉은 한국정부가 거둔 성과다.

표 8 위원회 소장 명부 중 한국정부가 수집한 일본정부 · 기업 생산 명부(인수 연도별)

명부 제목	인수 연도	주요 내용	일본 소장처	국내 소장처
조선인노동자에 관한 조사 결과朝鮮人勞働者に關する 調査結果	1991년(노태우 대통령 방일시 합의에 따라 인수)	총 12권. 일본정부 이관 당시 원질서가 파괴되었고, 이관을 위한 자료정리 과정에서 오류 발생(작성 주체가 여러 종류인 명부를 단일한 작성 주체로 잘못 편철)	일본 후생성	국가기록원, 위원회, 피해자단체, 국회도서관(일부), 독립기념관(일부)
소위 조선인징용자등에 관한 명부いわゆる朝鮮人徵用者等に關する名簿	〃	총 6권. 기업별 명부. 일본정부 이관 당시 원질서 파괴	〃	〃
일제하피징용자명부日帝下被徵用者名簿	1993년(노태우 대통령 방일시 합의에 따라 인수)	총 8권 3종. 기업별 명부. 일본정부로부터 이관 당시 원질서가 파괴	〃	〃
군인군속명부軍人軍屬名簿	〃	하와이포로수용소 내 조선인들이 발간한 회보인 『자유한인보』 제7호 부록에 게재된 명부. 하와이 포로수용소 소장 하월 대위(H.K.Hawell)의 도움으로 한인포로수용소 주보계(週報係)가 작성. 표지에 자유한인보 'FREE PRESS KOREA'라고 영문과 한글이 병기. 1권. 각 도별로 총 2,653명의 이름과 주소(한자) 기록	〃	국가기록원, 위원회, 독립기념관
유수명부留守名簿	〃	구 일본 육 · 해군 인사 관련 자료를 인계 받은 후생성이 관리하던 「유수명부」 중 1945~1949년 사이에 조선인만 선별해 재작성한 명부. 각 부대별로 작성되어 중대별로 일본어 발음 이름 순서에 따라 편철. 총 114권으로 구성	〃	〃
해군군속자명부海軍軍屬者名簿	〃	국가기록원이 「구해군군인이력원표(旧海軍軍人履歷原表)」와 「구해군군속신상조사표(旧海軍軍屬身上調査表)」를 합해 편의상 「해군군속자명부」로 편철	〃	〃

임시군인군속계 臨時軍人軍屬届	〃	1945년 3월 1일 오전 0시 현재 일본군대에 동원되어 있던 군인·군속에 대해 호주(또는 가족)가 면장 앞으로 보낸 신고서를 묶은 것으로 출신지역별(道別) 등재	〃	〃
병적전시명부 兵籍戰時名簿	〃	일본군으로 동원된 조선인 군인에 대한 개인별 신상카드의 편철. 총 67권에 조선인 군인에 대해 출신 지역별로 구분. 각 도(道)별로 구분하고 다시 군(郡)별로 구분해 작성	〃	국가기록원, 위원회
군속선원명표 軍屬船員名票	〃	육군 군속 선원의 개인별 이력명부로서 총 26권에 출신지역별(도별)로 편철	〃	국가기록원, 위원회, 독립기념관
공원명표 工員名票 등	〃	국가기록원이「공원명표」(2권),「공원명부」(3권),「육군운수부군속명부陸軍運輸部軍屬名簿」(8권)를 합해「공원명표 등」으로 편철. 총 13권	〃	〃
병상일지 病床日誌	〃	육군 군인 및 군속 중 한국인만의 병상일지를 편철한 진료기록으로 총 30권. 개인치료카드, 치료상 필요한 개인 병력서류, 치료기록 등으로 구성	〃	〃
부로명표 俘虜名票	〃	총 156권. 여성 19명 포함. 연합군이 영어로 작성해 ABC순으로 편철	〃	국가기록원, 위원회
군인군속공탁금 명부	2007월 12월 21. 위원회 수집	일본 법무성에 보관한 조선인 군인군속 공탁서와 공탁금 명세서 등 관련 명부. 115,076명 수록(중복분 포함)	일본 법무성	〃
노무자 등 공탁금 명부	2010.4.5. 위원회 수집	일본 법무성에 보관한 조선인 노무자 공탁서와 공탁금 명세서 등 관련 명부. 64,279명 수록	〃	〃
후생연금피보험 자 대장	2010년 1월 ~2011년 11월 위원회 수집	2008년 10월 30일 제7차 한일유골과장급 실무회의 합의(위원회와 일본정부간 후생연금명부 확인에 관한 협력 합의)에 따라 위원회가 조회 의뢰한 명부에 대해 일본정부가 총 3회에 걸쳐 확인작업 후 통보한 자료 총 10,147명 확보	사회보험 센터	〃

2. 위원회의 자료 분석 작업

(1) 진실규명을 위한 마중물 만들기

▣ 보석을 다듬어야 해

강제동원 관련 자료업무는 출범 당시부터 강제동원위원회의 중요 업무 가운데 하나가 되었다. 두 가지를 해결하기 위해서는 자료가 선행되어야 하기 때문이다.

구체적으로 새로운 자료를 수집해서 분석하고, 기존 자료를 분석하는 두 가지 방향이 필요했다. 당시 대통령령에 따르면 이 업무는 조사1과 담당 업무였다. 대통령령이 규정한 조사 1과의 업무는 총 세 가지(노무자에 대한 진상조사 및 피해 신고 처리, 자료의 전산 관리에 관한 사항, 사료관 및 박물관 건립에 관한 사항)였다. 총 20명도 되지 않는 인력이 해야 하는 일이었다. 20명 남짓한 인원 가운데 강제동원 분야에서 전문성을 발휘할 수 있는 전공자는 2명(정혜경, 허광무)에 불과했다. 세 가지 가운데 한 가지도 처리하기 힘든 인력 구성이었다.

더구나 2004년 11월 진상규명위원회가 문을 열고, 2005년 2월 본격적인 업무를 시작했을 때 자료 상황은 참담했다. 당시 국가기록원에는 '강제연행자명부'라는 이름으로 수합한 48만 명부가 있었으나 검증이 필요했으므로 곧바로 업무에 활용할 수 없었다.

새로운 자료수집도 만만치 않았다. 2005년 1년 동안 총 3차에 걸쳐 한일유골협의체 국장급 회담이 열렸으나 자료 입수와 관련해서는 성과가 없었다. 국장급 회담이 진행되는 동안 두 차례에 걸쳐 일본정부에 자료요청공문도 발송했으나 반응은 기대 이하였다. 2년이라는 진상규명위원회의 한정된 기간은 협상이라는 방법에만 의지하기에는 너무 촉박했고 다급했다. 돌파구가 필요했다. 자료를 가진 일본정부를 움직이게 하려면, 그에 상응하는 위원회의 노력이 필요했다.

▣ 전산화부터 시작한 명부분석 작업

일단 명부를 전산화하는 작업을 시작했다. 명부란 말 그대로 이름의 모음이다. 기본 인적사항과 간략한 동원 내용을 담은 자료다. 어떤 명부는 인적사항도 소략하고 소속 기업을 확인할 수 없는 명부도 있다. 그러므로 명부에 담긴 이름 자체로는 큰 의미가 없어 보일 수 있다. 그래서 학계에서는 연구 자료로 활용하지 않았다. 그러나 명부는 전산화해 교차 분석 방법을 통해 생명력을 얻는다.

2005년 당시 정보화 예산은 없었다. 예산 부서는 물론 사무국장마저 "2년짜리 한시 기구에서 전산시스템이 왜 필요하냐"고 통박을 주었다. 그러나 조사1과 소속 사무관(한흥수 팀장, 노동부 파견)은 "한시 기구니까 더 필요하다. 자동차로 가는 방법이 있는데, 왜 걸어가려 하는가"하며 관련자들을 설득해 어렵게 진상조사시스템과 자료관리시스템을 만들었다. 한흥수 팀장은 경리부서가 예산을 확보하는 동안에 시스템의 설계를 해 둘 정도로 업무의 방향을 파악하고 추진하는 능력이 탁월한 늘공이었다. "역사적인 위원회에 파견 나왔으니 나도 역사의 획을 그어야 한다"며 새벽부터 출근해서 직원들을 독려하고 사비를 아끼지 않았다.

작은 예산에 소박하게 시작한 자료관리시스템은 이후 매우 유용한 DB가 되었다. 키워드 하나만 입력해도 명부와 사진, 구술기록, 박물류 등 관련 자료가 몇 초 만에 검색되고, 동일 인물에 대해 여러 자료를 동시에 교차 분석할 수 있다. 이 시스템은 이후 국가기록원이나 다른 역사 관련 위원회가 벤치마킹하는 표본이 되었다.

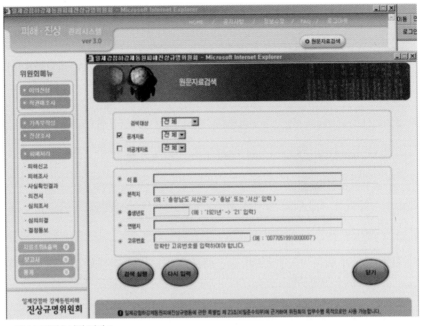

그림 17 검색순서별 결과 1

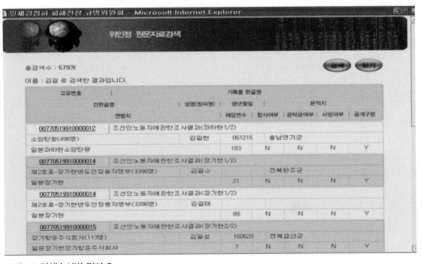

그림 18 검색순서별 결과 2

그림 19 검색순서별 결과 3

그림 20 검색순서별 결과 4. 업무용 PC에서 확대 및
출력 가능

두 번째로 전문인력 부족이라는 열악한 상황에서 강제동원위원회의 모든 역량을 총동원해 '명부검증프로세스'와 명부분석 TF를 만들었다. 당시 강제동원 관련 자료업무를 담당하던 조사1과는 노무동원 피해조사와 진상조사를 담당하고 있었고, 군인과 군무원 피해조사 및 진상조사 업무는 조사총괄과, 유골봉환업무는 조사2과 담당이었다. 그러므로 군인과 군무원, 유골봉환 관련 자료에 대해서는 조사1과가 내용을 파악할 수 없었다. 과를 넘어선 시스템 운영이 필요했다. 또한 자료조사 및 분석은 피해조사와 진상조사의 성과가 있어야 가능했다.

(2) 자료에 생명력 불어넣기

▣ 활용 가능한 자료를 만드는 첫 번째 단계

자료 전산화와 명부분석시스템, TF를 마련한 후 작업에 들어갔다. 생명력을 넣는 작업이었다. 작업은 크게 두 단계였다. 첫 번째는 기존 자료에 대한 철저한 분석이고, 두 번째는 피해조사 결과를 통한 다듬기다.

첫 단계는 어렵지 않았다. 국내 소장 자료에 대해서는 이미 파악했고, 기록학적 방법에 따른 활용방안도 구상하고 있었기 때문이다. 국내 소장 자료 가운데 가장 규모가 크고 진상규명 업무에 바로 활용할 수 있는 자료는 국가기록원이 '일제강제연행자명부'라 명명한 일명 '48만 명부'(중복인원 포함)이다. 그러나 이 명부는 인수 이전에 '원질서'가 파괴되어 생산배경과 과정에 대한 정보를 파악할 수 없다. 인수 과정에서 선별과 편집을 거친 자료도 있고, 인수 후 발생한 오류도 있다. '48만 명부'로 알려져 있으나 정확한 수치는 집계할 수 없다. 자료에 대한 오독으로 인한 중복 입력이나 누락 인원이 있기 때문이다.

1991년과 1993년에 어렵게 인수한 자료는 정부기록보존소에 이관 후 오랜 기간 방치되어 있었다. 방대한 규모의 자료는 인수했으나 사회적 관심이 지속되지 않았기 때문이다. 1991년에 인수한 2건과 1993년에 인수한 1건은 인수 당시 국회도서관과 피해자 단체인 태평양전쟁희생자유족회에 제공했으므로 사기사건 등 부적절하게 활용되는 일도 있었다. 48만 명부는 김대중 정부 때 경제 활성화를 위해 실시한 DB작업의 대상이 되었다. 그러나 이 과정에서 '대상 자료에 대한 분석' 과정을 생략해 기존의 오류를 수정할 기회를 갖지 못했고, 오히려 오류를 추가하는 결과를 낳았다. 정부가 취업문제 미봉책으로 실시한 공공근로사업은 건수를 사업비 정산으로 연결하는 구조였으므로 대규모 자료 전산화를 속도전으로 마무리했다. 전문인력이 아닌 단순 입력자 의존도가 높았고, 국내외 학계의 검증 기회도 부족했으며, 일반인은 자료에 접할 기회를 갖기 어려웠다.

■ 거친 돌을 보석으로 만드는 마이다스의 손, 명부 검증 프로세스

강제동원위원회는 2005년 초 48만 명부 DB 사용권을 국가기록원으로부터 받아 시스템에 연동하고 분석에 들어갔다. 추가로 수집한 명부와 자료에 대해

서도 시스템을 통해 분석했다. 자료 분석에 도움을 준 것은 226,583건의 피해조사결과와 강제동원위원회가 자체적으로 수집한 명부와 사진 등 다양한 자료, 그리고 '명부검증프로세스'다.

'명부검증프로세스'는 기록팀과 조사과의 연동 업무다. 발굴·수집한 명부분석은 1차 검토(조사1과 기록팀)과 2차 검토(명부분석 TF)를 거쳐 강제동원위원회 의결 과정을 거쳤다. 강제동원위원회 의결을 통해 객관적인 자료(강제동원위원회가 인정하는 명부)로 확정되면 검색이 가능한 형태로 DB 작업을 진행하고 시스템에 업로드해 피해조사 등에 활용했다. 국내외 전문가에게 분석을 의뢰하기도 했다.

그림 21 명부조사 분석 · 절차

이 같은 분석 프로세스와 조사관들의 업무용 PC에서 모든 명부를 검색할 수 있는 시스템은 탑재된 여러 자료(명부, 사진, 피해조사서, 구술기록)의 교차 분석을 쉽게 해주었고, 이 과정에서 국가기록원 소장 48만 명부의 실체가 조금씩 밝혀졌다. 아쉽게도 강제동원위원회는 국가기록원 48만 명부분석을 완료하지 못하고 노무자 관련 명부의 일부 내용 분석에 그쳤다. 방대한 피해조사업무 처리에 급급했기 때문이다. 존속기한 내 피해조사업무를 신속 처리하라는 청와대의 독촉이 빗발치는 상황에서 명부분석 시간을 확보하기란 쉽지 않았다. 그럼에도 위원회는 발견한 오류를 확인한 후 수정 사항을 국가기록원에 전달하고 국가기록원 DB 수정에 반영하도록 했다.[10]

■ 활용 가능한 자료를 만드는 두 번째 단계

자료에 생명력을 넣는 두 번째 단계는 피해신청 서류와 강제동원위원회가 자체 수집한 명부·사진 등 다양한 자료의 확보다. 이 자료를 기존 자료와 함께 분석해 살아 있는 자료로 만드는 과정이다. 자료수집은 기획에서 출발하고, 기획은 관련 자료 및 관련 연구 파악·인적 네트워크 구성·추진체 구성 등이 필요한 작업이다. 조사1과 기록팀 주관으로 기획을 거쳐 본격적인 자료 발굴 및 수집을 시작했다.

수집 발굴 방법은 첫째, 피해신고 증빙자료 수집이다. 강제동원위원회는 피해신고 과정에서 신고인에게 피해 사실을 입증할 수 있는 증빙자료를 제출하도록 했다. 그 결과 일본정부와 기업·공공기관 발행 기록 2,868점, 사진 8,662점, 박물 81점, 개인 작성 자료 305점 등 총 11,916점의 자료를 수집했다. 가치를 따질 수 없을 정도로 소중한 자료이고, 진상규명에 미친 영향은 매우 컸다. 이 자료를 토대로 외교협상에 나설 수 있었고, 정부 정책 수립에 반영했다. 유네스코 세계유산 등재를 둘러싼 일본의 역사 왜곡을 바로잡는 역할도 했다.

피해자 개인이 생산한 자료에는 시조나 서간문 등 개인 기록도 있고 귀국 과정에서 생산한 명부나 방명록 등 다양하다. 박노학의 아들 박창규가 기증한 '화태억류동포귀환희망자명부' 2권은 이후 국내 유관기관 소장 자료 입수를 촉발했고, 사할린 한인 대상 한일 정부 간 협의와 방향 정립에 도움이 되었다. 사진류는 대부분 인물 사진이지만 현장성을 담고 있어 당시 상황을 이해하는 데 큰 도움이 되는 자료이다. 사진 뒷면에 남긴 메모는 정보적 가치가 매우 높다. 일본정부와 기업·공공기관 발행 기록은 피해당사자가 오랫동안 보관해 온 동원주체 관련 자료로써 역사적 의미도 높다.

그림 22 화태억류동포귀환희망자명부

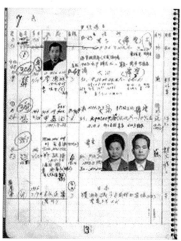
그림 23 화태억류동포귀환희망자명부를
작성하기 위해 작성한 기초 자료

둘째, 한일유골협의체 등 외교협상을 통한 수집이다. 이 과정에서 강제동원 위원회가 만든 '무기'는 큰 힘을 발휘했다. 수집 대상 지역은 일본·러시아·중국·동남아시아·태평양 등 제국 일본 영역 전체였으나 가장 중요한 지역은 일본이었다. 2005년 5월 도쿄에서 출범한 '한일유골협의체' 제1차 국장급 회의에서 공탁금 및 후생연금명부 요청을 정식 안건으로 제안한 후 한일정상회담 개최에 즈음한 6월 16일과 9월 16일에 '자료제공협조요청' 공문을 보냈다. 요청 자료는 노무자(미불임금공탁기록, 우편저금 관련 기록, 후생연금관련 기록, 종전終戰연락국 자료, 1946년 토목과 생산 자료, 1946년 일본정부가 생산한 '조선인노동자에 관한 조사 결과' 중 미공개 자료), 군인·군무원(군사우편저금 관련 자료, 야스쿠니신사 제신명표), 위안부 관련 탁무성·내무성·경찰자료 등이었다.

자료 요청에 대한 일본 측 반응은 '확인하고 있다' '정확한 내용을 알 수 없다'였다. 요청한 자료 내용이 포괄적이었고, 법무성과 후생노동성, 외무성 등 여러 기관이 관련되어 있으므로 쉽지 않은 일이었기 때문이다. 특히 전후 세대로 이루어진 일본 관료사회에서 전시기戰時期 자료를 이해하는 공무원은 드물었다. 무작정 재촉한다고 해결되기 어려운 상황이었다. '선택과 집중'이 필요했다.

실무자들은 우선순위를 정해 선택과 집중을 하기로 하고, 미불공탁금 자료와 후생연금자료 입수에 주력했다. 미불공탁금관련 자료는 기업이나 부대 등 동원주체가 명확히 확인되므로 진상규명 작업에서 매우 중요한 자료였다. 학계에서도 존재 정도만 파악하는데 그쳤던 자료였다. 한일유골협의체를 통한 입수 투쟁은 수년 간에 걸쳐 조용히 그리고 질기게 진행했다.

자료 입수를 위해 철저히 전문성을 토대로 협상에 임했다. 협상 전문가인 오일환 팀장은 서울 강제동원위원회에서 열린 한일유골협의회 국장급 회담 개최 직전 일본 측 대표단을 상대로 강제동원위원회 진상조사시스템 시연회를 열어 압박 수단으로 활용했다. 이름 중의 한 글자만 입력해도 관련 인물 자료를 모두 검색하고, 동일 인물에 대해 여러 자료를 동시에 교차 분석할 수 있는 시스템을 보고 일본 측 실무자 사이에서 탄성이 나왔다. 명부와 사진, 구술기록, 박물 등 모든 자료를 동시에 검색할 수 있는 자료관리시스템 시연회는 일본 측에 강제동원위원회 자료 관리의 전문성과 활용도를 보여준 기회였다. 일본정부가 자료 부재와 개인정보 등을 이유로 소극적인 태도를 보일 때마다 미리 파악해 두었던 조사 내용을 근거로 해결책을 제시하며 협상을 진행했다.

이 같은 입수 노력은 결실을 거두었고, 피해당사자들에게 도움과 위로가 되었다. 군인·군속공탁금 명부(2007년 12월 인수, 본서 제4부에 상세히 언급)와 노무자공탁금명부(2010년 4월 인수, 본서 제4부에 상세히 언급)를 비롯해 매화장인허가증, 유골 실지 조사보고서 등 일본정부 단위의 강제동원 관련 문서를 입수했기 때문이다. 이 가운데 두 종류의 공탁금 관련 문서는 미수금 지급에 필수 자료였으므로 곧바로 활용했다.

후생연금명부는 일본의 보험 담당 기구 민영화 과정에서 관리문제가 드러났고, 자료 정리도 제대로 되어 있지 않아 일괄 인수가 어려웠다. 2006년 6월 30일, 우리 측은 DB화와 기본조회 요건 4개 항목 방안을 제시하며 물꼬를 틔웠다. 당시 공감을 표한 일본 측은 2년 후 반응을 보였다. 2008년 10월, '일본정부를 통한 조회' 원칙에 합의하고 2009년 10월부터 2011년까지 조회와 후생연금피보험자대장 사본 인수 등을 진행했다. 상세한 내용은 제4부에 담았다.

셋째, 유관기관과 피해자 단체 소장 자료수집이다. 국가기록원을 비롯해 국사편찬위원회, 독립기념관, 한국학중앙연구원, 대한적십자사, 한국방송공사 (KBS) 등 국내 유관기관과 중소이산가족회 등 피해자단체 소장 자료를 수집했다. 기관 및 단체와 자료교류협정을 체결하거나 협조 요청 방식으로 수집했다. 국사편찬위원회가 수집한 '남양군도승선자명부'와 한국방송공사·중소이산가족회 소장 '박노학 자료' 입수는 자료 부족에 갈급하던 중부서태평양과 사할린지역 진상조사와 피해조사는 물론 위로금 지원과 유골봉환 업무에 결정적 도움을 주었다.

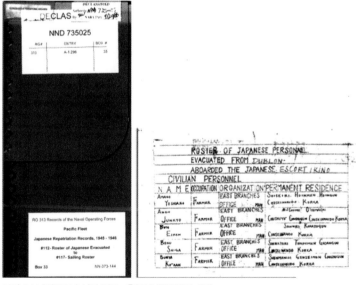

그림 24 남양군도승선자 명부-축(국사편찬위원회 제공)

넷째, 국외 인적 네트워크를 통한 수집이다. 1970년대부터 일본 전역에서 활동한 시민단체와 학자들을 통해 다양한 문서와 사진 등 다양한 자료를 수집했다. 그 외 국내외 출장 조사 등 강제동원위원회 차원의 자체 수집 방법을 통해 해외 기관 소장 자료를 입수하고 동영상과 사진자료를 남겼다. 명부의 경우에는, 진상규명위원회 발족 당시 국가기록원으로부터 사용권을 받은 48만 명부에 130만명분의 명부를 추가로 수집·발굴했다. 전문성을 갖춘 정부기관이었기에 가능한 성과였다.

(3) 자료, 대일역사문제 해결의 열쇠

강제동원위원회가 수집한 자료는 피해조사와 진상조사, 위로금 등 지원업무에 직접 필요한 자료다. 그러나 이들 세 가지 업무에만 유용하지 않다. 법 제3조에 규정된 '국내외 관련 자료수집 분석 업무'는 역사의 진실규명 → 고통 치유, 국민화합의 진상규명 과정의 첫 단계이다. 자료는 진상을 파악하는 열쇠이기 때문이다.

진상규명은 대일역사문제 해결의 출발점이기도 하다. 사실을 알게 되면, 피해 상황을 이해하게 되고, 반성과 용서의 과정이 가능하다. 이 과정은 화해의 길이자 대일역사문제 해결의 길이다. 결국 자료 활용의 최종 단계는 대일역사문제 해결이다.

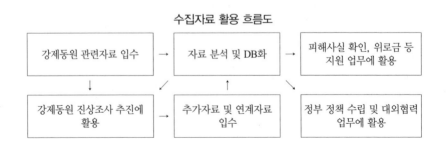

수집자료 활용 흐름도

강제동원위원회는 신고인 소장 자료를 대상으로 기증과 보상절차를 거쳐 입수하고, 3회에 걸쳐 전시회를 개최했으며, 자료뉴스레터와 자료집을 발간했다. 홈페이지에 문화콘텐츠를 구축해 시민사회가 공유할 수 있도록 했다.

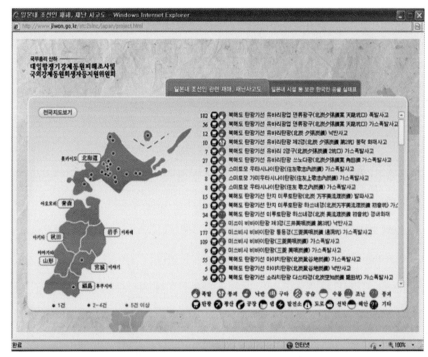

그림 25 위원회가 만든 웹콘텐츠 '일본내 조선인 관련 재해, 재난사고도'(http://www.pasthistory.go.kr/etc2sInc/project.do)

3. 강제동원 관련 자료 수집의 한계와 과제

▣ 사라진 진상규명의 토대, 흩어진 자료들

정부는 행정자치부가 대일항쟁기 특별법 제19조 제4항[11]에 따라 2015년 12월 31일자로 업무를 이관하면서 강제동원위원회를 폐지했으나 업무는 폐지하지 못했다. 특별법을 폐지한 것이 아니므로 위원회만 사라졌을 뿐 업무는 남았다. 그러나 유명무실했다.

2015년 12월 8일, 강제동원위원회 폐지 직전 국회와 각계각층에 제출한 보고서('대일항쟁기위원회 관련 현안'이하 현안보고서. 정혜경 작성)는 폐지 및 업무 이관에 따른 문제점을 제시하면서 최소한의 잔여 업무를 언급했다. 그리고 '피해조사 및 위로금 지급 신청' '강제동원 관련 추가 자료 입수 및 분석' '강제동원 사망자 유해조사 및 봉환' 등 세 가지를 시급 업무로 지적했다. 이 가운데 현재 명맥을 유지한 업무는 사할린 유골봉환 정도다.

현안보고서에 제시한 위원회 폐지 및 업무 이관에 따른 문제점은 크게 세 가지였다. 첫째 특별법 취지 및 국민적 열망 외면, 국가적 책무의 회피다. '피해자와 유족을 위로하고 국민통합에 기여'하고자 한 특별법 제정 취지를 훼손해 국가적 책무를 한국정부 스스로 포기하는 결과를 낳을 우려가 농후하다는 점이다. 둘째 왜곡된 역사인식 조장 우려다. 일본정부나 우익들에게 한국정부로 부터 면피라는 그릇된 메시지를 전달할 우려가 있다는 점이다. 셋째, 일본지역 노무동원 사망자 2천7백여 위에 대한 유해봉환이나 자료수집 사업 등 추진 중인 사업의 중단 가능성이다. 특히 후생연금보험자료나 우편저금자료 조회 등 지원금 지급 관련한 사업의 중단은 정부 스스로 피해자 권리를 훼손하는 상황을 가져올 것이라 우려했다.

우려는 현실로 드러났다. 사라진 것은 조직만이 아니었다. 업무는 멈추었다. 지원금 지급을 위한 자료입수작업은 중단되었다. 그 뿐 아니라 강제동원위원회가 수집·소장했던 자료는 세 군데로 흩어졌다. 공들여 축적한 전문성도 사라졌다. 전문가 해산과 함께 11년간 간신히 마련한 진상규명의 토대도 사라졌다. 그리고 국가의 책무도 사라졌다.

표 9 현안보고서 중 강제동원위원회 잔여 업무 예상 현황표

업무 주제	업무 성과	잔여 업무
피해조사 및 위로금 지급 신청	· 피해조사 : 226,583건 처리 *강제동원 피해자 총 782만 명 대비 3% · 위로금 등 신청 : 121,261건 처리 *강제동원 피해자 총 782만 명 대비 1% 이하	· 일정시피징용자명부 등재자 중 미신청자 14,867건, 피해결정자 중 미신청자 7,433건, 사할린영주귀국자 추가 신청 400건 등 총 22,700건 예상
강제동원 관련 추가 자료 입수 및 분석	· 총 180만 건 명부 수집 및 분석 · 일정시피징용자명부 229,784건 중 23,110명 조사 완료	· 일본 소장 우편저금명부, 예탁금 자료, 사할린 소재 한인기록물 등 수집 필요 · 일정시피징용자명부 229,784건 중 미분석 잔여건 206,674건
강제동원 사망자 유해 조사 및 봉환	· 일본지역 군인군속 423위 봉환 · 일본지역 노무자 유골 2700위 현황 확인 · 러시아 사할린 유해 36위 봉환완료 · 사할린 공동묘지 전수 조사 완료 · 시베리아 및 중국 해남도 유해 조사 및 봉환 협의 중	· 일본지역 노무자 유골 2700위 봉환 · 사할린 잔존유해 14,000위 중 희망유골 봉환 추진 · 시베리아 유해 조사 및 중국 해남도 봉환 추진 · 유족 대상 DNA은행 운영

▣ 자료 수집만이라도

〈표 9〉의 잔여 업무 가운데 진상규명 작업에서 핵심은 강제동원 관련 추가 자료 입수다. 2015년 말에 파악한 추가 수집이 필요한 자료는 4종이다. 강제동원 진상규명 작업은 물론 피해자 권리 찾기에 필수 작업이다. 민간이 접근할 수 없는 자료이므로 일본과 러시아 정부를 상대로 정부 차원에서 지속적으로 수집해야 할 자료다.

표 10 현안보고서 중 추가 수집 대상 자료

제목	내용	규모
우편저금 자료	· 전비조달을 위해 강제적으로 운영한 우편저금제도 · 내지통상우편저금, 군사우편저금, 외지우편저금 등 세 종류 · 수집 대상: 군사우편저금, 외지우편저금 자료	· 합계 약 1,936만 건 *대만인 등 포함(외지우편저금: 1,866만 계좌, 약 22억여 엔 / 군사우편저금: 70만 계좌, 약 21억여 엔)
예탁금 자료	· 1945년 9월 해외로부터 자금 유입에 따른 인플레를 우려한 GHQ 지침에 따라 외지에서 귀국자의 통화와 증권을 위탁하도록 함 · 1953년부터 반환하였으나 미반환 통화와 증권이 잔존(주로 한국인으로 추정) · 2014년 8월 주일 나고야총영사관 확인	· 총 87만 건 추정 *일본인 포함

시베리아 억류포로 관련 자료	· 1945년 8월 소련 극동군이 소만국경을 넘어 진격한 후 소련군에 의해 시베리아 및 몽골지역에 이송된 군 인(한인 포함) · 일본정부가 러시아에서 입수한 46,303명 중 한인 포 로 포함	· 총 1만 1천여 건 추정 · 한인포로 10,206명 · 한인포로사망자 1천여 명 추정
사할린 한인 기록물	· 국립사할린주 역사기록보존소, 국립사할린주 개인기 록보존소, 지자체 기록보존소 등 소장 한인기록물 · 2013년 5월 외교당국간 교섭을 통해 한러정부간 기 록물 사본화 합의 · 2014년도 1차년도 사업추진[명단 7천여 건 확보] 후 '15년도 예산 미반영으로 중단	· 총 4만 건 추정

4종 외 건강보험자료도 일본에서 수집해야 할 대상이다. 이 가운데 일본과 협의가 필요한 3종(우편예금, 건강보험, 예탁금 자료)입수는 앞으로도 어려워 보인다. 노무자공탁금자료 제공으로 절정을 이뤘던 대일자료입수창구는 노무동원 피해 소송이 본격화한 후 막혔다. 한국정부가 피해자들에게 소송을 권하지는 않았으나 정부의 자료 입수가 소송 제기의 근거와 계기가 되었기 때문이다.

사할린 한인 기록물 입수는 이미 한러정부간 합의를 했으므로 추가 조치만으로도 가능하다. 오히려 난관은 러시아가 아닌 한국정부다. 어렵게 마련한 사할린 한인 기록물 입수의 기회를 한국정부가 차단했기 때문이다. 이에 대한 책임은 한국정부에 있다.

러시아 정부와 새로운 교섭이 필요한 자료는 시베리아 억류 포로 관련 자료다. 1945년 8월, 소련군이 억류한 60만 일본 관동군에 포함된 조선 청년들에 관한 자료다. 1991년, 일본은 고르바초프 대통령으로부터 억류 사망자 4만 명을 포함한 46,303명의 기록을 확보했다. 그 후 러시아 정부와 협상을 통해 추가 명부 확보와 유골봉환을 위한 외교적 협의를 계속하고 있다. 이 과정에서 12명의 한국인 사망자 인적사항을 확인하기도 했다.

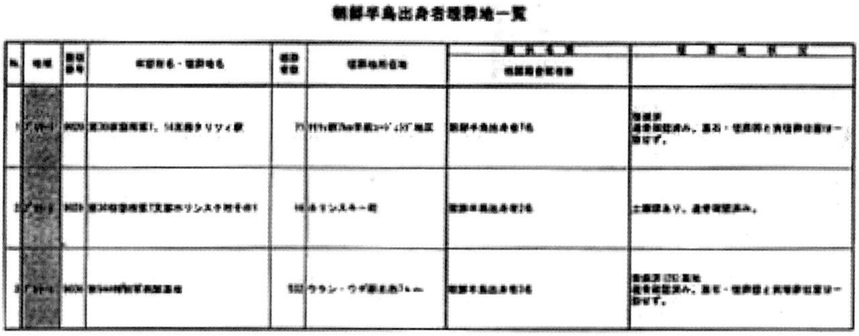

朝鮮半島出身者埋葬地一覧

그림 26 사망자 12명 기록 중 일부

  일본 사회도 적극적으로 나서서 일본인 명부를 정리하고 발굴 성과를 발표했다. 일명 '아사히 명부'[12]와 '무라야마 명부'[13]다. 2014년 12월에는 일본정부가 러시아 정부와 기록물 조사에 합의하고, DVD 보관 등 정리 작업에 들어갔다. 이 가운데 일부 자료가 2015년 1월에 언론을 통해 발표되기도 했다.[14] 일본정부는 이 결과물을 '유네스코 기록물 등재 추진'으로 이어가려는 노력도 동시에 취하고 있다.

  이상이 일본정부가 한 일이다. 일본이 러시아 정부와 외교 협상을 통해 거둔 것과 동일한 방식은 한국정부도 할 수 있다. 그렇다면 한국정부는 무엇을 했는가. 일본이 러시아와 협상을 통해 일본인 피해자 관련 기록물 입수와 매장지 조사에 나선 것과 비교하면 초라하다. 한국정부는 강제동원위원회가 확보한 '노동증명서' 34건·'구소舊蘇억류자등기표' 193건·사망자 12명 인적사항과 약 3천명 분의 조선인 포로카드(러시아군사기록보존소 소장, 국가기록원 입수)를 입수했을 뿐이다. 3천명 분의 조선인포로카드는 러시아 기록보존소 측이 일방적으로 추출했으므로 전체 카드라 보기 어렵고 중복도 있다.

  2010년 10월, 강제동원위원회와 일본 측이 유골봉환 협상을 진행할 당시 일본 측은 러시아 정부 측 입장을 통보했다. '일본에 제공한 억류자 및 사망자 등 관련 자료를 일소 간 협력당사국[15]이 아닌 제3국(한국)에 제공하는 데 반대한다는' 내용이었다. '자료가 필요하면 한국정부가 직접 러시아 정부와 협의'하라는 통보였다. 그렇다면 방법은 러시아 정부와 직접 외교협상을 벌이는 일이다. 2019년부터 과거사업무지원단이 외교부를 통해 러시아정부와 기록물 제공과 입수에 관한 협약을 추진 중이라고 하니 2020년 한러수교 30주년을 맞아 좋은 선물이 되기를 기대한다.

시베리아 억류 포로 유골봉환은 시작도 하지 못했다. 유골봉환의 선행 작업인 사망자 현황도 파악하지 못하고 있기 때문이다. 강제동원위원회가 발표한 진상조사보고서에는 60여 명의 사망자 명부가 담겨 있다. 무라야마 명부 58명, 월간 아사히 명부 59명, 이규철 명부 67명이다. 그 외 한일유골협의회 과정에서 확보한 12명의 사망자 명단이 있다. 60명 남짓한 명단은 현재 발굴된 사망자 명단이므로 사망자 현황을 파악하기 위해서는 명부 입수가 우선 과제다.

제3장

강제동원 피해 진상조사의 향후 과제

1. 피해조사의 한계와 과제

▣ 강제동원 피해조사 신고 접수를 제한한 피해국 정부

중국 대학살동포기념관[16]의 난징학살피해조사는 언제든 할 수 있다. 피해조사 신고기한이 없기 때문이다. 신고자의 자격 제한도 없고, 신고접수서류도 매우 간단하다. 그에 비해 강제동원위원회 피해신고는 접수 기간도 제한적이면서 불규칙했고, 신고자의 자격을 제한했으며, 신고 당시 제출해야 하는 서류도 복잡했다. 이유는 무엇일까. 한국정부의 진상규명 의지 부족이다. 진보정권을 자임하던 노무현 정부도, 적폐의 상징이 된 이명박·박근혜 정부도 마찬가지였다.

먼저 접수 기간을 살펴보자. 강제동원위원회가 수행한 피해조사는 한국정부 수립 후 최초의 피해조사다. 2005년부터 2008년까지 3년간 피해신고를 접수했다. 3년이면 36개월이 되어야 한다. 그러나 3년 동안 총 접수 기간은 15개월이었다. 그나마 몇 개월 단위로 찔끔찔끔 접수했으므로 피해자들은 신고 기간을 파악하기도 어려웠다.

접수 기간이 제한적이고도 불규칙했던 것은 정부 입장 자체가 2년이라는 한시 기구임을 감안해 피해신고와 진상조사 접수를 제한했기 때문이다. 접수 기간 결정은 강제동원위원회가 독단적으로 결정할 수 없었다. 청와대의 결심 사항이었고, 강제동원위원회의 인사와 예산을 쥐고 있던 감독기관(행정자치부 또는 행정안전부, 안전행정부)의 의지였다.

정부는 신고서류를 처리할 수 있는 기간을 역산해 신고접수기한을 결정했다. 예를 들면, 2004년 제정 당시 법 제17조 제2항에 '진상조사신청 또는 피해신고는 제16조의 규정에 의한 공고일로부터 1년 6월'을 넘지 못하도록 했다. 그렇다면 1년 6개월 동안 피해신고를 할 수 있어야 한다. 그러나 실제 신고접수기간은 5개월이었다. 신고서류 처리 기간을 감안한 정부의 결정이었다.

추가 신고 기회도 존속기간이 연장될 때 비로소 가능했다. 한시적인 신고접수도 모자랐는지, 2008년 6월부터는 아예 신고접수 자체를 할 수 없도록 규정해 신청의 길을 막아 버렸다. 2008년 6월 10일 개정법(제17조)에 신고기간을 2008년 6월 30일까지로 명시해 추가 신고를 받을 수 없도록 했다. 피해국 한국정부의 민낯이다.

▣ 피해신고 접수 과정에서 발생한 문제

접수처의 문제점을 살펴보자. 피해신고 총 3회 가운데 두 번째와 세 번째 피해신고는 전국 지자체(시,군,구)와 재외 공관에서 접수했다. 그러나 첫 번째 피해신고는 전국 지자체와 재외공관, 그리고 중앙의 위원회 민원실에서 접수했다. 신고인의 편의를 고려한 조치였다. 신고인들은 강제동원위원회 민원실로 몰려들었다. 총 신고 228,126건 가운데 중앙 위원회 민원실에서 직접 접수한 피해신고서류는 11,837건이나 되었다. 민원실은 물론 9층 전체가 가득 찬 신고인으로 들썩거렸다.

접수가 중앙에 몰린 이유는 무엇인가. 중앙 위원회에 대한 신뢰감도 있었으나 전국 지자체 접수창구의 문제가 있었기 때문이다. 전국 지자체 담당자를 위한 교육을 여러 차례 실시했으나 지자체 담당자들에게 '일제 강제동원'이라는 내용은 여전히 낯설고 복잡했다. 접수 과정에서 혼선이 있었다. 국내 동원이나 여성동원 피해, 아동피해 신고접수를 지자체 창구에서 거부한 일도 있었다. 강제동원피해자로 인식하지 못했기 때문이었다. 지자체에서 접수하지 못한 서류를 중앙 위원회에서 접수할 수 있다는 소식에 지방의 피해자들은 서울로 올라왔다.

그림 27 민원인으로 가득했던 위원회 사무실(2005년 3월)

지자체 접수창구에서 여러 사건을 동시에 접수하거나 과중한 업무를 처리해야 하는 애로 사항도 원인의 하나였다. 비록 중앙 위원회가 지방실무위원회에 필요한 예산과 인력을 확보하기는 했으나 충분하지 않았다. 당시 역사 관련 위원회가 여럿 발족하면서 실무자 한 사람이 여러 역사 관련 업무를 담당해야 했다. 1년 단위로 업무가 바뀌는 순환보직시스템 때문에 실무자들은 숙달되기도 전에 다른 부서로 갔다.

지역마다 수천 건도 넘는 기초조사를 해서 중앙 위원회에 이관해야 한다는 점도 큰 부담이었다. 당시 법 규정(제18조)에 지방실무위원회가 접수한 신고서는 피해 사실 여부를 확인한 후 의견을 첨부해 이관하도록 규정했기 때문이다. 지방실무위원회에서 피해 사실 여부를 확인하기 위해서는 충분한 기초조사와 구술조사 등이 이루어져야 하므로 전문성이 필요했다. 잦은 인사이동과 전문성이 부족한 현실을 개선하려면 사회적으로 업무에 대한 중요성을 공감해야 한다. 행정자치부나 청와대에서 중요성을 인식해야 개선할 수 있는 문제였다. 한시 기구인 강제동원위원회 차원으로 해결 가능한 문제가 아니었다. 지방실무위원회 담당 직원들에게 현지 답사기회를 주거나 표창을 추천하는 정도밖에 할 수 없었다. 그러나 정부의 의지가 없었기에 문제는 개선되지 않았다.

▣ 피해신고의 오류는 조사결과로 이어져

신고인이 피해신고를 제출하는 과정에서 발생한 오류도 있다.

대표 사례는 피해신고 유형의 오류다. 피해신고서에는 '군인과 군무원, 노무자와 위안부' 등을 명시하도록 했고, 이 구분에 따라 중앙 위원회 조사과가 달라진다. 그런데 군인과 군무원으로 신고한 피해 내용 가운데에는 노무자에 해당하는 내용의 신고서가 적지 않았다.

구체 사례를 보면, 피해신고 과정에서 유족이 일제 말기에 당국이 보급한 복장인 국민복을 군복으로 착각한 경우다. 주로 증빙자료로 사진을 제출한 경우에 일어난 오류다. 군부대 소속 작업장에서 일한 경우에 군무원과 노무자를 구별하지 못해 발생한 오류도 있다. 국민징용 관련 명부에 이름이 등재되어 있는 데도 군무원으로 신고한 경우이다. 신고인들의 착각 때문이다. 그러나 대부분의 신고서는 신고내용대로 조사를 진행했고, 노무자가 군인이나 군무원으로 판정받는 결과를 낳았다.

두 번째, 신고 당시 잘못 기재한 내용이 조사 과정에서 걸러지지 않은 경우다. 대표적 사례는 성별 표기다. 강제동원위원회 전산시스템에 탑재한 여성 피해자는 1,100명(위안부 23명 포함)이다. 그러나 개인적으로 일일이 내용을 확인해 본 결과, 이 가운데 28명은 남성이었다. 신고 과정에서 발생한 단순한 오류를 조사 과정에서 수정하지 않은 결과였다.

오류는 아니지만, 아쉬운 점이 있다. 하나는 연령 문제다. 대부분 신고인이 호적상 연령으로 신고한 결과 실제 연령과 차이가 발생한 경우이다. 호적상 연령으로 보면, 7~8세 피해자가 다수 발생하는 것이다. 조사 과정에서 실제 연령을 확인한 경우에도 참고사항으로 기재할 수 있을 뿐, 변경할 수 없었다. 피해자의 인적정보 수정은 신고인의 몫이었기 때문이다.

두 번째는 다중동원을 제대로 신고하지 않아 피해조사에 반영하지 못한 점이다. 강제동원 피해의 특징 가운데 하나는 1인이 여러 번 국내외 노무동원 현장을 거친 후 군인으로 입대하는 다중동원이다. 그러나 신고인도, 접수자도 이 점을 중시하지 못했다. 다중동원으로 신고한 경우도 있었으나 대부분은 여러 동원피해 가운데 1건을 신고했다. 그러므로 다중동원의 사례는 제대로 조사할 수 없었다.

그렇다면 앞에서 언급한 두 가지 오류는 바로잡았는가. 그렇지 못했다. 오류의 성격과 내용에 따라 이유는 다르다. 그러나 가장 큰 이유는 정부의 정량적 업무 추진 방향이었다. 신고 과정에서 발생한 오류나 다중동원을 해결하기 위해서는 사건별 주제별로 충분한 조사가 필요했다. 최소한의 조사 환경이 마련되어야 했다. 그러나 상황은 반대였다. 조사관 인원은 부족한데, 피해신고를 처리해야 하는 기간은 한정되었다. 신고인들의 기다림도 무시할 수 없었다. 상부 기관에서도 처리율을 중요하게 생각했다. 노무현 정부는 다른 정부보다 유난히 처리율에 관심이 많았다. 개인적으로도 청와대 담당비서관실에 불려가 부진한(?) 처리율을 질책당한 적이 많았다. 조사관들에게 1일 처리 업무량을 정해놓고 독려하라는 행정지침이 주는 압박은 강력했다. 어느새 매주 1회 간부회의는 과별 피해조사 업무 실적을 비교 평가하는 자리가 되었다.

두 번째 이유는 당시 국내외 학계의 연구성과 수준이 피해실태를 따라가지 못한 점이다. 학계의 도움을 기대하기 어려운 상황에서 기본적인 조사매뉴얼을 마련해 업무를 시작했다. 피해조사를 처리하면서 다른 한편으로 매뉴얼을 만드는 열악한 상황이었다. 기본 매뉴얼은 있지만 매뉴얼에 해당하지 않은 피해 내용이 더 많았다. 이를 해결하기 위해 피해판정 기준에 대한 고민을 거듭하며 업무매뉴얼 보강작업을 계속했다. 진상조사와 연구용역을 통해 지역별·주제별 기준(유소년, 중국 만주와 남양군도, 한반도 피해조사 등)을 만들어 강제동원위원회 의결을 거친 후 매뉴얼에 반영했다. 그러나 여전히 부족했다.

피해 유형을 수정하지 못한 배경에는 심의조서 결재권자의 입장 차이도 있었다. 강제동원위원회에서 피해조사를 처리하는 과는 크게 군인·군무원과 노무자, 위안부 등 3개과(이후 노무자 전담과는 2개과로 증설)였다. 이 가운데 노무자와 위안부는 전공자가 과장을 맡았으나 군인·군무원은 행정공무원이 담당하던 기간이 대부분이었다. 당시 군인·군무원을 담당했던 조사과장은 매우 성실하고 고지식한 사람이었다. 그는 '신고인의 의사를 존중해 노무자라는 확증이 없으면 신고내용 그대로 판정해야 한다'는 소신을 굽히지 않았다. 강제동원위원회 피해 결정은 곧 한국정부의 결정이므로 신중해야 한다는 입장이었다. '시간도 없는데, 피해자로 판정하면 되지, 노무자이든 군인이나 군무원이든 무엇이 중요한가'라고 말하던 이들도 있었다. 대부분의 행정공무원들이 가진 생각이었다. 이런 상황에서 현실론을 중시하는 결재권자(사무국장, 위원장)가 행정공무원의 편을 들면, 상황은 종료다. 결국 수정하지 못한 오류는 지금까지 남았다.

▣ 피해조사의 책임을 방기한 정부

신고와 신청은 입증책임이 다르다. 신고의 입증책임은 신고인이 아닌 접수자, 즉 정부에 있다. 그러므로 정부가 나서서 객관적 증빙자료를 확보해 피해자 여부를 판정해주어야 했다. 그러나 정부는 그 책무를 저버리고 2007년에 '피해판정불능'이라는 규정을 만들었다. 제정 당시 법에 없었던 조항이었다.

강제동원피해를 입증할 문서자료는 일부에 해당했다. 대부분의 피해자 이름은 일본정부나 기업이 작성한 명부에서 찾을 수 없다. 인우보증인을 찾기도 쉽지 않다. 일제 강제동원의 피해가 발생한 지 70년이 다 될 때 피해신고를 받았으므로 신고인이 피해 사실을 입증한다는 것은 불가능했다. 당연히 정부가 해결해야 하는 일이었다. 중국 난징학살피해신고서는 그저 '누구의 피해를 조사해달라'는 한 줄이다. 신고인이 입증자료를 제출할 필요도 없다. 그러나 한국정부인 강제동원위원회는 입증하지 못한 피해신고를 '피해판정불능'으로 처리했다.

물론 법 규정은 '추후 입증자료가 확보되면 직권재조사를 할 수 있도록' 했으나 현실은 달랐다. 직권재조사는 쉽지 않았다. 조사과의 의지만으로 가능한 일이 아니었다. 기관장의 의지가 있어야 했으나 기관장들은 직권재조사의 손을 들어주지 않았다. 늘 '선택과 집중'을 강조했다. 아직 처리하지 못한 피해신고가 산적해 있는데, 굳이 '피해판정불능'으로 결정한 서류를 다시 꺼내 직권재조사를 할 여유가 없다는 이유였다.

피해조사를 완료한 후에도 직권재조사의 길은 열리지 않았다. 직권재조사를 할 기관이 사라졌기 때문이다. 2015년 말, 직권재조사를 해야 하는 위원회는 문을 닫았고, 행정자치부 과거사업무지원단은 개점휴업 상태에 들어갔다. 2007년에 만든 '피해판정불능' 조항은 정부가 진상규명의 기회를 막기 위해 만든 족쇄로 남았다.

▣ 왜 아직도 피해조사를 해야하는가

아시아태평양전쟁이 끝난 지 70년이 넘었으나 전쟁 피해실태는 여전히 명확하지 않다. 인적·물적·자금동원의 피해가 있었다는 정도는 알아도 구체 내용으로 들어가면 모르는 사실이 더 많다. 인적, 물적, 자금 동원의 연결 고리에서 중심은 인적동원이다. 사람이 없는 전쟁이란 있을 수 없다. 군인이나 전쟁에 필요한 물자를 생산하는 존재는 사람이다. 물자와 자금은 사람이 군수물자를 생산하고, 전쟁터에서 전쟁을 수행하는데 필요했다. 그러므로 인적, 물적, 자금동원의 실태를 푸는 열쇠는 피해를 당한 사람에게 있다. 피해조사를 해야하는 이유다.

피해조사는 단지 민원서류 처리업무가 아니다. 소송의 근거를 마련하거나 위로금 등 지원금을 지급하기 위한 전 단계도 아니다. 한국정부가 강제동원 피해조사를 해야 하는 이유는 일본이 일으킨 아시아태평양전쟁 피해의 실태를 명확히 파악하고, 이를 통해 진정한 미래지향적 삶을 누리기 위해서다. 광복 70년이 넘어 기억하는 사람도 거의 없는데, 무슨 강제동원 피해조사를 하느냐는 주장이 있다. 피해신고를 할 사람이 얼마나 있겠냐는 걱정도 있다. 그러나 그간 한국정부는 그런 걱정을 할 만큼 충분히 피해조사를 한 적이 없다. 그저 찔끔찔끔, 하는 시늉만 한 셈이다. 15개월로 그친 피해신고 접수는 전쟁 피해를 제대로 파악하는데 충분하지 않다. 신고하지 못한 이들은 여전히 남아 있다. 신고해야 할 피해자가 있다면 정부는 피해신고 접수창구를 열어두어야 한다.

▣ 기록되지 않은 이름, 기억으로 살려내는 작업

강제동원위원회가 소장한 177만 건의 명부에는 177만 명의 이름이 있다. 중복자를 제외하면, 50만 명 정도가 될 것이다. 피해자 780만 명 중 실제 동원 규모를 200만 명으로 추산한다 해도 이름을 남긴 이들보다 기록되지 않은 이름의 주인공이 훨씬 많다. 이같이 아시아태평양전쟁은 '명부 없는 노무자'와 '군적軍籍 없는 군인'을 양산했다. 그렇다면 이들은 피해자가 아닌가.

기록되지 않은 이름은 무명씨無名氏라고 한다. 이름 없는 이라는 뜻이다. 원래부터 이름이 없었던 사람은 없으니, 정확히 표현하면 이름을 찾지 못한 사람이다. 강제동원위원회가 만든 명부에는 가해자 기록에서 찾지 못한 이름이 많다. 강제동원위원회는 조사 과정을 통해 가해자 기록에 없는 '무명씨'를 찾아냈다. 기록되지 않은 이름을 기억으로 살려냈다. 현재 그 길은 없다. 2015년 12월 31일 강제동원위원회 폐지와 함께 한국의 진상규명 작업은 사라졌다.

한국에서도 법은 살아 있다. 법대로라면 지금도 할 수 있다. 강제동원위원회 폐지 당시 정부는 더욱 열심히 하겠다고 약속했다. 2015년 11월, 국회 안전행정위원회 법안심사소위원회에 출석한 행정자치부 차관은 '위원회 시절보다 더 적극적으로 열심히 진상규명 업무를 하겠'다고 약속했다. 그러나 공약空約이었다. 업무를 이관받은 '과거사관련 업무지원단'은 행정자치부 공식 조직도에 없는 임시 조직이다. 강제동원 업무를 담당하는 열 명 남짓한 공무원들은 행정 업무 담당자들이다. 한자와 일본어도 읽을 수 없는 데다가 툭하면 인사 발령이 나는지라 업무 파악할 여유도 없다. 6개월간 담당과장이 세 명이나 바뀐 적도 있다. 업무 파악도 하기 전에 짐을 정리한 셈이다.

이런 상황에서 기록되지 않은 이름을 찾는 작업은 불가능하다. 그러나 개점 휴업 상태의 진상규명기능을 복원하면 가능하다. 다른 피해 국가에서는 하는 일이다. 중국에서도 이스라엘에서도 무기한 피해신고를 받고 있다. 피해신고와 지원금 신청의 길을 열면, 정부의 조사 과정을 통해 기록되지 않은 이름은 당당히 이름을 가진 사람이 될 것이다. 한국사회가 피해자 인권 회복의 길이 피해국인 한국정부의 책무이자 몫이라는 점을 기억한다면 가능한 일이다.

2. 진상조사의 한계와 향후 과제

▣ 설 자리를 잃은 진상조사 업무

진상조사는 피해조사와 함께 일제 강제동원 진상을 규명하는 두 가지 기둥 가운데 하나다. 그러므로 강제동원위원회 설립 취지는 '진상조사'에 중점을 두었고 진상조사가 차지하는 비중은 높아야 했다. 그러나 현실은 정반대였다. 강제동원위원회 업무 중에서 진상조사는 천덕꾸러기였다. 이유는 여러가지였지만 청와대 입장이 가장 큰 영향을 미쳤다. '기한 내 업무 처리' 지침은 피해조사에만 해당하지 않았다. 진상조사 처리 지침도 마찬가지였다.

진상조사는 피해자 사회가 피해자성을 유지하고, 향후 권리를 획득하는 선행 작업이다. 피해자성은 강제동원의 진상을 파악하고 이를 토대로 향후 전쟁 피해 없는 세상을 만들고자 하는 공감대를 형성하는 힘이다. 강제동원위원회가 어렵게 수행한 진상조사 결과는 피해조사와 대일협상자료 입수, 추도사업에 큰 도움을 주었다. 유족사회가 바라던 '위로금 등 지급'의 연결 고리가 되었다. 그러나 피해자 사회의 인식은 달랐다. '그깟 진상보고서가 무슨 큰 의미가 있는가!' '위원회 기한을 연장하려고 질질 시간을 끌고 있다' … 강제동원위원회 사무국 업무 개시 후 줄곧 청와대와 유족사회가 쏟아낸 독촉과 비난이었다. 이해를 구하려는 노력은 핑계와 변명으로 왜곡되어 '위원회 무용론'에 불쏘시개가 되었다.

2008년부터 지원금 지급업무가 시작되자 업무 중심은 '지급'으로 치우쳤고 진상조사가 설 자리는 더욱 찾기 어려워졌다. 특히 대일항쟁기 강제동원 피해조사 및 국외강제동원희생자 등 지원에 관한 특별법 제19조에서 '진상조사 신청 및 피해조사 신고' 기회를 부여하지 않고, 기존에 신청 및 신고에 대한 완료만을 명시함으로써 추가 진상조사가 불가능하게 만들었다.

강제동원위원회 존속기간 중 완료한 진상조사는 총 32건이다. 32건의 보고서는 대부분 완결성이 높다. 그렇다면 32건의 진상조사로 모든 진상이 규명되었는가. 당연히, 절대로 그렇지 않다. 강제동원위원회가 문을 열기 전, 시민단체(법제정 추진위)가 제시한 최소한의 진상규명 과제는 100건이었다. 2014년 강제동원위원회가 파악한 강제동원 피해의 실태를 밝히기 위한 진상조사 필수과제는 304건이다. 304건 가운데 진상조사를 완료한 과제는 겨우 13건이었다. 32건 가운데 필수과제 13건을 제외한 19건은 신청 접수한 단일 사건이었다. 신청하지 않은 과제는 직권조사를 통해 규명해야 하지만 강제동원위원회는 직권조사 추진을 소극적으로 함으로써 필수과제 가운데 일부에 그쳤다. 이유는 무엇인가.

▣ 진상조사 추진과정의 문제점

추진과정에서 드러난 문제점과 한계 가운데 가장 큰 문제는 정부의 인식과 강제동원위원회의 한계다. 정부는 피해조사와 진상조사를 '민원'으로 간주하고 '민원의 신속 처리'라는 일관된 입장을 견지했다. 이에 비해 정부 입장을 설득할 강제동원위원회의 의지와 역량은 부족했다. 한시 기구라는 한계와 위로금 등 지원에 치중된 업무 방향을 극복하지 못하고 진상규명이라는 방향을 유지하지 못했다. 6개월이나 1년 단위의 일시적 연장도 걸림돌이었다. 진상조사를 위한 중장기적 계획은 수립할 수 없었다. 예산이나 인력의 안정적 확보도 어려웠다. 강제동원위원회 내부에서도 '진상조사' 필요성을 인식하지 못한 행정공무원이 대다수였다. 기관장들도 마찬가지였다. '진상조사 같은 속 편한 소리'라는 핀잔을 피하기 어려웠다. 이런 기관장을 낙점한 청와대의 입장은 미루어 짐작할 수 있다.

그 외 일본의 자료 제공 거부 또는 비협조 문제도 있었다. 정부는 강제동원 피해문제를 규명하는데 필요한 증거자료를 일부 제공했으나, 기업은 자료의 소재를 은닉하거나 제공을 거부했다. 아소麻生광업과 홋카이도탄광기선(주) 등이 대표 사례다.

▣ 진상조사 필수과제라도 해결해보자

그렇다고 포기할 수는 없다. 위원회가 폐지되더라도 정부가 해야 할 대안은 필요했다. 2014년 3월, 조사1과장(정혜경)은 진상조사 중장기 계획을 수립하고 304건의 진상조사 필수과제를 선정했다. 304건으로 충분하다는 의미는 아니다. 말 그대로 '필수과제'다.

표 11 강제동원 진상조사 필수과제

주제별 / 수행 현황	필수과제	완결과제	미결과제	우선수행과제
총동원 정책	12	0	12	6
인적 동원, 노동실태	183	13	170	74
물적 동원	11	0	11	6
재해재난, 집단학살	26	5	21	5
전후처리, 대북공동사업	24	0	24	9
귀환, 미귀환	48	3	45	13
총 계	304	20	284	113

향후 정부가 진상조사를 수행할 기회가 있다면, 당시 작성한 '대일항쟁기 강제동원 진상조사 추진 중장기계획 보고서(2014년 3월 4일)'가 좋은 참고가 될 것이다. 주요 내용을 소개해보겠다.

첫째, 업무별 연계성을 가진 종합적 중장기계획 수립이다. 진상규명 304건의 필수 과제 해결을 위해서는 장기간이 필요하며, 주제는 늘어날 것이다. 진상조사 필수과제를 모태로 향후 강제동원 관련 자료수집, 희생자 유해 발굴·수습·봉환 등 세부주제가 지속적으로 확충되기 때문이다. 그러므로 장기 계획의

첫 단계로 '우선수행과제'를 선정하고, 5개년 중장기계획을 추진할 필요가 있다.[17]

둘째, 대일항쟁기 강제동원 관련 자료수집 등 연계 사업과 병행 추진이다. 현재 일본, 러시아 사할린 등 국내외 자료소장기관에 강제동원 관련 미수집 자료가 있다. 미국과 전범 소송 관련국(네덜란드, 영국, 호주 등), 국제적십자사 소재지인 스위스, 시베리아포로 관련국가인 러시아도 수집대상지역이다. 자료 소장처 및 자료형태 등 소장정보를 조사하고 각국 정부와 협상을 통한 자료수집이 필요하다.

셋째, 적정 인력 확보다. 진상조사에 적합한 전문가의 확보가 매우 긴요하다. 학계가 연구 인력을 양성할 수 있도록 연구비를 지원하고 자료를 공개하는 등 정부 차원의 노력이 필요하다.

제Ⅱ부

—

위로금 등 지원금 지원

허광무

1. 한일수교 외교문서 전면공개

앞서 서언에서도 밝힌 바와 같이 2004년 2월 13일 '일제강점기 강제동원피해 진상규명에 관한 특별법'이 국회를 통과한 같은 날, 한일수교회담 외교문서를 공개하라는 행정법원의 판결이 있었다.

외교문서의 공개 청구소송은 한일 양국의 법원을 통해 강제동원 피해자의 보상청구소송이 기각, 패소의 판결로 이어지자 피해자들이 한일 양국정부가 한일협정에서 구체적으로 무엇을 논의했는지 확인을 요구하면서 시작되었다.

2002년 10월 10일 외교통상부를 상대로 한 '한일협정 관련의 외교문서 정보공개거부처분 취소청구' 소장을 행정법원에 제출하여 얻은 결과였다.

서울행정법원은 1952년 제1차 한일회담 본 회의록 등 총 57권 중 5권을 공개하라는 원고 일부 승소판결을 내린 것이다. 공개가 결정된 자료는 비록 일부에 지나지 않았지만 대일보상소송에 패소를 거듭하던 피해자와 유족들은 기대감에 부풀었다. 한국정부가 일본에 제시했던 청구항목과 일본측의 반응, 경과 등을 확인할 수 있을 것이며 향후 대일보상요구에 도움이 될 것이라고 판단했기 때문이다.

한국정부는 한일 외교에 미칠 파장을 염려하여 항소를 결정하였다. 그러자 2004년 3월 9일 국무회의 석상에서 당시 노무현 대통령은 국민의 알권리, 역사적 관점, 인류의 보편타당한 가치 등을 감안하여 재검토하도록 지시하였다.

2004년 8월 16일 시민사회수석실은 국가안전보장회의(NSC)와 협의 후 한일회담 관련 문서 공개 검토를 결정하였다.

2004년 10월 12일 총리는 강제동원 피해에 대한 진실규명을 1차적으로 하되 피해자에게 어느 정도의 보상을 할 것인가와 관련하여 법적 보상이 아닌 다른 형태의 지원이 바람직하다는 점, 지원할 규모를 국민적 협의를 거친 후 국회에서 특별법을 제정하여 국가가 감당할 수준의 보상 지원으로 한다는 점을 명확히 했다. 한국정부는 항소를 포기하고 구체적인 대책을 수립하기 위한 전담반 설치에 들어갔다.

2004년 12월 28일 정부는 일측과의 협의를 거친 후 한일협정 관련 문서 5권에 대한 공개방침을 발표하고 이듬해인 2005년 1월 17일 '대한민국과 일본국간의 재산 및 청구권에 관한 문제의 해결과 경제협력에 관한 협정' 관련문서 57권 중 5권, 1,200여 쪽을 공개했다.

- 2001년 10월 12일 일제강점하강제동원피해진상규명등에관한특별법 발의(김원웅 의원외 69명)
- 2001년 12월 11일 일제강점하강제동원피해진상규명등에관한특별법제정추진위원회 발족(피해자단체, 시민단체)
- 2002년 6월 17일 법추진위, 외교통상부에 1965년 한일국교 정상화 회담기록 공개를 요청
- 2002년 6월 28일 외교통상부, 법추진위의 공개요청에 대해 '국가안보, 국가 이익 및 사생활 침해' 등 사유로 거부
- 2002년 7월 11일 법추진위, 외교통상부에 '한일협정 기록의 비공개 결정에 따른 이의신청 등' 송부
- 2002년 9월 5일 피해자·유족 100명을 청구인으로 외교통상부에 정보공개청구(청구인 대표 이금자)
- 2002년 9월 23일 외교통상부 문서공개거부처분

- 2002년 10월 10일 한일협정 관련 외교문서 정보공개거부처분 취소청구 행정소
  송(일명 100인 소송)서울행정법원 제3행정부
  1952년 '제1차 한일회담본회의록'~1965년 '제7차 한일회담:
  청구권 및 경제협력에 관한 협정내용 설명 및 자료' 총57권
- 2002년 10월 21일 법추진위 소속 피해자·유족 김종필 사저에서 릴레이 1인 시위
- 2004년 2월 13일 일제강점하강제동원피해진상규명등에관한특별법 본회의 통과
- 2004년 2월 13일 정보공개청구 행정소송 판결(서울행정법원, 청구권협정 외교
  문서 5건 공개 원고일부승소 판결)
- 2004년 12월 28일 이수혁차관보 외교문서 공개 발표
- 2005년 1월 11일 정보공개청구 행정소송 항소심 취하(원고, 피고 쌍방 합의)
- 2005년 1월 17일 청구권협정 외교문서 5건 공개

문서를 본 시민단체와 피해자의 원성은 컸다. 한일수교가 자신들의 강제동
원·강제노동의 대가를 팔아 무상 3억 달러, 유상 2억 달러의 청구권자금을 확
보한 것이라고 목소리를 높였다. 공개된 자료에 의하면 한국정부는 생존자 1인
당 200달러, 사망자 1,650달러, 부상자 2,000달러 등 103만 2,684명에 대해
총 3억 6,400만 달러를 일본측에 요청했던 것으로 확인됐다. 피해자와 유족단
체들은 공동기자회견을 열어 5권의 문서로는 한일청구권 협정의 진상을 파악
할 수 없으므로 문서 전체를 공개할 것을 요구하였다.

"배고플때 우리 팔아 경제 키워… 이제 갚아줄때 됐잖아요"

그림 28 **강제동원 피해자의 심경을 보도한 신문기사**
태평양전쟁 한국인희생자 유족회 김경석 대표의 인터뷰. 정부 문서공개 청구의 99인 소송을 주도한 피해자중 한사람
이다. [조선일보] 2005년 1월 18일자

■ 문서공개에 대한 시민사회단체의 요구사항

한일협정 외교문서 공개에 따른
피해자·시민사회 단체 기자회견 성명서

2002년 9월 일제강점하 강제동원 피해자들이 제기한 한일청구권에 관한 정보공개 소송에 대해 2005년 1월 17일 한국정부가 5개 문서를 공개한 것을 환영한다. 해방 60주년이 되도록 일본은 전쟁피해 문제를 해결하지 않은 것에 비해 한국정부는 적어 도 피해자의 알 권리를 충족시킨다는 점에서 이번 문서공개는 매우 전향적인 자세라고 생각한다. 그러나 피해자와 시민사회단체들은 정부가 공개한 5건의 문서를 검토한 결 과 몇 가지 심각한 문제점을 지적하지 않을 수 없다.

첫째, 5건 문서만 가지고는 일제 피해에 대한 개인청구권의 진상을 알 수가 없다. 즉, 이 문서만으로는 한국과 일본 정부 어느 한쪽에게 개인청구권 문제의 전 적인 책임을 묻기 어렵다. 우선, 청구권의 법적 문제를 해결하고자 소위원회 를 구성해서 논의를 했다는 보고는 있으나 실상 그 과정이나 한일 양국정부의 입장을 알 수 있는 보고가 전혀 없다. 또한 청구권의 대상과 범위 등 세부적인 법적 논의와 소멸된 청구권이 무엇인지 등에 대한 내용이 빠져 있다. 단지 우 리가 이 문서를 통해 파악할 수 있는 것은 한국정부의 재산청구권에 대한 인식 이다. 한국정부는 재산청구권에 대해 보상해야 한다는 인식을 하고 있으나 구 체적인 논의과정 없이 결론적으로 재산청구권을 소멸시키면서, 정치적 타결 방식으로 이 문제를 처리하였다. 또한 한일 양국정부가 합의한 대일청구요강 8항목에는 일본군 '위안부' 등 반인도적 범죄행위에 대해서는 전혀 언급하고 있지 않다. 따라서 일본군 '위안부'에 대한 일본정부의 법적 책임은 여전히 남 아있다.

둘째, 정부가 공개한 5건 문서는 한일 청구권의 진상을 밝히는데 매우 제한적인 성 격을 가지고 있다. 이 문서들은 이미 비밀이 해지되어 일반문서로 분류된 3급 비밀문서들로, 피해자들이 요구하는 개인청구권의 존재 여부의 진실을 담은 문서는 아직도 별도로 보관되어 있을 가능성이 매우 높다고 생각한다. 그리고 외교통상부가 이미 비밀이 해지된 일반문서를 가지고 피해자들의 요구를 무시 한 채 40년이 넘도록 공개하지 않은 이유도 납득하기 어렵다. 이는 정보공개 법을 악용한 정부당국의 횡포라고 할 수밖에 없다. 이런 수준의 문서조차 국 가비밀이라는 이름아래 외교통상부가 독점함으로써 피해자들의 고통을 지속시킨 것에 대해 다시 한번 그 책임을 물을 수밖에 없다.

이에 피해자와 시민사회단체들은 다음과 같이 요구한다.

첫째, 외교통상부는 한일청구권의 진상을 파악할 수 있는 모든 문서를 하루빨리 공개해야 한다. 특히 소송을 통하여 공개를 청구한 제7차 회담 본회의 및 수석대표회담 회의록 등을 일차적으로 공개해야 하며, 관련 문서의 목록 전체를 즉각 공개해야 한다.

둘째, 국회는 하루빨리 국정조사를 실시하여 한일 청구권에 대한 의혹과 불신을 해결하여 피해자들의 상처를 치유할 수 있도록 해야 한다.

셋째, 일본 정부는 한일청구권의 진상을 파악할 수 있는 모든 문서를 공개하고, 일본 기업도 피해자들의 피해와 관련된 모든 자료를 공개해야 한다

2005년 1월 17일

한일협정 외교문서 공개에 따른 피해자 · 시민사회 단체 기자회견 참가자 일동

2005월 8월 26일 한국정부는 조일수교를 준비하고 있던 일본측의 문서공개 우려 하에 한일수교회담 외교문서의 전면 공개에 들어갔다. 공개한 내역은 아래와 같다.

1. 제6차 한일회담 청구권 관계자료, 1963년
   (분류번호 723.1 JA/ 청 1963, 등록번호 752, 동북아주과, 1963년)
2. 속개 제6차 한일회담 청구권위원회 회의록 및 경제협력문제, 1964년
   (분류번호 723.1 JA/ 청 1964, 등록번호 762, 동북아주과, 1964년)
3. 제7차 한일회담 청구권관계회의 보고 및 훈령, 1965년. 전2권
   (V.1 1965.3.18-4.3까지의 교섭)
   (분류번호 723.1 JA/ 청1965 v.1, 등록번호 1467, 동북아주과, 1965년)
4. 제7차 한일회담 청구권관계 회의보고 및 훈령, 1965년. 전2권
   (V.2 1965.4.3 가서명 이후의 청구권 및 경제협력위원회, 1965.4-(6)
   (분류번호 723.1 JA/ 청1965 v.2, 등록번호 1468, 동북아주과, 1965년)
5. 제7차 한일회담 청구권 및 경제협력에 관한 협정내용 설명 및 자료, 1965년
   (분류번호 723.1 JA/ 청1965, 등록번호 1469, 동북아주과, 1965년)

최영호 교수(영산대)는 한일 수교회담 문서를 청구권 자금 교섭에 국한하여 평가한다면 청구권 자금 총액의 정치적 포괄적 타결이었다는 점, 일본 생산품·용역을 통한 청구권 자금 지불방식이었다는 점, 역사적 인식의 차이를 미봉한 가운데 맺은 사실상의 경제협력이었다는 점, 전쟁피해자 개인의 보상을 염두에 두지 않은 국가 정책만을 고려한 교섭이었다는 점으로 평가했다. 강제동원 피해자 보상문제에 있어서 한국정부가 일본정부를 대신해 국가적으로 지급하겠다고 했던 부분은 실제 1975년의 청구권자금에 의한 개인보상으로 시행한 바 있었고 따라서 한국정부차원의 지급이 다시금 주목을 받게 된 것이다.

2. 정부대책기획단의 출범

▣ 문서공개 후의 민원과 후속조치 강구를 위한 조직 편성

한국정부는 한일 수교회담 문서공개 이후 민원대응과 정부대책 마련을 위해 이 문제를 담당할 전담기관의 설치를 서둘렀다. 2004월 9일 이후 재경부·행자부 등 관계부처 차관으로 구성된 '문서공개TF'팀(주재:청와대 시민사회수석)에서 7차례에 걸친 대응방안을 논의한 결과, 2004년 11월 26일 국무총리 소속의 전담부서를 설치하기로 결정하였다.

그리하여 '한일수교회담 문서공개 등 대책기획단의 설치 및 운영에 관한 규정'(대통령 훈령 제138호)에 의거 2005년 '한일수교회담문서 공개 등 대책기획단'(이하 대책기획단)을 설치한 것이다. 대책기획단은 당초 문서공개를 기화로 한국정부가 일본정부를 상대로 피해보상금을 요청하도록 하거나 일본정부로부터 받은 한일청구권자금을 피해자에게 지급하라는 민원이 제기될 것에 대비하였다.[18]

실제로 한국정부는 한일청구권자금 중 무상 3억 달러에 해당하는 물자 판매대금 1,052억 원 중 95억 원을 피해자에게 지급한 적이 있었다. 지급대상으로는 강제동원되어 사망 혹은 행방불명된 희생자에게 1인당 30만 원을 유족에게 지급하였고, 미수금, 은급금, 금융기관 소유분 등을 제외한 재산권 피해에 대해서도 1945년 당시 1엔당 30원의 비율로 환산하여 지급하였다. 이를 집행하기 위해 1971년 1월 19일 '대일 민간청구권 신고에 관한 법률'(법률 제2287호)과 1974년 12월 21일 '대일 민간청구권 보상에 관한 법률'(법률 제2685호)을 제정하였다.

대책기획단은 한일수교 문서 전면공개에 따라 발생할 수 있는 모든 상황에 대해 정부 대응책을 총괄·협의·조정하는 창구역할을 수행하기 위해 조직된 것으로 대책기획단장에는 국무조정실 기획차장과 외교부 차관이 공동으로 자리를 맡았다. 조직은 대책수립1팀(총괄팀)과 대책수립2팀(협력지원팀)으로 구성되었으며, 직원은 국무조정실, 행정자치부, 재정경제부, 보건복지부, 국가보훈처, 기획예산처, 외교통상부 등 총 7개 부처에서 파견된 8명의 공무원으로 충당했다.

▣ 대책수립과 방침은 최고의사결정기구 민·관공동위원회에서

대책기획단은 정부 지원대책과 추진방식 수립 등을 결정하기 위해 최고 의사결정기구인 민·관공동위원회를 설치했다. 한편 외교통상부는 문서공개에 따른 법률적 외교적 제반문제를 다루기 위해 부처내 아태국장을 단장으로 하는 '한일수교회담 문서공개 등 전담심사반'을 설치하였다.

민·관공동위원회는 위원장으로 국무총리와 민간위원을 공동위원장으로 하여 당시 이해찬 총리와 이용훈 전 대법관이 임명되었다. 위원은 정부위원 9명, 민간위원 10명으로 구성하였는데, 정부위원으로는 재정경제부, 외교통상부, 기획예산처, 법무부, 행정자치부, 보건복지부 각 장관과 국가보훈처장, 국무조정실장, 청와대 민정수석이, 그리고 민간위원으로는 법조계, 학계, 종교계, 시민단체, 경제계, 언론계 대표 등이 위촉되었다.

民·官共同委員會(21人)

*共同委員長(2人)
*政府委員(9人)
*民間委員(10人)

대내분과위원회 | 대외분과위원회 | 법리분과위원회

그림 29 민·관 공동위원회의 구성내역

민·관공동위원회는 대책수립을 위해 2005년 3월 14일 제1차 소집을 시작으로 2005년 4월 27일 제2차, 2005년 8월 26일 제3차, 2006년 3월 8일 제4차에 걸쳐 개최되었다. 민·관공동위원회에서는 강제동원 피해의 유형과 범위, 한일청구권협정의 법리문제, 국내보상 사례검토, 독일의 피해보상 사례, 일본의 과거 청산과 피해보상 사례 등 지원과 관련된 전반적인 이해를 위한 검토가 있었다. 이를 토대로 제4차 민·관공동위원회에서 최종적으로 피해자 지원은 법제화를 통해 추진하는 것으로 결정하고 이를 행정자치부가 담당하는데 합의하였다.

한편, 민·관공동위원회의 의사결정을 돕기 위해 동 위원회 위원 중 민간에게 위촉된 10명의 위원이 민간위원회를 운영하여 사전에 쟁점을 논의, 점검하였다. 그리고 10명의 민간위원이 각각의 전공에 따라 세 개의 분과위원회에 참가하여 전문영역에서의 검토를 수행했다. 분과위원회는 대내분과위원회 5명, 대외분과위원회 5명, 법리분과위원회 3명으로 편성되었다.

민간위원회는 2005년 6월 24일 한일협정 관련 국내외적 대책방안이라는 주제로 첫 번째 모임을 갖고, 약 5개월 뒤인 2005년 11월 7일 한일협정 관련 대책의 예상 쟁점을 주제로 두 번째 회의를 개최하였다.

분과위원회는 각 분야별 주제를 검토하기 위해 개최하였는데 대내분과위원회는 2005년 4월 19일 제1차 회의를 시작으로 총 8회, 대외분과위원회는 같은 시일 제1차 회의를 시작으로 총 6회의 회의를 가졌다. 대내분과위원회는 주로 1975년 당시 정부보상내용과 민주화관련 국내보상내용 검토, 대외분과위원회는 독일의 전쟁피해 보상사례 및 일본의 과거청산과 자국내 보상 등을 검토, 법리분과위원회는 청구권협정의 법리적 쟁점을 논의하였다.

이렇듯 한일 수교회담 문서공개로 촉발되는 제 문제를 협의하여 피해자 지원이라는 로드맵을 작성하기 위해 분과위원회→민간위원회→민·관공동위원회로 수렴되는 의사결정과정이 있었던 것이다.

이와 같은 작업을 추진하기 위해 훈령으로 설치한 대책기획단은 다음에서 보는 바와 같이 2006년 9월 25일 지원법안의 국회제출 이후 설치목적을 완료한 것으로 판단하여 이듬해인 2007년 11월 1일 훈령폐지와 더불어 종료하였다.

3. 태평양전쟁 전후 국외 강제동원 희생자 등 지원법

대책기획단의 활동결과 한국정부가 강제동원 피해자를 지원하기로 결정하고 곧바로 법 제정 작업에 착수하였다. 대책기획단은 법무부와 여성가족부 등 관계부처의 의견을 거친 후 2006년 3월 16일부터 2006년 4월 5일까지 관보와 정부 관계부처 홈페이지에 입법예고를 게시했다. 2006년 3월 22일에는 정부 서울청사 별관 대강당에서 10여 개의 강제동원 관련 주요 단체와 회원, 관계 공무원 등이 참석한 가운데 공청회를 열어 지원법안의 주요내용에 대한 설명과 평가, 문제점 등을 논의하였다. 지원내용에 대한 유족회 등 관계자들의 관심은 매우 뜨거웠다. 특히 지원금액을 둘러싸고는 회장에 참석한 유족회 회원 간 고성이 오가는 상황이 발생했다. 오랜 기간 피해자의 권리와 명예회복, 올바른 역사정립을 위해 해 왔던 활동과 고민들이 이 순간에 결정된다고 생각하면 잠자코 지켜볼 수만은 없었을 것이리라.

정부 법안을 둘러싼 피해자와 유족의 불만은 컸다. 당초 생환자 중 생존자에게는 연간 의료비로 50만 원이 책정되었는데, 4년간의 강제노동 끝에 생환해 온 피해자는 "살아돌아온 게 죄인가"라며 분개했다. 유족회측 유족들은 사망자 2,000만 원의 지원은 너무 적다고 정부안을 반대했으며, 국내 작업장에 동원된 피해자는 지원대상에서 제외된 것에 불만을 토로했다.[19] 또한 정부지원을 도의적 책임으로 명시했는데 한국정부가 일본정부로부터 피해자 몫으로 받은 돈을 법적 근거 하에 돌려주는 것이 마땅한데 도의적 책임을 언급하는 것은 취지에 맞지 않다는 의견도 있었다.[20] 모두 일리 있는 지적이다.

정부가 강제동원 피해문제를 피해자와 일본정부, 일본기업 간 문제로 치부해 오거나 소극적이었다는 점은 예나 지금이나 변함이 없다. 적어도 필자는 개인적으로 이러한 정부 입장에는 변함이 없다고 확신한다. 제6장에서도 후술하겠지만 대표적으로 법안에 기한을 두어 신청을 받아 지급 후 폐쇄하는 양태가 그렇다. 이 방법에 의하면 강제동원 피해자란 정부가 정한 기한내에 신고한 사람들만을 의미한다.

공청회는 법안제정을 위한 통관의례에 불과하다. '의견을 거친' 법안은 2006년 7월 20일부터 2006년 8월 17일까지 총 세 차례의 법제처 심의를 거쳤다. 심의를 통해 수정을 거듭한 법안은 2006년 9월 7일 차관회의와 2006년 9월 12일 국무회의를 거친 다음 2006년 9월 25일 국회에 제출되었다.

행정자치부가 제출한 '일제강점하 국외 강제동원 희생자 등 지원에 관한 법률안'의 주요 내용은 아래와 같다.

*목적 : '대한민국과 일본국간의 재산 및 청구권에 관한 문제해결과 경제협력에 관한 협정'과 관련하여 국가가 일제강점하 국외 강제동원 희생자와 그 유족 등에게 인도적 차원에서 위로금 등을 지원함으로써 이들의 고통을 치유하고 국민화합에 기여함.

*유족의 범위 : 배우자 및 자녀, 부모, 손자녀, 형제자매로 한함.

*대상 및 금액 : 강제동원되어 사망하거나 행방불명된 자, 부상장해를 입은 자를 강제동원 희생자로 보고 1인당 2,000만 원 일시지급. 급여, 수당 등 기업으로부터 돌려받지 않은 미수금이 남아 있는 피해자를 미수금피해자로 보고 당시 1엔을 2,000원으로 환산하여 지급. 강제동원에서 귀환하여 현재 생존한 자에게는 의료지원금으로 연간 80만 원 지급.

*수행기관 : 강제동원 피해 진상규명을 위해 설치한 '일제강점하 강제동원 피해 진상규명위원회'와 별도로 위원회를 설치. 2인의 공동위원장과 9인의 위원으로 구성된 총 11인 이내의 위원회로 최고의사결정기관.

*위로금 등 지급은 피해자 혹은 유족의 신청에 의한 것으로 하며(신청주의), 제출된 서류를 위원회에서 심의하여 결정함. 입증책임은 신청자에 있음.

그림 30 **국내동원 피해자의 유족 강갑윤씨의 항변**
(일제 강제동원역사관 개관 시 1인시위 모습)

지원법의 한계 내지 문제점은 이미 위 주요내용 상에 그대로 노정되어 있었다. 첫째, 위로금 등 지급대상자를 국외 강제동원 피해자로 한정하고 있어 국내(한반도내) 강제동원 피해자가 제외되어 있다. 이는 같은 법 제1조에서 이 법이

1965년 한일협정에 귀속되어 있고 따라서 한일협정 시 논의되지 않았던 국내 강제동원 피해자는 대상 외로 판단하고 있다는 점에서 이유를 찾을 수 있다.[21] 강제동원 피해자는 국내(한반도내), 국외(한반도외)든 다를 바 없다. 징용영서를 발급하여 동원한 것도 국외와 동일했다. 환경은 오히려 한반도내가 더 열악했다는 실태조사조차 있다.[22] 여하튼 강제동원 피해 진상규명은 한반도 내외를 불문하고 한건 한건 소중하게 진행했는데, 정부 지원의 단계에서 급격한 편차를 가져왔다. 국외 강제동원에 국한한 지원은 그것이 설사 1965년 한일협정을 근거한 때문이라고 설명해도 피해자를 반쪽만 용인하는 모양새를 낳았다. 우리 정부 스스로가 피해자를 축소한 셈이다. 그렇다면 정부는 국내동원 피해자 문제에 대해 피해자의 권리 찾기를 위한 어떤 다른 조치라도 취했는가? 위원회가 문을 닫은 지 5년이 훌쩍 지난 지금도 아무 답변을 들을 수가 없다.

둘째, 이 법이 정부의 '인도주의' 차원에서의 지원이라는 점 또한 부적절하다. 강제동원 피해자들이 주장하는 것은 일본정부와 기업의 강제동원, 강제노동 등 반인권적인 처사와 그로 인한 피해를 배상하라는 정당한 요구로 한일청구권자금내에 있는 그들의 몫이다. 한국정부의 시혜가 아니다. 이와 관련하여 2006년 11월 27일 국회 행정자치위원회에서 강창일 의원은 미수금은 피해자의 권리이지 인도적 차원의 위로금이 아니라고 지적한 바 있다.

셋째, 유족의 범주에 조카가 제외되어 유족사회로부터 불만과 항의를 초래하는 원인이 되었다. 강제동원 피해자 중에는 독신으로 동원되어 사망, 행방불명된 사람이 적지 않다. 그리하여 유족으로 형제자매만이 해당하는 경우도 빈번한데 형제자매도 고령이라 이미 세상을 떠나고 없는 경우가 있다. 무엇보다도 동원지에서 사망한 강제동원 피해자를 추도해 온 조카의 정성과 노력이 평가받지 못하는 상황이 많은 아쉬움을 남긴다.

넷째, 지원업무를 전담하는 별도 위원회의 설치다. 이미 강제동원 피해 진상규명을 전담하는 위원회가 출범하여 진상규명을 진행하는 시점에서의 별도 위원회 구성은 나중에 예기치 못한 문제를 가져왔는데, 우선 언급하지 않을 수 없는 것은 조사-지원의 일원화된 업무처리가 불가하다는 점이다. 두 위원회의 병존과 통합이 나중에 어떤 문제를 가져왔는지는 제5장과 제6장에서 후술하겠다.

다섯째, 위로금 등 지급이 신청주의에 따른 데서 비롯된 문제점이다. 피해자와 유족의 신청에 따른 위로금 등 지급이 실제로는 많은 혼선을 가져왔다. 이는 진상규명과 위로금 등 지급을 각각 별도로 설치한 위원회에서 수행하면서 불거진 것인데, 혼선은 피해자 사회뿐만 아니라 위원회 내부에서도 있었다. 신청주의에 따른 문제점 등은 다른 장에서 자세하게 다루겠다.

국외 강제동원 희생자에 대한 지원법은 정부법안 외로 이미 또 다른 의원입법이 발의되어 국회에 계류중에 있었다. 정갑윤 의원이 대표발의한 '태평양전쟁 전후 강제동원 희생자 지원법안'(2006년 11월 15일)이 그것이다.[23]

2006년 11월 27일 행정자치위원회는 정부안과 정갑윤 의원 대표발의 법안을 일괄상정하여 병합심리한 후 법안심사소위원회에 회부하였다. 그러나 법안심사소위원회에서 심의를 거듭한 끝에 합의에 실패, 2007년 4월 25일 행정자치위원회 전체회의에서 두 법안을 통합·조정한 위원회 대안을 의결하였다. 대안 주요내용으로는 유족범위에 손자녀가 형제자매 앞순위로 포함된 것, 미수금 지원금을 1엔당 1,250원에서 2,000원으로 상향조종한 것이었다. 위원회 대안은 2007년 6월 18일 법제사법위원회에서 원안대로 가결되었다. 그러자 2007년 7월 2일 장복심 의원을 대표로 46명이 발의한 '일제강점하 국외 강제동원 희생자 등 지원에 관한 법률안(대안)에 대한 수정안'이 발의되었다.

2007년 7월 3일 행정자치위원회 대안과 장복심 의원 대표발의의 수정안이 본회의에 상정되었다. 국회 본회의 심의결과 출석의원 187명 중 찬성 114, 기권

53, 반대 20으로 장복심 의원의 수정안이 가결되었다. 수정안의 주 내용은 두 가지로, 하나는 법명을 '일제강점하 국외 강제동원 희생자 등 지원에 관한 법률안'에서 '태평양전쟁 전후 국외 강제동원 희생자 등 지원에 관한 법률'로 변경하는 것이고, 다른 하나는 위로금 등 지원대상에 생환자 중 생존자를 추가하여 1인당 5백만 원을 지급한다는 것이었다.

그러나 정부는 당초 사전협의가 없었던 예산 추가는 국가재정 상 부담이 크다는 이유 등으로 가결된 수정안을 거부, 2007월 8월 1일 대통령의 재가를 거쳐 2007년 8월 2일에 국회에 재의를 요청했다.

2007년 11월 23일 국회 본회의에 부의된 정부 재의안은 총 투표수 160표 중 찬성 52표, 반대 104표, 기권 2표, 무효 2표로 부결되었다. 대신 행정자치위원회안으로 제출된 법률안이 표결에 부쳐졌는데, 그 결과는 출석의원 152명 중 찬성 137명, 반대 2명, 기권 13명으로 가결되었다. 국회를 통과한 행정자치위원회안은 정부가 수용하여 2007년 12월 10일 '태평양전쟁 전후 국외 강제동원 희생자 등 지원에 관한 법률'(법률 제8669호)로 공포되었다. 이 과정에서 생환자 중 생존자 1인당 5백만 원 지급하기로 한 수정안은 의료지원금 연간 80만 원 지급으로 수정되었다.

▣ 한 지붕 두 가족

지원법안이 제정되자 일제강점하 강제동원피해 진상규명위원회가 분주해졌다. 시행령(2008년 6월 10일)에 의하면 지원업무를 지원하는 사무국은 '진상규명위원회' 사무국과 통합 운영하고 사무국장은 동 사무국장이 겸임하는 것으로 되어 있기 때문이다.(시행령 제7조 1항)

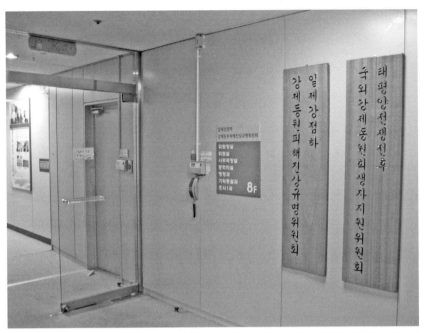

그림 31 위원회 사무실 입구 현판 모습. 좌측이 '일제강점하 강제동원 피해 진상규명위원회' 우측이 '태평양전쟁 전후 국외 강제동원 희생자 등 지원위원회'(광화문 S타워)

　이리하여 사무국은 하나이면서 위원회가 두 개인 기이한 형태의 위원회 두 집 살림이 시작되었다. 업무공간은 사무국 사무실이 협소한 관계로 위로금 등 지급부서는 청계천변에 위치한 빌딩 내에 자리했다. 사무공간이 서로 다른 만큼 위로금 등 지급부서와의 소통은 소원했다. 더 정확하게 말하자면 소통부재는 강제동원 피해에 대한 이해가 근본적으로 부족한 지급부서 때문이었다. 단적인 예를 들자면, 강제동원 피해자 중 원자폭탄에 피폭받은 피해자의 경우가 그러했는데, 일본정부의 원폭피폭자 원호법에 의해 적용되는 사람을 지원에서 배제하는 일이 벌어졌다. 원자폭탄 피폭자 원호법은 원자폭탄에 피폭당함으로써 입은 건강상의 피해를 지원하는 의료지원사업이다. 이것이 강제동원에 의한 피해와 무슨 상관이 있단 말인가? 오히려 강제동원·강제노동에 의해 입은 생명·신체·재산 등의 피해와 더불어 원자폭탄 피폭의 피해까지 가중되는 다중피해로 봐야 한다.

일제강점하 강제동원 피해 진상규명은 일본정부를 상대로 감춰진 사실史實을 발굴하여 잃어버린 역사를 복원하고 바로잡는 대외사업이다. 따라서 다분히 외교적인 성격을 띤다. 그러나 위로금 등 지원사업은 다르다. 한국정부와 피해자 간의 문제, 대내사업이다. 대외사업의 피해 진상규명과 대내사업의 위로금 등 지원이 근본을 달리 하니 한 지붕 두 가족 살림은 쉽지 않았다. 그렇다고 하여 해결책이 없었던 것은 아니다. 강제동원 피해의 종류와 정도 등에 대한 충분한 규명과 학계·피해자사회 등의 공감대 형성, 그리고 한국사회의 이해와 그에 따른 지원 등이 순차적으로 진행되었다면 어려울 턱이 없다. 일본정부·기업의 가해사실, 가해책임을 규명하는 일은 명료했을 터이다. 그렇지만 강제동원 피해 진상규명과 연구가 불모지나 다름없는 한국학계의 상황 하에서 위원회가 조사의 기본틀을 겨우 마련하기 시작한 2년 남짓한 시점에서 피해자 지원까지 해야 하는 부담은 너무 컸다. 그 부담은 업무의 엇박자로 나타났고 그 피해는 강제동원 피해자와 유족에게 고스란히 전가되었다.

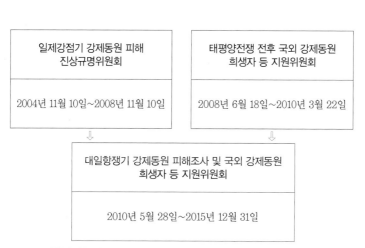

그림 32 위원회 변천 과정

제5장

지원업무의 종류와 내용

1. 지원업무의 대상과 종류

▣ 피해자와 희생자, 난해한 개념

강제동원 피해자 중 정부로부터 지원금 혹은 위로금의 명목으로 현금을 수령할 수 있는 사람은 ①희생자, ②생환자 중 생존자, ③미수금 피해자에 한정하고 있다. 이 부분은 위원회 내부에서조차도 왕왕 개념 상 혼란을 가져왔던 것으로 혼란스럽기는 일반인도 마찬가지다. 피해자, 희생자, 생환자 등 용어가 난립한 이유는 당초 진상규명을 위한 특별법과 지원을 위한 법률이 따로따로 존립하다가 병렬적으로 합해지면서 초래된 것이다.

2004년에 제정된 진상규명 특별법에서는 피해자라는 용어만 사용하였다. 동법 제2조 제2호에 의하면 피해자란 "제1호에 따른 일제강점하 강제동원 피해를 입은 자로서 제3조 제2항 제4호에 따라 피해자로 결정된 자"를 말한다. 여기서 제1호는 일제강점하 강제동원의 피해를 정의하고 있는 것으로, 이에 따르면 "만주사변 이후 태평양전쟁에 이르는 시기에 일제에 의하여 강제동원되어 군인·군속·노무자·위안부 등의 생활을 강요당한 자가 입은 생명·신체·재산 등의 피해"를 강제동원 피해라고 정의하고 있다. 이와 같은 피해를 입은 사람이 제3조 제2항 제4호에 의해 위원회의 의결을 거치면 법에서 말하는 피해자가 된다.

한편 2007년에 제정된 지원법에는 강제동원 희생자라는 개념이 처음으로 등장하는데, 강제동원 희생자는 다음 세 가지 경우에 해당하는 사람을 의미한다. 즉 일제에 의해 강제동원되어 "그 기간 중 또는 국내로 돌아오는 과정"에서 사망하거나 행방불명되거나 혹은 부상으로 장해를 입은 사람을 의미한다. 다시 말해서 강제동원되어 현장에서 혹은 돌아오는 과정에서 사망한 사망자, 행방불명자, 부상장해자를 희생자라고 한다. 희생자의 경우, 이 "국내로 돌아오는 과정"이 문제가 되었는데 자세한 내용은 제3절에서 다루기로 한다.

▣ 강제동원 생환자, 미수금피해자

이밖에도 2007년 제정의 지원법에는 강제동원 생환자와 미수금 피해자라는 생경한 개념이 도입되었다. 동법에 의하면 강제동원 생환자라 함은 "1938년 4월 1일부터 1945년 8월 15일 사이에 일제에 의하여 군인·군무원 또는 노무자 등으로 국외로 강제동원되었다가 국내로 돌아온 사람 중 강제동원희생자에 해당되지 못한 사람"을 의미한다. 주의해야 할 점은 지금 현재 생존자를 의미하고 있지 않다는 점이다. 강제동원되어 고국으로 귀환 당시 생환한 사람을 의미한다는 점에 주의해야 한다. 쉽게 얘기하자면, 강제동원되어 현지에서 군인·군무원 또는 노무자의 생활을 강요당하다가 후유장해도 없이 건강하게 무사히 귀환한 사람을 의미한다.

다음으로 미수금 피해자라 함은 "1938년 4월 1일부터 1945년 8월 15일 사이에 일제에 의하여 군인·군무원 또는 노무자 등으로 국외로 강제동원되어 노무제공 등을 한 대가로 일본국 및 일본 기업 등으로부터 지급받을 수 있었던 급료, 여러 가지 수당, 조위금 또는 부조료 등(이하 '미수금'이라 한다)을 지급받지 못한 사람"을 의미한다.

▣ 위로금과 지원금

다시 한번 정리하자면, 강제동원 피해자, 강제동원 희생자, 강제동원 생환자, 강제동원 미수금 피해자 등으로 정리할 수 있다. 이중 한국정부로부터 현금을 지급받을 수 있는 대상자는 강제동원 희생자, 강제동원 생환자 중 생존자, 강제동원 미수금피해자이다. 강제동원 희생자에게 지급하는 현금은 '위로금'이라 하고, 미수금피해자와 생환자 중 생존자에게 지급하는 현금은 '지원금'이라고 한다.(태평양전쟁 전후 지원법 제4조, 제5조, 제6조)

또한 강제동원 피해자는 위원회에 '피해신고'를 해야 하며, 강제동원 희생자 등 위로금 대상자는 지원위원회에 '지급신청'을 해야 한다.

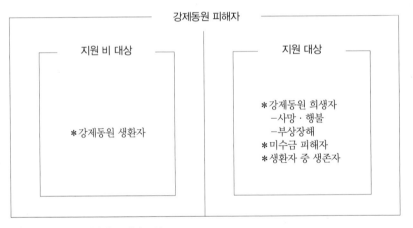

그림 33 강제동원 피해자 등 개념 구분도

위로금으로 지급되는 액수는 사망·행방불명 희생자의 경우 2,000만 원을 그 유족에게 지급한다. 단, 1975년 [대일청구권 보상에 관한 법률]에 의해 현금을 지급받은 바 있는 유족에게는 그 당시 지급액(30만 원)을 현재 물가상승률을 고려하여 환산한 234만 원을 제한 나머지를 지급하는 것으로 하였다. 부상장해 희생자에게는 최고 2,000만 원에서 최하 300만 원의 범위내에서 장해 정도에 따라 차등 지급하였다. 부상장해는 희생자가 사망한 경우에는 그 유족에게, 생존자의 경우에는 당사자에게 각각 지급하였다.

지원금으로 분류된 의료지원금은 생환자 중 생존자에게 지급하는 것으로 연간 80만 원을 생존하는 동안 계속 지급한다. 이 금액에 대해서는 지원금 책정을 둘러싸고 공청회를 개최할 당시 생존자들의 원성이 컸다. 사지에 몰렸다가 가까스로 목숨만 건사하여 고난의 행군과 같은 귀국길에 올라 생환했건만 그 당시의 모진 삶을 위로한다는 금액이 80만 원이라고 하니 당사자 입장에서 보면 분노할 만 하다.

표 12 위로금 · 지원금의 지급액 내역

위로금		지원금	
사망자 · 행방불명	부상장해	미수금	의료지원금
2,000만 원	2,000~300만 원	1엔=2,000원 으로 환산	년간 80만 원

미수금은 당시 1엔을 2,000배로 환산하여 지급하는 것이 아니라 당시 1엔을 2,000원으로 환산하여 지급한다. 그런데 이 부분을 많이 착각하는 경향이 있다. 당시 1엔을 2,000원으로 환산한다고 하니 2,000배로 환산하는 것으로 생각한다. 그러나 당시 1엔을 2,000배로 환산하면 2,000엔이 된다. 2,000엔과 2,000원은 엄연히 다르다. 그렇지만 당시 임금을 2,000원으로 환산해도 당시 화폐가치를 온전하게 보전한 것인지는 판단이 쉽지 않다. 그래서 특별법에는 하한선을 두어 100엔 이하의 미수금이 남아 있는 경우에는 100엔으로 간주하고 있다. 미수금으로 최소 20만 원을 돌려줄 수 있도록 한 조치이다.

2. 지원방법

▣ 신청주의에 의한 지급

한국정부로부터 위로금과 지원금을 지급받기 위해서는 피해자와 그 가족이 지원위원회에 신청을 해야 한다. 과거 진상규명위원회가 그간의 진상규명을 통해 피해사실을 확인하고 그 결정내용을 통보한 적이 있다고 해도, 피해자와 유족은 다시 신청해야 한다. 신청주의에 입각하고 있기 때문이다. 이번에는 진상규명위원회가 아닌 지원위원회에 해야 한다.

이는 나름 일리가 있다. 왜냐하면 지원여부를 희망하는지 어떤지 국고지출에 앞서 확인할 필요가 있다고 생각하기 때문이다.

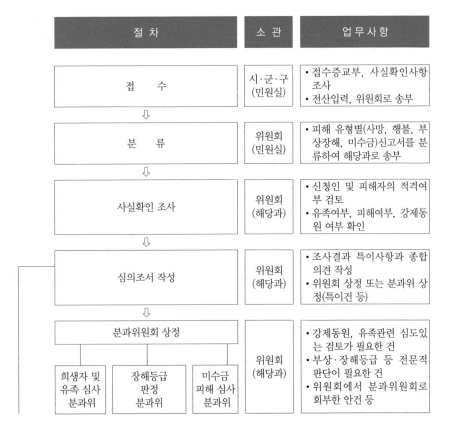

절 차	소 관	업 무 사 항
접 수	시·군·구 (민원실)	• 접수증교부, 사실확인사항 조사 • 전산입력, 위원회로 송부
분 류	위원회 (민원실)	• 피해 유형별(사망, 행불, 부상장해, 미수금)신고서를 분류하여 해당과로 송부
사실확인 조사	위원회 (해당과)	• 신청인 및 피해자의 적격여부 검토 • 유족여부, 피해여부, 강제동원 여부 확인
심의조서 작성	위원회 (해당과)	• 조사결과 특이사항과 종합의견 작성 • 위원회 상정 또는 분과위 상정(특이건 등)
분과위원회 상정 희생자 및 유족 심사 분과위 / 장해등급 판정 분과위 / 미수금 피해 심사 분과위	위원회 (해당과)	• 강제동원, 유족관련 심도있는 검토가 필요한 건 • 부상·장해등급 등 전문적 판단이 필요한 건 • 위원회에서 분과위원회로 회부한 안건 등

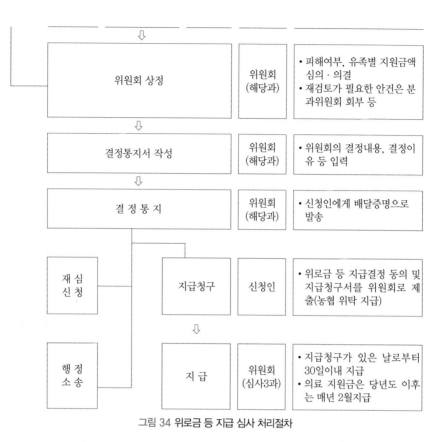

위원회 상정	위원회 (해당과)	• 피해여부, 유족별 지원금액 심의 · 의결 • 재검토가 필요한 안건은 분 과위원회 회부 등
결정통지서 작성	위원회 (해당과)	• 위원회의 결정내용, 결정이 유 등 입력
결 정 통 지	위원회 (해당과)	• 신청인에게 배달증명으로 발송

재 심 신 청	지급청구	신청인	• 위로금 등 지급결정 동의 및 지급청구서를 위원회로 제 출(농협 위탁 지급)
행 정 소 송	지 급	위원회 (심사3과)	• 지급청구가 있는 날로부터 30일이내 지급 • 의료 지원금은 당년도 이후 는 매년 2월지급

그림 34 위로금 등 지급 심사 처리절차

그러나 대 혼란을 가져왔다. 첫째, 피해신고를 하여 위원회로부터 피해자 판정을 받은 사람의 경우, 대부분이 지원금 사실을 까맣게 모르고 있다는 것이다. 피해자단체 혹은 유족회 등 단체에 가입하고 있었던 사람들은 단체로부터 연락을 받거나 혹은 지인들과의 교류를 통해 정보를 얻고 있었으나 그렇지 않은 사람들이 문제이다.

둘째, 지원신청 사실을 알고 있던 사람이라 하더라도 방법에 오해가 있었던 사람이 많다. 이름은 다르지만 동일한 조직에 피해신고를 하였기에 피해자로 결정된 사람에게는 당연히 그대로 지원이 있을 것이라고 생각하고 지급신청을 하지 않고 그냥 기다리던 사람이 있었다.

셋째, 피해신고와 지원금 지급신청의 차이를 익히 알고 있는 사람이라도 사망·행방불명, 미수금, 의료지원금을 해당되는 만큼 중복하여 신청할 수 있는데 모르는 경우가 있다. 그리하여 지원 대상의 일부만 신청하는 일도 적지 않게 발생했다.

넷째, 신청기한을 법에 명시하고 있어서 뒤늦게 신청정보를 입수한 사람이 제한받는 사태가 발생했다. 이 부분은 특히 한국정부가 피해자의 권리를 '기간'을 두어 제한하고 있었기 때문에 그 권리를 심각하게 훼손하고 있다고 할 수 있다. 그러나 신청기간을 연장하는 일만 반복할 뿐 근본적인 대책은 마련하지 않았다. 아래 표와 같이 태평양전쟁 전후 국외강제동원 희생자 등 지원위원회는 대일항쟁기 위원회로 통합된 이후에도 3번 등 총 4차례의 기간연장이 있어 왔다.

표 13 위로금 등 신청기한의 역사

태평양전쟁전후국외 강제동원희생자등지원위원회	대일항쟁기강제동원피해조사및 국외강제동원희생자등지원위원회	
*법령 시행일부터 2년 이내 2008년 9월 1일~2010년 6월 10일	*~2011년 6월 30일(제정) *2011년 11월 30일 (개정 2011년 5월 30일)	*위원회존속 2011년 12월 31일 *위원회존속 2011년 12월 31일
	*2012년 6월 30일 (개정 2011년 8월 4일)	*위원회존속 2012년 12월 31일 (2013년 6월 30일〈2012년 11월 22 일 국회의결〉/2013년 12월 31일 〈2013년 6월 25일 국회의결〉)
	*2014월 6월 30일 (개정 2013년 12월 30일)	*위원회존속 2015년 6월 30일 〈2015년 6월 25일 6개월연장안 국 회의결〉

다섯째, 이 뿐만이 아니다. 이미 신청한 사람 중에도 새로운 자료가 발굴되어 추가신청이 가능한 경우가 생기는데 신청기간이 법으로 정해진 까닭에 신청할 수가 없었다.

여섯째, 법률상 신청할 수 있는 피해자와 유족은 한국적을 소지해야 하는

데, 국적회복을 준비중이다가 신청기간을 넘겨 권리를 제한받는 사례가 발생했다. 해방 후에도 구 소련정부에 의해 사할린에 억류되어 있던 한인들의 경우가 그러하다. 귀국하려 해도 한국측 사정에 의해 순번이 늦어지다 뒤늦게 귀국하여 국적을 회복하는 경우가 발생했다. 신청기한 전에는 국적이 발목을 잡아 신청할 수 없다가, 이번에는 신청기한이 발목을 잡는 결과를 가져온 것이다.[24]

▣ 지원취지를 무색하게

이와 같은 상황을 돌파하기 위해서는 신청에 기한을 두어 권리를 제한하는 법 조항을 개정하는 방법이 유일하다. 그리하여 위원회는 국회 해당 상임위원회와 행정안전부, 청와대에 문제점과 해결방안을 설명하고 근본적인 대책을 제안했지만 귓등으로도 듣지 않았다. 그로 인해 유족간 불평등을 불러오고 갈등을 초래하여 "인도적 차원에서 위로금 등을 지원함으로써 이들의 고통을 치유하고 국민화합에 기여함"을 목적으로 한다는 법의 취지는 완전히 무시되었다. 오히려 유족들에게 또 다른 '고통을 안겨주고' 유족 간 불신을 조장하여 '국론분열'을 가져올 소지를 남겼다.

무사히 신청할 수 있는 피해자나 유족의 경우도 불편함이 있었다. 피해자에게 해당되는 위로금이나 지원금을 각각의 서식에 따라 기입하고 피해자 당사자혹은 유족임을 입증하는 공적 서류를 별도로 준비해야 했다. 그렇다 보니 고령의 피해자나 유족이 서류준비가 복잡하다고 생각되어 포기하는 사례도 생겼다. 어느 유족은 절차를 일부러 복잡하게 만들어 신청자를 줄이려 한 것 아니냐는 의혹과 불만을 노골적으로 드러냈다.

이는 다음 장에서 서술하겠지만 행정편의주의가 낳은 폐단이었다. 미수금, 사망·행불, 의료지원, 부상장해를 각각 전담하는 과 편성을 하다보니 업무처리에 용이하게 해당 서류를 각각 제출하게 한 것이다. 이로 인해 전담 부서 간 장벽이 만들어진 것은 말할 것도 없고, 실수로 잘못 신청한 서류를 기각 처리하고 마는 어이없는 사태도 발생했다.

사례는 약간 다르지만 형식적인 지원이라는 비난과 함께 피해자에게 자괴감마저 안겨준다는 의견도 있었다. 가령 의료지원금이나 미수금의 경우가 그러했다. 앞서 본 바와 같이 의료지원금은 생존자에게 연간 80만 원을 지원한다. 이에 대해서는 한국정부 지원법 제정을 위한 청문회에서도 문제가 되었다. 국회를 통과한 장복심의원의 수정안에서는 당초 500만 원을 지원하는 것으로 되어 있었다. 그러나 국가재정을 염려하여 청와대가 거부권을 행사하면서 결국 80만 원으로 재조정된 경위가 있다. 생존자는 역경을 헤치고 살아 돌아와 조국 재건에도 청춘을 바쳤건만 강제동원에 대한 대가가 고작 그 정도라면 차라리 죽어 돌아오라는 말이더냐며 거세게 반발했다.

▣ 미불임금을 지금이라도 받으려 했으나

미수금도 당시의 1엔을 2,000원으로 환산하여 돌려주는데 100엔이하는 100엔으로 간주하여 결국 최소 20만 원을 수급하도록 하였다. 그 마저도 미수금 여부가 명백하게 확인되는 자료가 없으면 지급하지 않는다. 당초 지원을 담당하던 심사과에서는 피해자측이 관련자료를 제출하는 경우만 심사하여 지급을 진행해 왔다. 지급신청 시 신청사유를 입증할 만한 자료는 모두 신청인이 부담해야 하는데 자료정보에 어두운 고령의 피해자나 유족으로서는 입증이 첫 번째 난관이었다.

진상규명과 더불어 자료조사와 수집을 담당하던 진상규명위원회 조사과가 일본정부와 협의에 나섰다. 한국정부 지원을 위한 일본측의 자료제공이 절대적으로 필요하다는 점을 설명하고 일본측의 성의있는 답변을 요청했다. 인내심과 평정심을 요구하는 협의가 이어졌다. 오랜 협의와 교섭 끝에 2007년 12월 드디어 법무국에 공탁되었던 강제동원 한인의 미수금 명단이 전달되었다. 군인·군무원에 대한 미수금 공탁명부 11만명 분이 최초로 한국측에 전달된 것이다.

다음으로 노무동원된 한인 노무자의 미수금 명부가 테이블에 올려졌다. 노무동원은 동원기업과의 문제임을 이유로 한사코 정부책임을 회피하려는 일본측과 난항이 거듭됐다. 그러나 위원회의 한일유골협의회 실무진의 끈질긴 설득으로 2010년 4월 노무자 공탁금명단을 입수했다. 6만 4천여 명분이다.

미수금을 입증할 자료가 없는 피해자에겐 반가운 소식이었다. 다만, 이전과 동일한 방식의 업무처리로는 새로운 자료가 들어온들 피해자와 유족들에게는 하나도 이로울 게 없다. 위원회가 자료입수에 대한 정보를 대중매체를 통해 전파하거나 지자체 알림창을 통해 전파한다해도 피해자와 유족들이 소식을 전달받기에는 한계가 있기 때문이다. 그리하여 새로운 자료가 입수되었어도 그 사실을 몰라 신청하지 못했던 것이다.

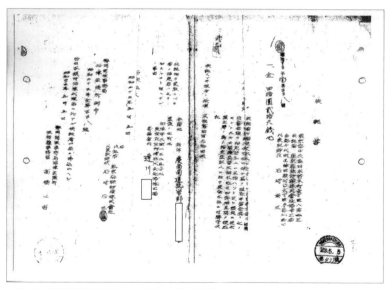

그림 35 일본정부로부터 입수한 조선인 노무자 공탁금 문서

다음 장에서 자세히 다루겠지만 필자는 조사과에서 심사과로 담당이 바뀌면서 찾아가는 행정서비스를 구현하고자 운영을 이전과 달리한 적이 있다. 어렵게 공을 들여 확보한 자료인 만큼 널리 피해자에게 알리고 싶었던 것이다. 특히 노무자는 '조선인노동자에 관한 조사결과'에서 유일하게 미수금 관련정보를 입수할 수 있었는데 수록내용이 극히 일부에 지나지 않았다. 노무자 미수금 정보에 목말라 하던 피해자에게 노무자 공탁금문서 입수는 가뭄에 단비나 다름 없었다.

그리하여 우선 한국인 원폭피해자 진상조사에 도움을 준 피해자들을 명단에서 찾아보았다. 히로시마의 경우 조선인명부 자체를 입수할 수 없었는데 공탁금명부에는 미쓰비시 중공업 히로시마조선소의 조선인 노무자 공탁금명부가 있었기에 확인할 수 있었다. 검색해 보니 위원회에 피해신고한 피해자 중 일부가 확인됐다. 피해자들이 미수금 지급을 신청한 적은 있는지 알아보니 자료가 없었기에 당연히 신청한 사실도 없었다. 당장 연락하여 신청을 권유하자 돌아오는 대답이 그만두겠다고 한다. 조심스럽게 이유를 물어보았다. 강제동원 피해자를 지원한다 하기에 기대에 부풀어 신청했더니 생존자에게 지급하는 지원금은 연간 80만 원으로 기대에 크게 못 미쳤고 신청서 작성도 난해했던 데다가 심사결정까지 또 시일이 걸렸기에 지쳤다고 한다. 미수금 금액이 당시에는 목돈이 되는 액수였으나 현재는 기껏해야 20만 원에 지나지 않는데 또다시 노구를 이끌고 구청을 드나들어야 하겠느냐며 역정이시다. 번잡스러움이 의욕을 앗아간 것이다. 이것이 두 번째 난관이다.

그나마 연락이 닿은 피해자는 의사확인이 가능했으니 나은 편이다. 위원회가 사무국을 조직하여 업무를 개시한 것이 2005년 2월인데 당시 해방 후 60년을 경과한 시점이라 이미 피해자가 80대의 고령이었다. 그로부터 노무자명부 입수에는 약 6년의 세월이 흘러 피해자에게 전화해 보면 많은 경우 사용이 정지돼 있거나 주인이 바뀌어 있었다. 주거지가 변경된 경우도 있지만 변경된 내용을 위원회에 알려오는 경우는 아예 없었다고 해도 좋다. 이것이 세 번째 난관이다.

▣ 제한된 유족범위

난관은 유족범위에도 있었다. 위원회는 피해 당사자가 사망한 경우에는 그 유족에게 위로금, 지원금을 지급했는데, 유족의 범위와 순위를 두고 있었다. 즉, 유족은 ①배우자 및 자녀, ②부모, ③손자녀, ④형제자매로 하며, 선순위자를 우선으로 하되 해당유족이 없으면 순차적으로 차순위자가 유족에 해당된다.

유족범위와 순위

① 배우자 및 자녀 〉② 부모 〉③ 손자녀 〉④ 형제자매

대개 징병은 만 20세의 젊은 청년이 대상이 되다보니 독신의 경우가 많다. 그러하니 유족으로 ①③은 성립되지 않는다. ②④중이라 해도 해방 후 60년이 지난 시점이라 ②의 부모가 생존한 경우는 없다. 따라서 유족이라고 하면 피해자의 형제자매가 해당하는 사례가 많다고 볼 수 있다. 형제자매들도 이미 70~80대 고령에 접어들어 생존자가 없는 경우도 많다. 형제자매마저 모두 사망하여 법이 정한 유족이 없었는데도 위원회에 강제동원 피해신고가 있었던 것은 부모의 유언을 받들어 희생자의 제사를 모셔왔던 조카가 기억하고 있었기 때문이다. 다시 말해서 강제동원 희생자와 형제였던 부모가 유언을 남겨둔 덕분이다. 위원회 일을 하면서 부모이상으로 삼촌을 기억하고 지극정성으로 추모해 온 조카들을 수없이 만나볼 수 있었다. 금전지급의 문제가 아니라 정부차원에서 애도와 위로의 의미로 조카에게도 지원이 있었으면 하는 바람이 많이

들었지만 어쩔 수가 없었다.

한편 형제자매 중 유일하게 생존중인 유족을 확인했어도 연락처를 알 수 없어 전달하지 못하는 경우도 상당히 많았다. 강제동원 피해 진상규명이 해방후 60년이 지난 시점에 시작되었기에 늦었다는 초조함이 있었다. 그래도 23만건에 가까운 신고를 받으며 희망을 보았다. 그러나 진상규명이 지원으로 이어지는 과정에서 다시 시간이 소요됐고 그 사이 수급권자가 사망하는 경우도 많아 늦은 감을 완전히 해소할 수는 없었다.

3. 대상제외 사항과 문제점

주지하는 바와 같이 한국정부 지원은 1965년 한일협정을 근간으로 하고 있다. 그러므로 한일협정에서 제외된 재일동포를 지원대상으로 보지 않는다. 아울러 국내동원 피해자도 강제동원 피해사실을 인정하면서도 지원에서 배제하고 있다.

국내동원은 연인원 650만 명이라고 하는 강제동원 피해의 절대적 다수를 차지하고 있으면서도, 그렇기 때문에 오히려 지원대상이 되지 못한다는 아이러니가 있다. 일본의 시민운동가이자 변호사인 곤도 노부오近藤伸生는 "국내 피해자와 국외 피해자를 차별하는 것은 대한민국 헌법에 위반하는 것이 분명하다. 하지만 법이 없기 때문에 행정부는 지불할 수 없다. 그래서 국회가 입법하지 않는 것이 위법"이라고 주장한다.

국내동원 피해자가 스스로를 피해자로 인식하지 못하는 것도 문제이다. 정혜경은 우선 피해자사회의 '피해자성 회복과 권리 인식'이 중요하다고 지적한다.[25] 그렇다보니 피해자 간에도 국내동원은 강제동원 피해자가 아니라는 인식도 나타난다.

2010년 제정의 통합법 상 지원에서 제외된 대상은 다음과 같다.

1. 「일제강점하 반민족행위 진상규명에 관한 특별법」에 의해 친일반민족행위를
   한 경우
2. 「일제하 일본군위안부 피해자에 대한 생활안정지원 및 기념사업 등에 관한 법
   률」등 별도 법률에 따라 강제동원 기간 동안 입은 피해에 대하여 이미 일정한
   지원을 받았거나 현재 받고 있는 사람 또는 그 유족
3. 1947년 8월 15일부터 1965년 6월 22일까지 계속하여 일본에 거주한 사람
4. 대한민국 국적을 갖고 있지 아니한 사람
   ('태평양전쟁 전후 국외 강제동원 희생자 등 지원에 관한 법률' 제7조, '대일
   항쟁기 강제동원 피해조사 및 국외 강제동원희생자 등 지원에 관한 특별법'
   제7조)

간단하게 정리하자면, 친일반민족 행위자 및 다른 법률에 의해 지원을 받고
있는 사람, 재일동포, 대한민국 국적이 없는 사람에게는 지원하지 않는다는 것
이다.

친일반민족 행위자를 강제동원 피해자로 볼 수 없음은 너무 자명한 것이지
만 다른 법률에 의해 지원받았거나 받는 사람에 대해서는 논란이 있었다.

▣ 원자폭탄 피폭자와 사할린 문제

대표적인 사례가 원자폭탄 피폭자와 사할린 피해자의 경우이다. 위원회가
진상규명과 지원으로 서로 다르게 존재했던 때의 일인데, 지원위원회는 원폭
피해자의 경우 일본정부에 의해 지원(건강수당)이 있으며 한국정부에서도 의료지
원을 하고 있으므로 제외하는 것이 맞다고 보았다. 지원위원회는 강제동원 전
문가가 없는 오로지 공무원들로만 구성된 터라 이해부족이 있을 수 있다. 첫째
일본정부가 시행하는 원자폭탄 피폭자 원호법은 한국정부의 법률이 아니라는
점, 둘째 일본정부의 원자폭탄 피폭자 원호법에 호응한 한국정부의 의료지원
은 어디까지나 '원자폭탄 피폭'을 대상으로 한 것으로 '강제동원 피해'가 아니라
는 점, 이 두 가지를 정확하게 이해하지 못한 처사이다.

그림 36 한인원폭피해자가 거주하는 합천원폭피해자 복지회관의 모습

그림 37 원자폭탄 피폭자에게 교부되는 '피폭자 건강수첩'

사할린의 경우에는 영주귀국자를 대상으로 한국정부가 '국민기초생활보장법'을 적용하여 생활지원금을 지급하는 것이 문제가 되었다. 한국정부가 법에 근거하여 지원하는 사례에 해당하므로 이중지원이 된다는 설명이다. 어이가 없다. 이것은 해방 후 구 소련과 국교가 정상화되기까지는 억류되어 귀국이 불가능했던 사할린 동포가 귀국 후 정착에 도움이 되도록 지원한다는 취지가 있다. 그 사람이 강제동원에 의한 것인지의 여부와는 관계가 없다. 영주귀국한 사할린 피해자들은 말도 안 되는 이유로 부당하게 권리를 침해받았다며 거세게 항의했다.

이 엄연히 구별되는 법 적용이 당시 지원담당 공무원에게는 이해가 되지 않았던 모양이다. 논의가 필요하지만 사실상 의미 없는 일이었다. 이미 답은 정해져 있었기 때문에 논의는 형식적 절차에 불과했기 때문이다. 그리하여 당초 '태평양전쟁 전후 국외 강제동원 희생자 등 지원에 관한 법률'로 출범한 지원위원회는 2008년 9월 25일 제4차 지원위원회에서 원폭피폭자와 사할린 귀환자를 지급대상에서 제외하는 결정을 했다. 이어서 2008년 12월 30일 제7차 지원위원회는 기 지급된 생존자 의료지원금을 환수하는 조치를 결정했다.

필자는 하도 어이가 없어서 문제제기를 한 적이 있다. 지급을 전담하는 지원위원회에서 결정한 일에 필자의 의견이 무슨 영향력이 있으랴마는 너무 답답한 마음에 두 가지를 지적했다. 먼저 지원의 근본적인 취지가 서로 다르다는 점이다. 일본의 원호법과 한국의 의료비 지원은 어디까지나 원폭피폭에 의한 후유를 치료하기 위함에 목적이 있다. 강제동원여부와는 상관이 없는 문제라는 점을 지적했다. 이 점 나중의 법제처 유권해석과도 완전히 일치했다.

원폭피해자에 대한 지원은 일본 정부가 출연한 기금과 「보건의료기본법」 제45조에 따라 대한민국 정부가 마련한 기금을 재원으로 태평양전쟁 시기 일본에 투하된 '원자폭탄에 피폭된 피해'에 대하여 강제동원 여부와 관계없이 지원하는 것이고, 「국민기초생활보장법」에 따른 사할린에서 영주귀국한 동포(이하 "사할린영주귀국자"라 함)에 대한 지원은 대일항쟁기 중 사할린 지역으로 강제징용되거나 이주하였으나 해방 이후 대한민국으로 돌아오지 못하고 사할린에 잔류하다가 대한민국으로 영주귀국한 사할린 동포에게 '생활안정기반의 마련을 목적으로 국민화합과 사회복지적인 차원'에서 강제동원 여부와 관계없이 지원하는 것입니다. …〈중략〉…

따라서, 「보건의료기본법」 제45조에 따른 국가보조금(원폭피해자 복지기금)을 지원받고 있는 원폭피해자와 「국민기초생활보장법」 제5조제2항에 따른 지원을 받고 있는 사할린에서 영주귀국한 동포가 강제동원희생자지원법 제2조에 따른 '국외강제동원 희생자'이거나 '국외강제동원 생환자'인 경우, 같은 법 제7조제2호에 해당되지 않으므로 같은 법 제4조에 따른 위로금 및 제6조에 따른 의료지원금의 지급대상에서 제외되지 않습니다.[26]

두 번째로 대한적십자사에서 관리하는 '건강수첩' 소지자는 이중지급으로 간주하고 지급에서 제외한다고 하지만 전후 관계가 바뀌면 어찌할 것인가를 물었다. 다시 말해서 지원위원회의 지급결정이 먼저 있고 나중에 '건강수첩'을 교부받는 피해자의 경우를 체크할 수 있는가를 따졌다. 후자의 경우 거의 체크가불가능하므로 '건강수첩'교부와 지원위원회 지급결정의 전후 순서에 따라 이중

지급이 달라질 수 있다. 당장 형평성문제가 불거질 수 있는 것이다. 그러나 한 번 결정된 사항은 쉽게 바뀌지 않았다.

일본정부가 원호대상자에게 지급하는 '건강수첩'을 소지했다는 '상세한 정보'가 화근이 되어 지원에서 배제되는 상황을 어떻게 이해해야 할 것인가? 상황이 이렇다보니 한때 진상규명이 상세하면 상세할수록 피해자에게 불리하다는 말이 나돌 정도였다. 본디 피해의 진상을 낱낱이 밝히고 이를 근거로 피해자에게 필요한 지원이 따르는 것이 순리가 아닐까. 그런데 지원과 진상규명이 상충하는 관계, 지원이 진상규명을 통제하는 주객이 전도된 관계가 현실적으로 일어난 것이다.

법이 모든 것을 담을 수는 없다. 따라서 법이 정한 내용을 둘러싸고 그 해석에 이견이 발생한다. 위원회에서는 전문가들로 구성된 분과위원회가 조직되어 신청건에 대한 사전검토를 심도있게 진행해 왔다. 미불임금 지급을 심사하는 미수금피해심사분과위원회, 사망·행불의 지급을 심사하는 희생자및유족여부심사분과위원회, 후유장해의 여부와 정도를 심사하는 장해등급판정분과위원회를 조직하여 운영했다. 신청건수만큼 다양한 사례가 존재하여 법 적용을 면밀히 검토할 필요가 있었기 때문이다. 그런데 지원을 담당하던 위원회는 설립당초 별개의 위원회로 구성됐고 분과위원회도 오로지 지원에 해당되는지의 여부만 판단한 까닭에 강제동원에 대한 이해가 부족했다.

■ 사할린 피해자의 문제

가령 사할린의 경우가 그렇다. 이미 주지하는 바와 같이 일본의 영토였던 남사할린(일본명 가라후토)에 강제동원된 한인의 경우, 구소련군의 남하와 억류정책으로 해방 후에도 고국귀환이 불가능했다. 그 뿐만이 아니다. 일단 남사할린으로 강제동원된 후 다시 일본 본토 작업장으로 '전환배치'되는 노무자들이 있었는데,[27] 이들은 해방 직후 남사할린으로의 귀환이 차단되어 남사할린에 남겨둔 가족들과 생이별하는 처지에 놓였다. 그 후 남사할린 재류 일본인은 러일간 협의로 귀환길에 올랐지만 한인은 한일정부 간 핑퐁식 기민정책으로 귀환이 요원했다.

그림 38 안산시에 위치한 사할린 한인 아파트 '고향마을'

이와 같은 강제동원의 역사를 이해하지 않으면 지원에서 부조리가 발생함은 불을 보듯 뻔하다. 사할린지역 강제동원 피해자는 당장 법이 정한 '강제동원희생자'에서 배제되는 상황이 발생했다.

강제동원 피해자에 대한 지원을 입법한 '태평양전쟁 전후 국외 강제동원희생자 등 지원에 관한 법률'(법률 제8669호, 2017년 12월 10일 제정)에 의하면 '강제동원희생자'는 "1938년 4월 1일부터 1945년 8월 15일 사이에 일제에 의하여 군인·군무원 또는 노무자 등으로 강제동원되어 그 기간중 또는 국내로 돌아오는 과정에서 사망하거나 행방불명된 사람"으로 규정하고 있다. 1945년 8월 15일 해방 이전에 동원지에서 사망 또는 행방불명된 사람은 다툼의 소지가 없으나, 사할린은 '국내로 돌아오는 과정'이 문제가 된다. 앞서 언급한 바와 같이 사할린에 억류되어 돌아오고 싶어도 돌아올 수 없는 처지에 있었기 때문이다. 이 상황은 대한민국정부와 구 소련정부간 국교정상화가 성립되는 1990년까지 이어졌다.

이 문제는 상기 법을 폐지하고 '대일항쟁기 강제동원 피해조사 및 국외 강제동원희생자 등 지원에 관한 특별법'을 제정(법률 제10143호, 2010년 3월 22일)하는 과정에서 "1938년 4월 1일부터 1990년 9월 30일까지"로 수정하면서 해소되었다. 그러나 여러 문제가 여전히 남아 있었다.

사할린의 경우, 구 소련의 억류정책으로 조국이 해방되었음에도 가족 간 생이별해야 하는 아픔을 간직하고 있다. 이산離散은 두 가지 유형으로 나눌 수 있는데, 하나는 피해자가 단신으로 한국에 귀환하면서 그 가족들이 남사할린에 남게 되는 경우이고, 다른 하나는 그 반대로 가족들은 한국에 머물러 있으면서 피해자가 동원된 채 돌아오지 못한 경우이다.

전자는 피해자가 생환자이므로 그 가족이 한국으로 영주귀국하여 국적을 회복해도 지원대상이 되지 못한다. 대신 가족은 사할린 영주귀국자의 모국정착을 위해 지급되는 생활안정자금의 대상자가 된다. 후자는 피해자의 행방이 묘연하거나 1990년 9월 30일 이전에 사망한 사실이 확인되면 국내가족이 위로금을 신청할 수 있다.

다만, 후자의 경우 사할린 현지에서 피해자가 가정을 다시 꾸렸다면 사할린에도 유족이 있으므로 국내유족 지원 후 다툼의 소지가 있을 수 있다. 억류와 이산이 낳은 아픔이다.

사할린 유족은 국적조항에 의해 러시아국적이면 지원신청 자격이 없다. 사할린 한인은 한인회 활동이 활발한 편이어서 이미 한국정부에서 피해진상조사와 지원을 시행중이라는 사실을 알고 있었다. 피해진상조사 시 사할린 현지를 방문하여 사업의 성격과 내용을 설명하고 신고를 받았던 활동이 널리 알려진 덕분이기도 하다. 그러나 대한민국 국적이 아니면 지원금 신청이 불가하다는 점이 전해지자 모국에 대한 서운한 감정을 감추지 않았다. 고국으로 돌아갈 때를 대비하여 구 소련국적을 취득하지 않았던 바람에 겪어야 했던 고초, 귀환여부가 불투명해져 결국에는 선택할 수밖에 없었던 구 소련국적이 이제는 한인으로서의 권리행사를 가로막고 있다며 한탄했다. 이렇듯 사할린 한인이 안고있는 특수상황에 대해서는 고려가 필요하다.

가령 '국내로 돌아오는 과정'에 있어서 사할린은 동원지에서 계획수송으로 집단귀환하거나 개인적으로 배편을 마련해 돌아온 사람들과 다르다. 구 소련의 억류정책으로 광복 후에도 귀환자체가 불가능했기 때문이다.

■ 개선의 노력

'대일항쟁기 강제동원 피해조사 및 국외강제동원 희생자 등 지원에 관한 특별법' 제2조 제3호 다목에서 사할린 강제동원 희생자를 다음과 같이 정의하고 있다.

> 사할린 지역 강제동원 피해자의 경우는 1938년 4월 1일부터 1990년 9월 30일
> 까지의 기간 중 또는 국내로 돌아오는 과정에서 사망하거나 행방불명된 사람

위와 같이 법이 정한 1938년 4월 1일부터 1990년 9월 30일까지의 기간 중 사망하거나 행방불명된 사람에 대해서는 문제가 되지 않는다. 다만 그 후 사망하거나 행방불명된 사람의 경우, 이를 과연 '국내로 돌아오는 과정'으로 볼 수 있는가의 여부가 쟁점이 되었다. 사할린에 강제동원되었다가 1990년 9월 30일이후 현지에서 사망하거나 행방불명된 사람은 희생자로 판단하지 않고 일반

피해자로 간주할 수 있기 때문이다. 일반 피해자로 판단할 경우 유족에게 위로금을 지급하지 않지만, 금전을 떠나 피해자의 명예와도 깊이 관련된 부분이기에 매우 중요하다.

이 문제는 2011년 8월 18일 제15차 강제동원 피해조사분과위원회에서 즉시 다루어졌다. 법학, 사학의 교수 및 법조인으로 구성된 분과위원회에서는 특별법 상 '1938년 4월 1일부터 1990년 9월 30일까지의 기간 중'은 이미 희생자로 인정하고 있으므로 그 후의 기간이 '국내로 돌아오는 과정'으로 볼 수 있음을 확인하고 어느 시점까지를 '국내로 돌아오는 과정'으로 규정할 수 있는지 집중 논의하였다.

그 후 두 차례의 논의를 거친 후 '희생자 및 유족여부 심사분과위원회'와 협의하여 최종적으로 다음과 같은 의견에 도달하였다.

한러 간 국교 수교가 된 이후 양국정부가 사증 발급에 대한 양해각서를 체결하여 효력이 발생하게 된 것이 1992년 3월 18일로 사실 상 이 시기까지 귀국이 불가능했다는 점, 사할린 한인의 최초의 영주귀국은 1992년 9월 29일 성사됐다는 점 등을 고려하여 1992년 9월 29일까지를 '국내로 돌아오는 과정'으로 보고 그 기간 중 사망 혹은 행방불명된 사람도 희생자에 포함한다는 것이다. 그 뿐만이 아니라, 피해자가 1992년 9월 30일 이후 사할린에서 사망하였다 하더라도 영주귀국사업의 후순위 대기상태였거나 귀국 준비중에 있었다는 사실이 문서로 확인되는 경우도 희생자로 판단하였다. 또한 예외적인 사항도 고려하였다. 당시 일괄적으로 영주귀국신청을 받은 것도 아니며 정부사업과 별도로 개인적으로 귀국을 준비하는 경우도 있을 수 있으므로 1992년 9월 30일 이후에 귀국을 추진한 사실이 문서로 확인되는 피해자도 희생자 여부 검토대상에 포함시켜 개별적 특성을 고려하여 판단하기로 했다.

두 분과위원회에서 심층적으로 검토한 '국내로 돌아오는 과정'은 2011년 12월

15일 정식으로 제18차 위원회에 상정되어 검토의견대로 가결되어 희생자 검증에 적용되었다.

지금껏 살펴본 바와 같이 위원회가 이원화되어 한편에서는 피해진상조사를 다른 한편에서는 지원심사를 각각 담당하는 과정에서 강제동원 피해자에 대한 이해부족 등이 발생하여 지원대상에서 제외하는 어이없는 사태도 있었던 것이다. 하지만 이로 인한 시행착오로 왜 강제동원 피해자가 고통을 받아야 했는지에 대해서는 두고두고 뼈저리게 곱씹어볼 필요가 있다.

제6장

지원금 지급의 성과와 과제

앞서 살펴본 바와 같이, 당초 피해자에 대한 지원없이 피해진상조사를 실시하다가 도중에 지원도 하게 되는 상황이 전개되면서 예기치 않은 문제점이 발견되었다. 본 장에서는 1970년대 초 개인청구권자금에 의한 지원이 부족했다는 판단에서 재차 시행된 피해자지원이 소기의 성과를 거뒀는지 그 명과 암에 대해 다루어보기로 한다.

1. 신청건과 지급실적

▣ 피해자지원의 성과

여러차례에 걸친 지원신청 접수 결과, 총 11만 2천여 건의 신청이 있었다. 그 내용은 아래와 같다.

표 14 지원금 등 신청상황 건

접수	위로금		지원금	
총계	사망자 행방불명	부상장해	미수금	의료지원금
112,556	20,681	33,278	33,329	25,268

그런데, 여기서 주의하지 않으면 안 되는 점이 두 가지 있다.

첫째, 피해자 1인에 대해 최대 3개의 신청이 가능하다는 것. 다시 말해서 지원금 신청은 해당되는 항목에 대해 모두 신청이 가능하다는 것이다. 가령 생존자가 강제동원 현지에서 부상을 입고 그 후유증이 남아 있는 상태에서 임금도 받지 못한 채 귀국하고 있었다면, 생존자에게 지급하는 의료지원금과 후유증에 대한 위로금, 그리고 미수금 지원금 신청이 모두 가능하다. 그러므로 위의 112,556건은 곧 112,556명의 희생자와 일치하지 않는다는 점에 유의하지 않으면 안 된다. 112,556건은 피해자가 여러 건을 신청하여 나온 결과이다.

둘째, 당초 위원회에서 피해자로 결정한 21만 명이 모두 지원대상이 되지는 않는다는 것이다. 어떤 사람의 경우, 정부가 인정한 피해자가 21만 명이나 되는데도 불구하고 왜 지원금 신청자는 11만여 건에 불과하냐며 양자의 괴리에 의문을 갖는 경우가 있다. 우선, 피해자 인정과 위로금 지급이 한 번의 신고로 조사 후 지원으로 연결되는 원스톱체제가 아니라 별개로 운용되었다는 점을 이해해야 한다. 피해인정과 지원금 신청이 따로따로 운용되다보니 수치가 달라질 수밖에 없다.

위 표의 접수상황을 보면, 신청은 총 112,556건으로 한국정부가 처음에 피해진상규명만 실시하여 접수받은 피해자 중 피해인정을 받은 218,639건과 단순대비해도 강제동원 피해자 중 신청자는 51.5%에 지나지 않는다. 신청내용별로는 미수금이 33,329건으로 가장 많고 후유장애가 33,278건으로 그 뒤를 잇는다. 사실 미수금 신청이 가장 많게 나온 현상에 대해서는 의심해 볼 여지가 별로 없다. 강제동원 피해에 대해 조사할 때마다 피해자 입에서 나온 발언 중 대표적인 피해가 대개 노동의 대가를 정당하게 받지 못했다는 것이었기 때문이다. 그러므로 동원되었다가 돌아올 때까지 그저 '노예처럼' 일만하고 온 것으로 기억하고 있었다. '모집'이든 '관알선'이든 '징용'이든 동원경로는 상관없었다. 이것이 피동원자를 정당하게 대우하지 않았던 당시 동원지역의 실태를 엿볼 수 있는 대목이다.

한편, 생존자에게만 지급하는 의료지원금 신청자가 25,268건에 이른다는 사실이 주목된다. 해방 후 60여년을 훨씬 넘긴 시점이기는 해도 피해자의 상당수가 생존하고 있었음을 알 수 있기 때문이다.

아래 표는 지원금 등 신청을 심의한 결과 실제로 지급을 결정한 결과를 작성한 것이다.

표 15 위로금 등 지급내역 (단위 : 건, 백만원)

구분	계	위로금		지원금	
		사망 · 행불	부상장해	미수금	의료지원금
지급	72,631	17,880	13,993	16,228	24,530
기각	31,186	1,852	17,775	10,903	656
각하	8,739	950	1,509	6,198	82
결정금액	618,430	360,073	102,185	52,182	103,990

주)결정금액은 위원회에서 피해자나 유족에게 지급을 결정한 금액으로 실제 지급한 금액이 아니다. 피해자와 유족이 위로금(또는 지원금)을 수령하기 위해서는 지급청구를 해야 하는데, 유족 중 지급청구가 없어서 지급이 유보되는 경우도 있다.

위의 자료에서 보면, 112,556건의 지원금 등 신청에서 지급결정된 것은 72,631건으로 64.5%에 해당한다. 신청건에 대해 적부여부를 심사하다보니 지급할 수 없는 신청건을 발견할 수 있었던 것인데, 특히 부상장해나 미수금의 경우는 부상의 정도나 미불임금을 입증하는 자료가 없어서 기각되는 사례가 빈번했다. 가령 부상장해의 경우, 신청 33,278건 중 기각·각하는 19,284건으로 57.9%를 차지했다.[28] 미수금의 경우는 신청 33,329건 중 절반에 못 미치는 16,228건(48.7%)만이 지급을 인정하였다.

신청건 대비 지급결정이 가장 높은 것은 의료지원금으로 25,268명이 신청하여 24,530건이 지급결정되었다(97.1%). 생존자는 피해자로 결정되면 의료지원금 대상이 되는데 그럼에도 불구하고 656명을 지급에서 제외한 것이 주목된다. 이는 피해자로 기 결정된 사람이 아니라 신규로 피해를 주장하며 지원금을 신청한 경우이거나 기각(각하)된 사람 혹은 국내동원 생존자(9,471명)인 경우로 생각할 수 있다. 지원금 신청자 중 피해사실을 진상규명위원회에서 기결정한 사람이 아닌 경우에는 이를 입증할 만한 객관적인 자료나 신뢰할만한 진술을 확보하지 않으면 지급대상이 될 수 없었다.

의료지원금 다음으로 지급결정율이 높은 것은 사망·행불인데 이것은 당초 피해사실을 확인하는 과정에서도 입증자료가 구비된 경우에만 인정하고 있었다. 그러므로 사망·행불의 피해판정을 받은 유족들이 이를 근거로 위로금을 신청하는 상황이었기에 지급결정되는 사례가 많았다고 할 수 있다.

■ 복잡한 절차로 우왕좌왕하는 일들이

앞서 말한 바와 같이, 전체피해자의 과반을 겨우 넘기는 지급신청은 피해신고와 지원이 원스톱으로 진행되지 않아 생긴 결과라는 측면도 있다. 다시 말하자면 피해자나 유족의 입장에서 보면, 정부가 강제동원 피해를 조사한다고 하여 신고를 받은 이상, 피해 진상규명이 완료되면 그 후속조치로서의 지원도 당초 신고한 피해자나 유족에게 이어질 것이라고 당연시했을 것이기 때문이다. 물론 지원 시점에서 생환자 중 생존자의 많은 피해자가 돌아가셨거나 당초 신고인이 조카여서 유족에 해당하지 않아 신청하지 않은 점도 있겠지만, 후자의 경우는 원스톱체제였다면 상당부분 해소할 수 있었을 것이다. 해당 유족이 있는지 찾아주면 되기 때문이다.

피해조사와 지원금지급이 각각의 특별법에 따라 각각의 위원회에서 집행하고 있었던 잠깐의 시기(2008~2009년)는 차치하더라도, 두 법을 폐지한 후 한 개의 법안으로 통합하여 단일 위원회에서 처리한 시점(2010년)부터는 더욱이 오해의 소지가 크다. 피해와 지원을 각기 달리하던 시행착오를 개선한 것처럼 비쳐지기 때문이다.

그나마 지급신청이 있어야 위로금 등 지원을 받을 수 있다는 사실을 알게 된 사람이라도 신청이 수월했던 것은 아니다. 다음단계의 난관이 그들을 기다렸다. 지원금과 위로금에 따라 달리 하는 신청서 양식, 다양한 구비서류, 이를 서로 혼동하여 어려움을 겪는 경우가 발생했다. 종국에는 원래 신청하려 했던 지급신청과는 다른, 해당사항이 없는 지급신청을 하는 사례도 발생했다. 또 구비서류의 번거로움으로 인해 중도 포기하는 사례도 나왔다.

표 16 신청서 종류와 구비서류

서식	신청서명	구비서류
제1호 서식	위로금 지급신청서 (강제동원 기간 중 사망 또는 행방불명의 경우)	1. 국외 강제동원 희생자의 제적부 등본(유족에 한함) 1부 2. 제5호 서식의 유족대표자 선정서(유족대표자를 선정하는 경우에 한함) 1부 3. 제7호 서식의 위로금 등 신청 및 수령 위임장(대리인이 신청하는 경우에 한함) 1부 4. 그밖에 신청사유를 소명할 수 있는 증거자료 1부
제2호 서식	위로금 지급신청서 (강제동원 기간 중 부상의 경우)	위와 같음.
제3호 서식	미수금피해자 미수금 지원금 지급신청서	1. 미수금피해자의 제적부 등본(유족에 한함) 1부 2. 제5호 서식의 유족대표자 선정서(유족대표자를 선정하는 경우에 한함) 1부 3. 제7호 서식의 위로금 등 신청 및 수령 위임장(대리인이 신청하는 경우에 한함) 1부 4. 그밖에 신청사유를 소명할 수 있는 증거자료 1부
제4호 서식	의료지원금 지급신청서	1. 의료지원금 신청 및 수령 위임장(대리인 신청의 경우에 한함) 1부 2. 그밖에 신청사유를 소명할 수 있는 증거자료 1부

주) 대일항쟁기 강제동원 피해조사 및 국외 강제동원 희생자 등 지원에 관한 특별법 시행령 별지 서식에 의함.

서로 다른 유형의 지원금 신청에는 공통적으로 제출하는 서류가 있는데 이 것도 신청건마다 또 다시 제출해야 한다. 구비서류의 내용이 같다고 하여 한번만 제출하는 것이 아니다. 그 바람에 신청인의 항의로 접수창구에서 옥신각신

하는 상황도 벌어졌다. 이러한 절차를 무사히 거쳐 신청을 완료했다고 해서 다 끝나는 것이 아니다. 제출서류를 위원회가 최종 심사하여 지급결정서를 신청인에게 통지하면 신청인은 위원회의 지급결정에 동의한다는 의사와 함께 결정금액을 또 청구해야 한다. 신청에서 수령에 이르기까지의 과정은 생각보다 많다. 고령의 피해자와 유족이 감당하기에 쉽지 않았을 것이다.

지급신청에 대한 부정확한 이해는 신청접수를 받았던 지자체 창구직원에게서도 있었다. 첫째, 지원금과 위로금의 성격을 이해하지 못하여 정작 피해자나 유족이 신청해야 할 피해와는 다른 신청서를 안내하여 접수받는 사례가 발생했다. 이 경우 최종적으로 지원위원회가 제출서류를 심사하여 해당없음으로 기각하게 되면 신청인은 신청이 잘못된 것도 모른 채 해당하는 지원금이 없는 것으로 이해할 수 있다. 둘째, 지급신청은 피해자나 유족이 피해자에게 해당되는 피해에 대해 모두 신청이 가능한데 그 중 일부만 신청하도록 안내한 경우가 있다. 지원금과 위로금에 따라 서로 다른 서식에 작성해야 한다는 것을 이해한 것은 다행이나, 여러 피해를 동시에 입은 경우에는 각각의 서식을 작성하여 제출해야 한다는 점을 잊고 있었던 것이다. 물론 나중에 그 사실을 알고 난 시점에서 신청서를 추가로 제출하면 되니까 그다지 문제될 것 같아 보이지 않겠지만, 신청기한이 있기 때문에 반드시 그렇지만도 않다. 유족이 신청기한을 넘긴 다음에 추가로 신청할 수 있는 지원금 혹은 위로금이 있다는 사실을 알게 된다면 어찌할 것인가? 이 경우 신청기한을 연장하는 법 개정이 필요하므로 난감하기 그지없다.

이상과 같은 사정이 지원금 등 지급신청이 과반을 겨우 넘기는 결과로 연결된 것은 아닐까 생각된다. 신청에서의 문제점은 위와 같았다면 지급에서의 문제점은 없었을까.

2. 지원을 위한 위원회의 노력

■ 지자체별 전문위원의 배치가 유효했다.

한국정부가 강제동원 피해를 진상규명한다는 사실은 위원회의 조직적인 활동으로 널리 알려진 것으로 평가된다. 광역시와 각 도에 설치한 지방실무위원회와 군단위까지 배치한 전문인력이 피해자 신고와 조사에 총력을 기울여 준 덕분이다. 이리하여 중앙위원회를 정점으로 하는 피라미드형 운영체제가 갖추어졌다. 특히 지역마다 전문인력을 배치한 것은 사업의 연속성과 전문성을 유지하는데 매우 효과적이어서 공무원의 잦은 교체로 발생하는 공백을 채울 수 있어서 유효했다.

그렇지만 피해자와 유족에 대한 지원금 지급에 있어서는 문제가 달랐다.

진상규명위원회는 피해 진상규명에 총력을 기울이던 때와는 달리 피해자·유족을 지원하는 '태평양전쟁 전후 국외 강제동원희생자 등 지원에 관한 법률'이 제정(2007년 12월)되자 피해조사를 서두르기 시작했다. 그 이유로는 내적 요인과 외적 요인이 있었는데 내적 요인으로는 피해자와 유족이 이미 고령이기 때문에 한 사람이라도 더 생존해 있을 때 지급이 개시될 필요가 있었기 때문이다. 또한 유족이 단 한 사람만 남은 경우도 적지 않았기 때문에 시간적 여유가 없었기 때문이다. 외적 요인으로는 피해자단체의 거센 요청이 있었다. 피해자와 유족을 회원으로 하는 유족단체에는 비교적 입증자료나 목격진술 등 자료가 풍부한 유족과 그렇지 못한 유족이 공존하고 있었는데 전자의 경우 조속한 조사와 지급이 가능했지만 후자의 경우는 진상규명에서 발목을 잡히는 경우가 적지 않았다. 유족단체는 이 후자의 조속한 처리를 요청하는 청원을 내는 경우가 많았다.

위원회 활동의 방점은 '태평양전쟁 전후 국외 강제동원희생자 등 지원에 관한 법률' 제정 후 180도 달라졌다. 2008년 하반기부터 지원이 개시되자, 피해

진상규명에서 피해자 지원으로 방점이 급격하게 이동하였던 것이다.

지원법이 제정되자 피해조사를 신고하지 않았던 사람들을 위한 신고접수가 부활하였다. 그러나 신고기간이 2008년 4월 1일부터 6월 30일까지로 고작 3개월에 불과했고, 그 마저도 그 이후 피해신고는 더 이상 받지 않았으므로 사실 상 이것이 마지막이었다.

2010년 이후 상황은 더욱 급박해졌다. 진상조사를 위한 특별법과 지원을 위한 법률은 폐지하고 양 법안을 병렬 합병한 새 법안이 제정되면서 조사의 조속한 처리와 지원으로의 경주가 결정되었기 때문이다. 피해자 신고→피해 진상조사 혹은 사건사고에 대한 진상규명→피해판정의 근거 마련→피해자 인정→지원금 지급으로 이어지는 선순환 구조에 균열이 생기기 시작했다. 그동안 다양한 유형의 피해사례가 신고·접수되어 피해의 실태가 극명하게 드러나고 이를 근거로 피해기준이 마련되어 피해자 인정으로 이어졌는데, 피해사례의 더 이상의 확보를 스스로 단절함으로써 피해자인정과 지원을 제한해 버리는 환경이 조성된 것이다.

그러나 폭주하기 시작한 열차는 제동이 불가능했다. 새로운 자료발굴과 진상조사 혹은 피해신고의 재개를 요구하면 할수록 전문가의 '밥통' 문제가 불거졌다. 연구자들이 위원회 기간연장과 자리보전을 위한 구실이라는 비판이 고개를 들었던 것이다. 피해 진상규명에도 적신호가 밝혀졌다. 지원이 개시되면서 피해 진상규명보다도 피해자인지 아닌지의 여부에 연연하는 풍조가 생길 수 있기 때문이다.

이것이 현실로 나타났다. 정부와 국회는 피해신고의 빠른 처리를 요구해 왔다. 위원회는 그동안 현장에서 위원회를 지탱해 왔던 시도실무위원회에 조속한 결과처리를 요청했다. 위원회는 시군구의 기초조사를 바탕으로 추가조사혹은 보완조사를 실시하면서 피해실태를 파악했는데, 따라서 첫 단계인 시군구의 기초조사가 중요했기 때문이다.

시군구에 설치한 전문위원의 조사가 숨 가쁘게 진행됐다. 각 지역의 기초조사가 일단락되자 더 이상 시군구의 전문위원을 필요로 하지 않았다. 전문위원 설치를 위한 교부금 중단과 함께 피해자를 직접 대면하며 현장을 담당했던 전문위원은 시군구에서 사라졌다. 진상규명을 지탱하던 피라미드식 업무체계가 사실 상 종국을 맞이한 것이다. 전문위원이 사라진 자리에는 관련업무를 '관리'하는 공무원이 지정되었다. 담당 공무원은 위원회 업무만을 전담한 것은 아니었고 다른 여러 위원회의 업무와 함께 강제동원 관련업무도 담당한 것이었다. 이것이 결국 전문성 결여와 이해부족을 가져와 앞서 말한 지급신청의 오류로 이어졌던 것이다.

▣ 신청을 알리고 독려하기 위한 홍보 가동

지원금 지급신청의 홍보는 다양한 채널이 논의되었다.

강제동원피해자에 대한 지원이 수년간 계속되고 있었음에도 정작 피해자나 유족들은 이와 같은 사실을 모르거나 혹은 알았어도 신청을 놓치는 경우가 허다했다. 이러한 경향은 대도시보다도 한적한 지방의 경우가 많았을 것으로 생각한다.

대도시에 거주하는 피해자나 유족은 비교적 뉴스나 광고를 접하는 기회가 많고, 또한 많은 사람들과의 정보교환 등을 통해 신청안내를 인지하는 경향이 있다. 따라서 대도시 등 도시지역에 있어서는 옥외 광고판이나 버스 실내외 광고판, TV 자막뉴스 등을 적극 활용하여 신청을 알리고 독려하였다.

그림 39 익산시청 청사벽에 걸린 강제동원 피해자 신청안내의 현수막

그에 비해 지방의 경우에는 TV뉴스나 신문보도에 주목하기 보다는 주위사람들로부터 정보를 얻는 경향이 있다. 특히 농촌마을의 경우에는 새벽부터 시작되는 농사일 등에 쫓겨 뉴스나 신문을 접할 기회가 적기 때문이었다. 그리하여 한적한 지방의 경우에는 마을 이장단 회의에 상정하여 마을사람에게 정보를 전파하도록 독려하거나 마을주민들이 자주 모이는 마을회관, 노인회관 등 집회장 주위에 전단지를 배포하고 혹은 포스터를 붙여 놓아 피해자와 유족에게 노출될 수 있도록 하였다.

그렇지만 이런 방법에도 한계는 있었다. 고령의 피해자 혹은 유족 중에는 간혹 글을 해독할 수 없는 사람도 있었고, 또 이장들의 홍보도 일시적이어서 널리 전파하는 데 한계가 있었기 때문이다.

▣ 찾아가는 서비스행정을 실천하다

홍보의 한계를 돌파하는 방법의 하나로 위원회가 직접 나서서 피해자와 유족을 찾아 지원신청을 안내하는 방법을 시도했다. 위원회의 종료를 1년 앞둔 2014년 초두에 시작한 찾아가는 행정은 신청주의에 확인주의를 가미한 시도였다. 그해 상반기까지 신청안내를 완료한다는 계획이었다.

이를 위해 먼저 대상 선정작업에 착수하였다. 진상규명에만 집중했던 진상규명위원회가 접수한 22만여 건과 피해지원을 위해 설립한 지원위원회가 당시 시점까지 접수한 9만여 건의 지급신청을 대조하여 위로금(사망자, 행방불명자, 부상장해), 지원금(미수금, 생존자 의료지원금)의 대상자 중 미신청의 사람을 추출했다.

총 대상자는 13,328명에 이르렀다. 내용별로는 사망·행불이 가장 많은 7,662건이고, 이어서 미수금 4,881건, 부상장해 753건, 의료지원금 32건의 순이었다. 연간 80만 원을 생존자에게 지원하는 의료지원금은 2008년 지원을 시작한 이래 6년이 지나고 있었는데 여전히 신청하지 않은 사람이 있었다는 것이 의외였다. 특히 생존자에 대해서는 지원신청이 개시되는 날부터 조사인력을 총가동하여 적극적으로 신청을 독려한 적이 있었기 때문이었다.

표 17 유족찾기사업의 대상과 결과

	계	사망·행불	부상장해	미수금	의료
총계	13,328	7,662	753	4,881	32
안내완료	6,860	2,631	532	3,665	32
확인불가*	6,468	5,031	221	1,216	

주) 확인불가란 유족이 없거나 당시 본적으로 유족 찾기가 불가한 건

피해자와 유족을 찾아 통보하는 일은 위원회만으로는 어려운 일이었다. 실제 유족에게 전달해야 하는 만큼 유족이 거주하는 지자체의 도움이 절실했다. 그리하여 지자체와 공조하여 총 6,860명(사망·행불 2,631명, 미수금 3,665명, 부상장해 532명)에게 신청안내를 완료했다. 안내 대상자의 과반을 넘는 51.5%의 성과를 달성했지만 나머지 48.5%인 6,468명은 마지막까지 연락이 닿지 않았다.

■ 신청독려를 위한 안내서

위로금 지급신청 안내문

{{신고인}} 귀하

1. 귀 댁의 평안과 건승을 기원합니다.

2. 우리 위원회는 **국무총리 소속 정부기관**으로서 특별법에 의거 대일항쟁기 국외강제동원 희생자를 대상으로 위로금 지급 업무를 수행하고 있습니다.

3. 귀하께서는 피해자 **({{피해자}}** 님)을 신고하여 **대일항쟁기 국외 강제동원 피해자({{신청유형}})**로 인정받았던 사실이 있습니다.

4. 다만, 위로금 지급 신청자격은 아래와 같음을 유의하시어 **해당유족이** 아직까지 위로금 지급신청을 하지 않았다면, <u>2014. 6. 30일까지</u> 신청할 수 있도록 안내하여 주시기 바랍니다.

《 유의사항 》

※ 특히, 아래 신청자격을 꼭고하시어 반드시 1~4순위 유족 중 **선순위 유족**이 신청할 수 있도록 유의하시기 바랍니다. (1순위 유족이 있는데 4순위가 신청하면 기각처리됨)

※ 피해자로 인정받은 사실은 참고자료로만 활용되며, 위로금 지급여부 및 지급액 등은 관련자료를 통해 위원회에서 최종 실사·결정될 예정이니 이점 유의하시기 바랍니다.

■■■ 위로금 등 지급 신청 방법 ■■■

□ 신청기한 : 2014. 6. 30 까지
□ 신청장소 : 가까운 시·군·구청(총무과 또는 자치행정과)_거주지 상관없음
□ **신청자격** : 대일항쟁기 국외 강제동원 피해자 및 그 유족

/ 1순위 배우자 및 자녀 / 2순위 부모 / 3순위 손자녀 / 4순위 형제자매 /

□ 구비서류(본 안내문 및 아래서류 지참)

유족대표자 선정시	유족대표자 방문시	① 지급신청서({{신청유형}}) ② 유족대표자_선정서 및 유족별 인감증명서(유족대표자는 제외) ③ 신분증(유족대표자) ④ 피해자 제적등본 1부(유족증 사망여부 확인불가시 가족관계증명서)
	위임자(대리인) 방문시	**<추가>** ① 유족대표자 인감증명서 ② 위로금 등 신청 및 수령위임장 ③ 신분증(대리인)
유족·별로 신청시 (다수신청)	유족 방문시	① 지급신청서({{신청유형}}) ③ 신분증 ② 피해자 제적등본 1부
	위임자(대리인) 방문시	**<추가>** ① 해당유족의 인감증명서 ②위로금 등 신청 및 수령위임장 ③ 신분증(대리인)

□ 문의처 : 접수처(시군구청), 위원회 민원실(☎02-2180-2613~2620) 및 심사3과(02-731-2b52~9)

대일항쟁기 강제동원 피해조사 및 국외강제동원 희생자등 지원위원회

그림 40 신청독려를 위한 안내서

사망·행불은 희생자 유족에게 2,000만 원을 일시금으로 지급하는데(유족이 다수일 경우 균등하게 분배), 미신청자가 가장 많은 이유를 몇 가지 생각할 수 있다. 첫째, 당초 피해를 신고한 사람이 유족에 해당하지 않는 사람이었을 경우이다. 가령 대표적으로 조카가 여기에 해당하는데, 독신으로 강제동원되어 사망한 희생자를 그 조카가 기억하여 제사를 지내는 경우가 상당히 많다. 따

라서 강제동원 피해신고도 그 내용을 알고 있던 조카가 한 경우가 많았다. 그러나 조카는 유족에 해당하지 않으므로 그 후 지급신청을 하지 않아서 독려대상으로 남게 되는 케이스다.

둘째, 유족에는 해당하나 유족의 우선순위에서 밀려 지원대상 외가 되는 경우이다. 앞서 말한 바와 같이 지급대상 유족은 ①배우자·자녀 ②부모 ③손자녀 ④형제자매로 앞선 순위자에게 지급하게 되어 있다. 그런데 희생자의 자녀가 있음에도 강제동원 여부를 잘 몰라서 피해내용을 잘 알고 있는 희생자의 형제자매가 대신 신고한 경우가 있다. 희생자의 자녀가 있으므로 형제자매는 지원금 지급대상이 되지는 못한다. 유족순위에서 밀리기 때문이다. 그런데 피해자 결정통지서는 신고한 사람에게 통보하므로 형제자매에게 전달되었다. 희생자의 형제자매가 희생자의 자녀에게 지급신청을 알리면 좋으련만, 여러 사정으로 연락이 되지 않아 정작 유족인 자녀가 신청하지 못한 채 남게 된 것이다.

부상장해는 생존자이든 사망자이든 상관없이 강제동원으로 부상당해 후유증이 남아 있다면 위로금 대상이 된다. 부상장해 피해자 중 사망자의 경우는 유족이 신청하면 위로금을 지급받을 수 있으나, 위와 똑같은 이유로 미신청으로 남는 사례가 많다.

미수금도 근본적으로 미신청 사유는 이와 대동소이하나 다만 한 가지 더한다면 강제동원된 사업장에서 지급받지 못한 체불임금 등 자료가 있는지 여부를 모르는 경우가 대부분이다. 체불임금 등 조선인에게 마땅히 지불했어야 할 미불금은 일본 법무국에 공탁되었으며 관련문서를 위원회가 일본정부와 협상하여 확보했다. 그렇지만 비공개자료였다. 따라서 위원회에 문의해야 하는데 그 사정을 잘 몰라서 신청하지 못하는 경우가 있었다.

물론 미수금자료가 공탁금명부에만 국한된 것은 아니다. 노무자의 경우 '조선인 노동자에 관한 조사결과'라는 명부에 미수금의 기록이 남아 있다. 사실

조선인에게 지불해야 할 체납임금이나 저축 등을 조사한 것이 바로 이 '조선인 노동자에 관한 조사결과'이기에 이것을 근거로 해도 무방하다.

그러나 국가기록원이 소장한 이 자료는 원본자료를 입력하는 과정에서 오타가 발생하여 피해자를 확인하는데 어려움이 있었다. 서지해제도 없어서 당초 잘못된 편철을 바로잡을 수도 없었다. 위원회는 이 점을 파악하고 피해자의 성명만으로 검색하는 방법을 지양하고 생년월일, 본적 등 다른 정보로도 검색하여 단순 검색으로 발생하는 누락을 미연에 방지하였다.

▣ 신규 자료입수와 직권정정

강제동원 피해를 입증하는 문서자료는 위원회 출범 당초부터 극히 제한적이었다. 연인원 780만 명으로 추산되는 피해자를 조사하기 위해 활용할 수 있는 자료는 국가기록원 소장의 일측문서 40여 만명과 28만여 명의 한국측 명부뿐이었다. 그러므로 새로운 자료나 명부의 조사, 수집은 필수적이었다.

위원회의 독자적인 자료입수의 노력은 군인·군속 공탁금명부 및 노무자 공탁금명부, 후생연금보험명부, 사할린 한인기록물 입수의 성과를 낳았다. 이와 같은 자료가 진상규명에 활용되거나 지원금지급의 근거가 된 것은 말할 나위 없다. 그렇지만 자료로 확인할 수 있는 피해자는 여전히 일부에 지나지 않아 유족들의 마음을 달래기에는 절대적으로 부족했다. 위원회가 종료될 때까지 자료조사와 수집은 계속되었고 새로운 자료가 입수될 때마다 피해판정과 지원 여부를 확인하는 작업이 반복되었다. 이미 조사가 완료된 것이라 하더라도 새로 입수한 자료에서 이전 명부에는 없었던 새로운 사실을 확인한 경우에는 위원회 직권으로 조사결과를 바로잡을 필요가 있었기 때문이다.

가령 사할린 한인 피해의 경우가 그렇다. 당시 일본령이었던 남사할린(북위 50도 이남)에 노무동원된 한인은 광복후에도 구 소련에 의해 사할린에 억류된 채 귀환하지 못했다. 이러한 상황은 한국과 러시아간 국교가 정상화되는 1990년까지 45년 간 계속되었고, 이 점을 고려하여 당초 지원법(태평양전쟁전후국외강제동원희생자등지원에관한법률)에는 없었던 사할린 희생자에 대한 정의가 통합법에 추가되는 등 조치가 있었음은 앞서 설명한 대로다.

동시에 사할린 관련 자료를 발굴하고 입수하는 사업을 추진하여 기존에 없었던 자료입수의 쾌거를 거두었다. 중소이산가족회 자료(29종, 11,467명)를 시작으로 이희팔 자료(21종, 19,967명), 대한적십자사 자료(약 12만장) 등 사할린 자료가 속속 입수되면서 피해를 입증할 수 없었던 신고건에 대한 재심의가 가능해졌다. 2013년에는 한러 정부 간 협의를 통해 사할린주 역사기록보존소의 한인 관련자료를 체계적으로 입수할 수 있는 기틀을 마련, 중장기 사업을 개시할 수가 있었다.

이와 같은 일련의 자료입수는 입증자료 부족을 이유로 '피해판정불능'으로 처리한 신고건을 재조사할 수 있게 해 주었다. 사할린의 경우는 사할린 신고건 약 9,600여 건 중 '피해판정불능'은 약 30%에 육박하는 2,800여 건에 달했다. 강제동원위원회 전체 처리건수 중 '피해판정불능'이 6,177건이었음에 비추어 보면 사할린 신고건의 '피해판정불능'이 얼마나 많은지를 짐작할 수 있다.

▣ 위원회 내 협업

강제동원 피해 진상규명위원회와 지원위원회가 병립했다는 것은 앞서 설명한 바 있다. 그로 인해 발생하는 위원회 간 문제점도 앞에서 설명했는데 그 위원회 내부에서 발생하는 문제점도 있었다. 위로금 등 지급에 있어서 발생한 내부적인 문제점이 그것이다. 이 문제는 한마디로 말하자면 업무분장을 피해유형별로 나눔으로써 발생한 문제였다.

위로금 등 지급신청은 종류에 따라 서식이 다르다. 사망·행불 등 위로금의

경우는 유족확인이 매우 중요했고, 부상장해의 경우는 부상으로 인한 후유의
정도가 중요했다. 미수금 지원금의 경우는 공적 자료에서 확인할 수 있는 급
료, 수당 등 미수금 액수의 객관성이 중요했다. 이렇듯 지급심사에서 다루는
주안점이 다르기에 신청서 양식이나 구비서류 등도 약간씩 다르다. 그리고 이
를 처리하기 위해서는 각기 특화된 부서를 편성하는 것이 효율적이라는 판단
하에 피해유형별로 부서편성이 이루어졌다. 그리고 업무처리도 이에 따라 진행
되었다. 피해 진상규명의 경우, 군인·군무원, 노무자, 일본군'위안부' 등 동원유
형에 따라 부서편성이 있었다면, 위로금 등 지급은 사망·행불, 부상장해, 미수
금 등 피해유형(지급유형)에 따라 부서편성을 한 것이다.

표 18 진상규명위원회와 지원위원회별 조직구성 및 업무분장

부서명		업무내용
행정과(운영지원과)		−조직·정원 관리, 인사, 예산 편성 및 집행
진상규명	조사총괄과	−피해조사 및 진상조사 종합계획 수립 시행 −군인에 대한 진상조사 및 피해신고 처리 −유해 발굴 및 수습·봉환에 관한 사항
	조사1과	−노무자에 대한 진상조사 및 피해신고 처리 −자료의 전산 관리에 관한 사항 −사료관 및 박물관 건립에 관한 사항
	조사2과	−군무원에 대한 진상조사 및 피해신고 처리 −추도공간(추도묘역, 추도탑, 추도공원 등) 조성에 관한 사항
	조사3과*	−위안부에 대한 진상조사 및 피해신고 처리
위로금지원	심사1과	−생존자 의료지원금 심사
	심사2과	−희생자 및 유족여부 판단 등 사망자·행방불명자 위로금 심사 −희생자 및 유족여부심사 분과위원회 운영
	심사3과	−희생자 및 유족여부 판단 등 부상장해 위로금 심사 −부상으로 인한 장해 관련 조사 및 연구 −장해등급 판정 분과위원회 운영
	심사4과	−미수금 피해자 및 유족여부 판단 등 미수금 심사 −미수금 관련 조사 및 연구 −미수금 피해심사 분과위원회 운영

출전)『위원회 활동 결과보고서』(요약편)13, 17쪽에 의함.
주) 1. *조사3과는 시행령개정으로 2007. 8. 17. 신설
  2. 위의 조직은 위원회 설립 초기의 모습으로 그 후 여러차례 조직개편을 거침

그런데 서로 다른 신청서 양식을 피해자와 유족이 잘 이해하지 못하는 경우가 있고, 접수창구 직원이 혼동하는 경우도 있었다. 그렇다보니 미수금 신청서를 제출해야 하는데 사망·행불의 위로금을 신청하는 경우가 있다. 사망·행불을 담당하는 부서에서 만일 이 신청서를 접수받는다면 심의결과는 기각 혹은 각하가 될 것이다. 신청서가 사망·행불과 무관하기 때문이다. 그 후 신청인은 위원회로부터 해당사항이 없다는 결과통보서를 받아들게 될 것이다. 당초 신청인의 신청이 잘못된 것이므로 신청인은 결과통보서를 무시하고 미수금 신청서로 재작성하여 제출하면 될 일이다. 그러나 결과통보서를 받아든 신청인은 해당사항이 없다고 생각하여 포기하거나 혹은 실수를 알아차렸을 때 신청기한 도래로 신청서를 내지 못하는 일이 발생했다.

사실 해결책은 극히 간단하다. 신청서를 접수받은 부서에서 심의한 결과 명백하게 타부서 신청내용임을 확인한 순간 서류를 해당부서에 이관하면 된다. 신청서 양식이 잘못된 것이라면 새 양식으로 변경하면 되고, 절차가 필요하면 절차를 만들면 그만이다. 필자가 보기에는 협업의 문제였다. 그렇지만 먼저 나서는 부서가 없었다. 그리하여 그동안 부서 간 협업 없이 각자 심의하고 종결했던 관행을 바로잡는 작업에 들어갔다. 위원회에 그간의 경과를 보고하고 협업체제로의 전환을 요청했다. 신청방법도 복잡한데 신청인으로 하여금 신청을 반복해야 하는 번잡함도 줄이면서 형식과 절차에 어긋나지 않는 방법을 찾자는 시도였다. 위원회는 2015년 3월 26일 '위로금 등의 신청 변경'에 대한 안건(의안번호 제106426호)를 의결하여 잘못 신청하였거나 일부만 신청한 신청건을 구제할 수 있는 형식과 절차를 마련했다. 위원회 종료 불과 9개월을 남긴 시점이었다. 진상조사와 지급이 일원화되지 않음으로 인해 발생한 또 하나의 폐단이기도 했다.

피해유형별 처리는 위로금과 지원금을 신청할 때 동일내용의 구비서류를 각각 제출해야 했다. 처리부서가 각기 달랐기 때문인데, 그 불편함은 신청인이 감수해야 했다. 그런 바람에 가족관계를 입증하는 서류를 왜 여러 통 준비해야 하는지 의문을 제기하는 민원이 많았다. 행정편의주의라는 비판이 있었지만 신청인을 납득시킬만한 명쾌한 답변을 들려 줄 수가 없었다.

▣ 접수창구 직원에 대한 현장교육의 명과 암

위와 같은 일은 사실 충분히 미연에 방지할 수 있는 문제였다. 신청서를 접수하는 창구에서 신청서 작성을 올바르게 안내하거나 작성 자체를 도우면 되기 때문이다. 그러기 위해서는 접수창구 직원의 내용 숙지가 우선되어야 한다. 그리하여 지자체 접수창구 직원을 대상으로 한 현장방문 교육을 실시했다. 방문교육은 최일선 실무진의 고민과 애로사항을 직접 들을 수도 있기에 위원회와의 쌍방향 소통을 가능하게 했다. 또한 단 한번의 교류였다 할지라도 그 후 발생하는 갖가지 문제를 함께 해결하는데 바탕이 되었다는 점에서 의미가 컸다. 획일적이며 일방통행식의 집체교육과는 확연히 다른 효과가 있었다.

그림 41 현장설명회 모습(강원도 춘천시)

교육내용은 강제동원과 위원회에 대한 전반적인 이해, 그리고 신청서 접수 요령으로 구성되었다. 강제동원 피해란 무엇인지, 지원대상자는 누구인지, 이 사업이 갖는 역사적 의미는 어떠하며 작성서류의 종류와 유의점 등은 어떤 것 인지, 주요 내용을 중점적으로 설명했다. 평소 창구직원들이 궁금해했던 것인 지 관심이 많았다.

현장교육 직후의 효과는 좋았다. 당장 위원회로 문의하는 전화가 급격히 줄 었다. 구비서류의 미비도 개선되었다. 다만 그런 상황이 오래가지 않는다는 것 이 단점이었다. 일정 기간이 지나면 또 다시 신청서류에 문제가 나타나기 시작 했다. 대개 일부 특정 지역에서 집중적으로 나타나는 경향이 있었다. 이유를 알아보면 접수창구 직원이 교체되었기 때문이었다. 통상 1~2년 주기로 반복되 는 공무원의 순환보직, 그것이 복병이었다. 흔한 경우는 아니지만 교육받았던 직원이 얼마 지나지 않아 다른 부서로 이동하는 사례도 있었다. 곧바로 다른 직원이 투입되기는 하였으나 교육도 받지 않은 신규직원이 업무내용을 숙지하 기란 쉽지 않았다. 더욱이 그들은 강제동원 업무만 하는 것이 아니라 그 밖의 여러 위원회 관련 업무도 동시에 수행하고 있었다. 어느 특정업무에 집중할 수 있는 환경이 아니었던 것이다. 시행착오와 악전고투 속에 업무에 익숙해 질 무 렵 해당 공무원은 순환보직으로 또 다시 교체되었다. 이런 상황이 위원회가 존 속하던 내내 한없이 반복되었다. 그러니 지역주민 중 피해자나 유족이 있다 해 도 찾아내어 안내하는 적극성은 아예 기대할 수 없었다. 신청접수에 실수만 안 해도 다행이다.

현장교육을 여러 차례 실시하는 일은 시간과 비용, 인력문제로 쉽지 않았다. 다행스럽게도 이 문제는 지역별로 업무를 담당한 위원회 조사관의 역량이 해 답을 찾아냈다. 전국에서 접수한 서류가 위원회에 송부되면 각 조사관이 지역 별로 담당하여 심사준비에 들어가는데, 그 과정에서 신청서류의 문제점이 발견되었다. 문제점이 해당 지역 접수 담당자의 이해부족에서 온 것이라면 즉시 연락하여 설명에 들어갔다. 그 후 접수하는 서류에 문제가 발생하지 않도록 하기 위함이었다. 전화설명으로는 부족해 하거나 혼란스러워 하면 접수를 받을 때 위원회에 문의하도록 당부했다. 실제로 창구직원이 신청서를 접수받을 때 위원회 설명과 함께 접수절차를 진행하면 이해가 쉬워지기 때문이다. 접수창구와 위원회 간 긴밀한 연락망과 일대일 맞춤형 교육이 자연스럽게 형성된 것이다.

신청서를 받아들면 쉬운 게 하나도 없었다. 명부 상 사망한 피해자와 호적에 등재된 사망자가 다른 경우도 있었고, 신청인도 알지 못하는 호적상의 유족이 나타나는 경우도 있었다. 신청인에게 문제점을 설명하고 잘못된 퍼즐을 다시 맞추는 작업이 일상처럼 되었다. 신청인이 적극적으로 협조해 주는 경우는 그나마 답을 찾기가 쉬웠다. 그러나 문서가 잘못된 것이라며 문서 탓만 하는 신청인은 몇 배나 힘이 들었다. 공문서를 많이 다뤄본 조사관들의 전문성이 빛을 발해 대개 해결하지 못한 문제는 없었으나 무턱대고 항의하는 신청인은 조사관들의 사기를 꺾었다.

이렇듯 위원회 조사관들의 노고가 보통일이 아니었는데 접수창구의 고충 또한 보통일이 아니었다. 위원회에서는 조사관들이 사망·행불, 부상장해, 미수금 등 지급유형에 따라 전담을 달리하여 처리했건만 시군구 접수창구에서는 단 한 명이 이 모든 유형을 전부 처리해야 했다. 복잡하고 혼란스러운게 당연하다. 잘 모를 때는 위원회에 연락하여 수시로 확인하는 방법 외에 없다. 약 11만여 건의 위로금 등 지급신청은 이러한 서로의 노력, 맞춤형 교육, 소통으로 가능했던 것이다.

어느 창구담당의 직원으로부터의 고충. 역시 복잡하고 어려워 이해하는데 어려움이 많았다고 한다. 이점은 신청인들 또한 마찬가지다. 그래서 질문도 많고 요청도 많은 편이다. 그리하여 타부서에 자리가 나면 곧바로 자리를 옮기는 직원이 많다고 귀띔해 주었다. 물론 일부 직원의 이야기다. 하지만 접수창구 직원이 묘하게 자주 바뀐다는 의문에 약간은 납득이 갔다. 진상규명 당시 지자체에 전문위원을 배치했다가 기초조사가 끝났다는 이유로 해지했던 영향이 바로 나타났던 것이다. 위로금 지급에도 강제동원 피해에 대한 이해 없이는 심사가 불가능하기에 전문위원 해체는 실로 경박한 처사였다고 밖에 볼 수 없다.

3. 기형적인 운영

대한민국의 '빨리빨리문화'가 여기에도 있었다. 강제동원 피해에 대해 낱낱이 진상규명을 하면, 그 피해의 종류와 정도에 따라 응당 지원이 따라야 할 것이다. 일본과 협의할 부분이 있다면 외교적인 절차와 형식을 갖춰 해결책을 찾으면 된다. 하지만, 앞서 4장에서도 얘기한 바와 같이 피해 진상규명을 진행하는 과정에서 지원이 개시되었다. 위원회가 달랐다. 사무국은 통합운영한다고 하지만 업무와 담당부서가 별도이니 사실상 다른 조직이다. 두 위원회가 병립하고 있으나 유기적인 관계도 기대하기 어렵다. 단절된 조직이다. 심지어 피해 진상규명을 담당했던 위원회의 의결은 참조만 할뿐, 지원위원회가 검증을 하겠다고 나설 정도였다. 옥상옥이다. 피해 진상규명을 두 번 할 판이다.

그런데, 피해 진상규명과 위로금 등 지원위원회 법률을 가만히 들여다보면 그렇게 나올 여지가 있었다. 바로 접수기한이다.

위로금 지급은 법률에 접수기한이 명시되어 있었고 진상규명은 세 차례의 접수기한 이후 더 이상의 신고를 용납받지 못했다. 그 접수기한도 서로 다르다. 일치한 적이 없다. 애초부터 조사-지원으로 연동되는 조사와 지원의 시스템이 아니다. 그렇다 보니 각각 전자는 피해신고를 후자는 지급신청을 해야 하는 상황이 발생한 것인데, 전자의 신고기한까지 미처 신고하지 못한 사람이 후자의 신청기간에 위로금 지급신청과 피해신고를 동시에 하는 경우가 발생했다. 강제동원 피해 진상규명으로서는 신규인 셈이다. 그러하니 위로금을 담당하는 위원회에서는 지원금 지급심사 이전에 피해 진상규명(피해자 여부 판단)도 해야 하는 상황이 되고, 이왕이면 지급심사에 맞는 피해 진상규명을 하겠다고 나서는 환경이 조성된 것이다.

이와 같은 기이한 상황은 진상규명과 피해자 지원을 일원화하여 세팅하지 않은데서 기인한다. 그렇다면 일원화된 관계로 재구성하면 되지 않겠는가, 새로 세팅하면 되지 않겠는가 하는 생각이 들 것이다. 그러나 그러기에 이미 진상규명은 한참 개시했던 상태였고 한국정부도 지원은 진상규명을 담당하던 위원회와 다른, 별도 조직을 구성하기로 결정하고 있었기에 불가했다.

그림 42 일제강점하 강제동원 피해 진상규명위원회 현판식(2004년 11월 10일)

제1부에서 이미 검토한 바와 같이 정치적 상황에 의해 두 위원회는 2010년 3월 22일 한 개의 위원회로 통합되었다. 각각의 위원회를 규정하던 법률은 모두 폐지하고 통합법을 새로 제정한 것이다. '대일항쟁기 강제동원 피해조사 및 국

외 강제동원 희생자 등 지원에 관한 특별법'이다. 법의 취지를 명확하게 전달하기 위해 위원회 이름도 법명을 그대로 유지하여 총 29자에 달했다. '대일항쟁기 강제동원 피해조사 및 국외 강제동원 희생자 등 지원위원회'이다.

그림 43 태평양전쟁전후 국외 강제동원 희생자 등 지원위원회 현판식(2008년 6월 18일)

그림 44 대일항쟁기 강제동원 피해조사 및 국외 강제동원 희생자 등 지원위원회 현판식
(2010년 5월 28일)

통합이라고는 하나, 이전 각각의 위원회를 규정하던 내용을 그대로 병렬적으로 나열한 것에 불과했다. 통합된 형태의 병렬인 것이다. 그러하니 유기적인 업

무는 여전히 불가능했다.

예를 들어 신규 피해진상조사가 있다고 하자. 상식적으로는 피해 진상규명을 하는 분야에서 이를 담당하여 처리하면 된다고 생각한다. 그 결과를 받아서 위로금 신청으로 연결되고 지원분야에서 위로금을 지급하면 된다고 생각할 것이다. 그러나 불가능하다. 피해 진상규명의 접수기간이 끝났기 때문이다. 22만 6천여 건의 신고는 더 이상 늘지 않았다. 신규 신고를 더 이상 용납하지 않았기 때문에 늘어날 수가 없었다. 그러나 전혀 불가능한 것은 아니었다. 위로금 등 지급신청이 남아 있으므로 신규신청은 지원금분야에서 하면 되기 때문이다. 이는 지원금분야에서 피해 진상규명도 함께 해야 한다는 의미이기도 하다. 당초 피해 진상규명에 신고하지 못했던 피해자는 위로금 지원신청 11만여 건에 포함되는 것이다. 피해 진상규명만 담당했던 피해조사분야 22만 6천여 건에는 들어갈 수 없는 것이다.

그림 45 피해 · 진상 관리시스템

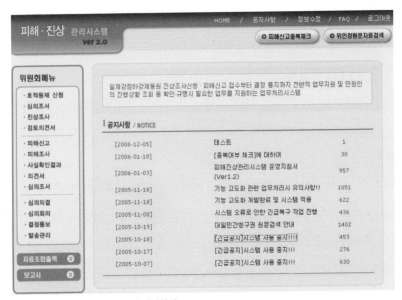

그림 46 피해 · 진상 관리시스템 메인화면

　이러한 관계는 전산시스템으로 인해 더욱 명확해졌다. 피해 진상규명만 담당
하던 위원회에서는 '피해·진상 관리시스템'을 사용했고, 위로금 등 지급을 담당
했던 위원회는 '위로금 등 지급관리시스템'을 사용했다. 서로의 심사결과를 열
람할 수는 있었지만 연동되지는 않았다. 따라서 신규 피해자의 기록은 '위로금
등 지급관리시스템'에 남아 있고 '피해·진상관리 시스템'에는 존재하지 않는다.
다시 말해서 피해조사 22만 6천여 건에는 반영되지 않는다는 뜻이다. 즉 피해
진상조사에서 접수한 22만 6천여 건에는 잡히지 않는 피해건이 따로 존재하는
셈이다.

4. 위원회 역량을 넘어선 문제

　접수도 기한이 있다는 것을 앞서 말했는데, 접수기간 내 신고하지 않은 사람
은 피해자 범주에 들어가지 않는다. 피해자를 우리 스스로가 제한하고 있었다.

우리 스스로가 장벽을 만든 셈이다. 일본정부에 대해서는 강제동원 피해자가 연인원으로 780여만 명 있었다고 아무리 떠들어보았던 들 실태조사는 그에 훨씬 못 미치는 22여만 명으로 제한하고 조사가 끝났다고 한 것이다. 조사를 하다 말았는데 무엇이 끝났다는 말인가? 스스로도 납득하기 어려운 그 말을 우리 입으로 해야 하니 낯 뜨겁다.

■ 존속기한의 딜레마

피해신고이건 지급신청이건 접수기한이 있었던 것은 근본적으로 업무를 담당하던 위원회에 존속기한이 있었기 때문이다. 시한부 위원회다. 그러니 달리 방도가 없었다. 당초 피해 진상규명위원회는 존속기간이 2년이었다. 진상규명위원회가 제시하고 있는 사건·사고의 진상규명만 약 300여 개를 헤아린다. 개인 피해의 진상규명은 연인원 780만 명 중 2.8%에 지나지 않은 22만여 건이 접수되었으나 그마저도 2년만으로는 도저히 처리할 수 없었다. 그리하여 기한 연장의 법 개정을 거듭했다. 무기한의 진상규명은 이미 고령에 접어든 피해자와 유족들을 애태우게 한다고 정부와 국회가 반대였다. 기한이 다가오면 위원회는 법 개정을 통한 기한연장 준비에 남은 여력을 탈탈 털어야 하니 진상규명에 몰입하기가 어려웠다.

엎친 데 덮친 격으로 기초조사를 담당하던 지자체 실무위원회의 활동도 불안불안하다. 기한도래로 위원회가 연장이냐 존속이냐는 보도가 신문지상에 오르내릴 때마다 불안해 할 수밖에 없다. 신고한 유족들의 민원도 이만저만이 아니다. 갑자기 위원회가 끝날지도 모르는데 속히 기초조사를 마치고 위원회로 신고서를 회부하라는 요청이 빗발쳤다. 피해자인지 아닌지의 여부는 최종적으로 위원회에서 결정하는 사항이므로 유족들이 당황해 하는 것도 이해할 만 하다. 그러니 기초조사 중의 신고서가 지자체에 남아 있는 것이 불안해서

참을 수 없었던 것이다. 그러나 민원이 많으면 많아질수록 지자체 기초조사의 발목을 잡았다. 조사에 쏟아야 할 역량이 민원응대로 사라지기 때문이다.

위원회의 시한부 존속은 타 기관과의 원활한 협조를 방해하기도 했다. 가령 일본군'위안부' 피해자의 경우, 여성가족부가 법률에 의해 피해자를 발견하여 지원하고 있었다. 진상규명위원회에서도 일본군'위안부'의 피해를 진상규명하고 있었다. 위원회에는 관련 전문가와 심의절차가 잘 갖춰져 있었으므로 신규 피해자의 조사와 심의, 피해자결정에 이르는 일련의 과정을 소화해 낼 역량이 있었다. 이러한 위원회의 전문성을 살려 여성가족부의 의뢰로 조사에 협조한 적이 있었다. 하지만 언제 종료될지 모르는 위원회의 운명 때문에 기관 간의 공고한 협조관계는 구축할 수가 없었다.

▣ 국가의 책무인데….

위원회의 필요성과 빈틈없는 진상규명은 세간의 관심을 가져오긴 했다. 3.1절, 8.15광복절, 그리고 일본의 2.22. '다케시마의 날', 때만 되면 주기적으로 진상규명의 필요성과 일본정부의 사죄와 반성 요구가 주요기사로 떠올랐다. 그러나 그때뿐이다. 주기적으로 보이는 관심은 영혼 없는 외침에 불과했다.

국민이 입은 피해를 조사하여 역사에 남기는 일, 국민의 억울함을 해소하고 명예를 회복시키는 일, 이역만리 타지에 끌려가 사망한 어쩌면 잊혀졌을 국민을 돌아보고 찾아오는 일, 이 모든 일들이 국가가 마땅히 해야 할 책무이자 도리이다. 세간의 관심을 모으기 위해 하는 일이 아니라는 말이다.

잠시나마 그런 역사적인 사업에 관여할 수 있었던 것은 행운이었고 영광이었다. 물론 아쉬움도 컸다. 잠시 머물다 가는 듯한 공무원 파견문제(그중에는 진심으로 진상규명의 절실함을 체험하여 항상 선두에 선 공무원들도 많았다. 이들과는 지금도 소중한 만남을 계속하고 있다), 유족 전원에게 균등분배하다 보니 유족 중 찾아가지 않은 몫이

남아 지급유보된 미지급분 문제, 피해자가 독신이었기에 발생하는 유족범위와 조카를 포함하는 문제, 신청주의에 의한 여러 종류의 신청서와 복잡한 절차, 행정편의주의 문제(당초 찾아가는 진상규명의 의미를 퇴색시켜), 지급처리에 급급한 나머지 통계추출을 소홀히 한 전산시스템 문제 등.

지급을 둘러싸고 유족 간 다툼이 보일 때는 가장 마음이 아팠다. 유족인들 희생자를 앞에 두고 금전다툼을 하고 싶었으랴. 이는 한국정부와 사회에 대한 서운함, 일본정부의 무성의한 반성과 무책임, 이런 것들에 대한 분노와 한이 가장 가까운 형제들을 향해 분출된 게 아닌가 생각되어 안타깝기 그지없었다. "그동안 우애 있게 잘 지내왔는데, 어쭙잖은 몇 푼으로 왜 형제간 얼굴을 붉히게 했냐", "그럴 바에 차라리 없었던게 나았다, 모르는게 좋았다"는 유족의 한 마디가 많은 것을 돌아보게 했다. 진상규명은 왜 했는지, 제대로는 했는지, 궁극적으로 어딜 향해 가야 하는지, 이제 막 시작했던 강제동원 진상규명을 이 기회에 한 번쯤은 정산해 봐야 하지 않겠는가.

끝으로 신청주의에 의한 피해판정과 지원이 갖는 문제를 다시 한번 지적하고자 한다. 한국정부가 위원회를 통해 일제강점기 우리 국민의 피해를 본격적으로 조사한 것은 유사 이래 처음이다. 다만, 이것이 기한을 두고 신고에 의해 진상규명을 하고, 마찬가지로 신청을 받아 지원을 한다는 점에서 근본적인 한계를 안고 있었다. 왜냐하면 신고나 신청기한을 넘긴 사람, 그 사실조차 모르는 사람 등은 제외되기 때문이다. 그들은 한국정부가 파악하는 피해자, 희생자의 범주에 들어가지 않는다. 한국정부 스스로가 피해 실태를 축소 혹은 포기하는 것과 다를 바 없다. 데자뷰를 보는 것 같다. 현해탄 건너의 이웃 섬나라 정부가 해 왔던 것과 엇비슷하기 때문이다. 강제동원 피해자는 과거에도 현재에도 앞으로도 강제동원 피해자다. 기한이 있을 수 없다. 한국정부가 끝까지 책임을 지고 문제해결에 노력하는 자세를 보여야 한다. 그것이 국격이다.

제Ⅲ부

추도사업의 전개와 과제

오일환

일제에 의해 강제동원되었다가 강제동원 기간 중 또는 귀환하는 과정에서 사망한 사람들의 유해 문제를 가리켜 '강제동원 희생자 유골(또는 유해)' 문제라고 한다. 한반도 전역은 물론이고 일본과 중국, 만주, 사할린, 동남아와 태평양의 여러 섬으로 징용되어 탄광·군수공장·비행장 등에서 혹사당하다 각종 폭발사고와 낙반사고, 공습, 화재, 학대 등으로 사망한 경우, 군인·군무원으로 징병·징용되어 격전지로 이동하다가 또는 현지에서 과로한 노동과 굶주림, 말라리아와 풍토병 등으로 병사하는 경우, 학대와 폭력으로 맞아 죽는 경우, 총탄과 폭격, 공습, 원폭 등으로 죽는 경우, 도망·낙오 등으로 행방불명 중 사망한 경우, 선박 이동 중 태풍과 풍랑, 잠수함 어뢰 공격, 함포 사격, 공중 공습 등으로 침몰하여 사망한 경우, 포로와 인질로 억류 중에 사망한 경우, 일본인들에 의해 학살 또는 피살된 경우, 해방 후 고향으로 돌아오는 도중에 사망한 경우 등 이루 헤아릴 수 없이 많은 조선인들이 억울하게 희생되었다.

비단 청장년뿐만 아니라, 어린 소녀와 소년, 나이 많은 노인에 이르기까지 각종 근로보국대와 근로정신대, 징용·징병, 일본군'위안부' 등 남녀노소 가릴 것 없이 많은 사람들이 국내외에서 귀중한 목숨을 잃었다.

전쟁 기간 중 사망 직후에 유해가 온전하게 수습되어 고향 땅으로 돌아 와 유족들에게 전달된 경우도 있지만, 전쟁 말기로 접어들수록 연합국의 공습과 폭격이 강화되고 일본의 패색이 짙어짐에 따라 전신·전보·전화·우편, 선박·기차·도로의 연락과 소통이 원활하지 못하고 혼란이 가중되어 온전하게 수습하지 못하는 경우도 있었다. 또한 화장된 유골조차 고국으로 돌아오지 못하고 현지에 방치되는 사례가 급증하였다.

전쟁 초에는 유족들에게 사망통지서도 전달되었고 유골을 수습하러 오라는 연락도 있었다. 그리고 관헌이나 일본인 회사직원, 또는 살아 돌아 온 동향 이웃들이 사망소식과 유골을 전해주기도 했지만, 전쟁 말기와 해방이 되고도 오랜 시간이 지나도록 살아 돌아오기는커녕 언제 어디서 어떻게 죽었다는 소식조차 알 수 없는 희생자들이 훨씬 많았다.

해방된 지 70여 년이 되었지만, 오늘도 유족들은 아직도 돌아오지 못한 희생자의 유골과 묘지를 찾아 헤맨다. 남겨진 사람들은 일본과 사할린, 태평양의 외딴 섬을 방문해 정글 어딘가에, 또는 바닷속 어딘가에 있을 희생자의 넋을 위로하기 위해 돌을 쌓고 이름을 새긴다.

이제는 직계 가족과 친인척들도 연로하여 하나 둘 세상을 떠나 갈 시기이기에, 희생자의 유골을 찾아 국내로 모셔오고 이들을 추도하는 일은 오늘을 살아가는 모든 국민과 다음 세대로 이어지고 있다.

이하에서는 해방 이후 현재에 이르기까지 강제동원 희생자의 유골 문제를 해결하기 위한 한일 정부 간 대응과 강제동원위원회의 활동, 그리고 추도사업 등에 대해 살펴보기로 한다.

1. 전후 강제동원 희생자 유골 문제

(1) 해방 이후와 1950년대

해방 직후 미군정 치하의 일본정부는 조선인 군인·군무원 등의 명부를 정리하던 중 전전부터 보관했거나 취합된 유골을 확인하고 이를 한국 정부에 전달하고자 했다. 한국과 일본에 주둔 중인 미군정의 주선 하에 1948년 2월과 5월, 두 차례에 걸쳐 조선인 군인·군무원 유골 786기(외 위패 등 유품 약 6,800여 기)가 한국(과도입법의원 시기)에 전달되었다.[29] 그러나 이때의 유골 봉환은 강제동원 희생자에 대한 일본정부의 책임과 보상은커녕 양국 정부로부터 아무런 설명이나 적절한 대응없이 이루어졌기 때문에 유족들의 항의와 반발이 이어졌다. 그리고 일부 유골만 유가족에게 전달되었을 뿐, 대다수의 유골과 유품들 등은 유족들의 항의와 반발 때문에 즉시 전달되지 못한 채 지역별 관공서에 방치되다가 6.25전쟁 기간을 거치면서 대부분 유실되었다.

이후 일본정부는 조선인 군인·군무원 유골 약 2천여 기를 계속 보관하는 한편, 한반도의 남북 분단과 한일국교정상화 협상을 염두에 두며 '유족이 확인된 경우에 한해서만 전달할 수 있다'는 입장을 고수하였다. 그 사이 일본 전역의 각 사찰과 납골당 등에 보관된 노무자 등 한국인의 유골과, 탄광·작업장, 공동묘지, 산야 등에 매장된 다수의 유골에 대해서는 일본정부는 물론이고 한국

정부조차 관심을 기울이지 않았다.[30]

(2) 일본인 유골 문제

전후 우리정부는 기회 있을 때마다 강제동원 피해자와 유족들의 민원 요청에 따라 외교 경로를 통해 일본정부에 희생자 유골의 반환을 요구하곤 했다. 하지만, 정작 희생자 유골 문제를 둘러싼 양국 간의 논의가 활발해지기 시작한 것은 한반도에 남겨진 일본인 유골의 조사와 송환을 바라는 일본정부의 제안 때문이었다.

패전 직후 일본정부는 미군정 치하에서도 구 식민지와 해외 점령지역에 잔류한 일본인들의 귀환에 주력했고, 1952년 샌프란시스코강화조약 체결에 따라 주권을 회복한 뒤에는 곧바로 사망자와 유해 송환에 본격적인 관심을 기울이기 시작했다. 일본은 50년대부터 남양군도, 알래스카, 인도와 뉴칼레도니아 섬에 이르기까지 일본인 유골 127만 5천여 기의 유골을 수습해 왔고, 현재도 지속적으로 동남아와 태평양의 섬들에서 일본인 유골을 계속 수습하고 있다. 이 중에는 한국인도 포함되어 있다.

일제강점기를 거치는 동안 국내에는 일본인들의 묘지가 각 지역에 생겨났고, 전쟁 말기 한반도 인근에서 전사한 사망자 등의 유해가 각지에 흩어져 있었는데, 일본정부는 한국 지역에서 전사한 일본인의 숫자를 약 18,900명[31]으로 추산하고 있었다.[32] 일본의 장의풍습은 대부분 유골을 화장하기 때문에 일본인 분묘와 가假 매장된 유골은 비교적 많지 않은 편이지만, 어쨌든 남아있는 분묘와 가 매장 유골들은 대부분 그대로 방치되었고, 또한 한국전쟁과 각 지역의 도시개발, 구획정리 등이 진행됨에 따라 공동묘지가 사라지면서 상당 수 묘지가 유실되었다.

60년대 접어들어 한일회담이 활발해지자, 일본정부는 한국정부에 대해 일본인 유골의 현황을 파악해 줄 것을 요청하였고, 이에 대해 한국정부도 본격적인 조사에 착수하였다.[33] 한국정부는 이들 일본인 묘지의 실정을 조사하여 그 결과를 1966년 6월 일본정부에 전달하는 한편, 구 경성 지역에서 수습된 일본인 유골 약 2,700기를 일본에 인도하기도 하였다.[34] 이는 당연히 우리정부의 인도적인 조치였지만, 한국인 유골 문제에 소극적인 일본정부에 경각심을 주기 위한 외교적 선제 조치이기도 했다. 이러한 조치는 한국정부 수립 이후 일본이 강제동원 희생자 유골(1위)을 한국에 처음으로 인도한 1970년보다 무려 4년이나 앞선 일이었다.

게다가, 우리정부는 아직 일본이 한국인 유골을 송환하기도 전인 1970년과 1971년, 일본정부 조사단이 한국을 방문하여 덕적군도와 제주도에서 일본인 유골 약 400여 위를 수습하여 돌아가는 데 적극 협조했다. 이들 일본인 유골은 1944~1945년 사이 일본인 육해군인 등을 태운 수송선과 해군함정이 미군의 공격으로 침몰하여 사체가 덕적군도와 제주도에 표착하자 현지 주민들이 수습하여 매장한 것이었다. 우리정부와 해당 지역 관계부서, 그리고 현지 주민들은 일본정부 조사단이 도착하여 체류하는 동안 현장에서 유골을 직접 발굴하고 수습하는 데 헌신적으로 협조했다.

이처럼 60년대와 70년대 초반, 우리정부가 일본인 유골을 조사하고 수습·송환 하는 데 적극적으로 협조하자, 일본정부는 조선인 유골의 송환 문제에 진지하게 나서기 시작했다.

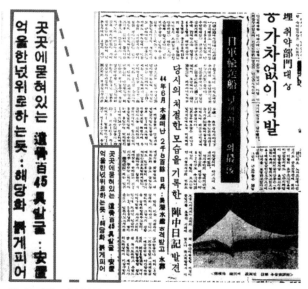

그림 47 덕적도의 일본인 유골 발굴 관련 기사(경기매일신문, 1970년 7월 10일)

(3) 유골 봉환에 관한 한일 정부 간 첫 번째 합의

1965년 한일국교정상화가 이루어기 전까지 조선인 유골 문제에는 소극적이고 한국 내 일본인 유골 문제에만 적극적이었던 일본정부는 한일 간 국교가 수립된 후 제주도와 덕적도의 일본인 유골이 수습되자, 조금씩 조선인 유골 문제에 관심을 보이기 시작했다.

국교정상화 이후 한일 양국 정부는 해마다 각료회의를 개최하여 정치·경제·안보 이슈는 물론이고 각종 양국 간 현안을 협의해 나갔다.

우리정부는 일본과의 회담 기회가 있을 때마다 강제동원 희생자 유골 송환과 사할린에 억류 중인 한인 문제에 대한 일본정부의 적극적인 태도를 요구해 왔다.

그런 가운데 1969년 제3차 한일각료회의 때, 마침내 양국 정부는 유골 봉환의 대상과 조건에 대한 최초의 합의에 도달했다. 이때의 합의에 따라 양국 정부는 1970년부터 2005년까지 간헐적으로 10여 차례에 걸쳐 1,193위의 한국 출신 군인·군무원 유골을 국내로 봉환할 수 있었다. 이때 합의된 유골 봉환의 기본적인 원칙은 현재에도 그 영향을 미치고 있다.

우선, 한국으로 송환하는 유골의 대상과 범위, 인수 주체인 유족의 정의는 요약하자면, '한국 정부에 의한 한국인 유족의 유골'로 한정하였다. 이는 기본적으로 해방 이전 북한 지역에서 출생한 희생자의 유골은 해당되지 않는다는 것을 의미한다. 당초 우리정부는 북한 지역 출생자든 남한 지역 출생자든 '일괄적으로 몽땅' 한국정부에 인도할 것을 요구해 왔지만, 일본정부가 이에 반대해 왔기 때문에 그동안 유골 송환이 지연되었던 것이다. 결국 이 합의를 통해 북한 지역 출신 희생자 유골을 제외하고, 한국(남한) 지역 출신 희생자 유골만 송환한다는 합의가 이루어짐으로써 이후 유골 송환이 가능해졌다고 할 수 있다. 하지만, 유골의 인수를 요구할 수 있는 유족의 범위와 검증은 한국정부의 책임으로 한다고 합의됨에 따라, 유족의 범위는 반드시 민법상의 친족뿐만 아니라 먼 친척과 친구, 동료, 선후배 등 지인으로까지 확대될 수 있었으며 심지어 월남하여 한국에 정착한 북한 지역 출신 유족의 요구와 신청에 따라 북한 지역 출신자의 유골이 국내로 함께 봉환된 경우도 있다.

하지만, 이때의 합의와 이후에 이루어진 유골 송환 절차는 반드시 협의했어야 문제들을 다루지 않았기 때문에 커다란 허점을 남겼다.

가장 큰 문제는 일본정부가 일본에 보관 중인 구 군인·군무원 등의 유골 문제만 상정한 채, 일본 전역의 사찰과 공동묘지, 산과 들판, 탄광 속에 묻혀 있는 노무동원자의 유골은 물론이고 중국·사할린·동남아·태평양 지역에 산재하고 있는 유골에 대해서는 전혀 언급하지 않았기 때문에, 이후 일본정부가 이들 유골 문제에 대해서는 오랫동안 '존재하지 않는다', '아는 바 없다', '우리 소관이 아니다', '관련 국가에 문의해 봐라'는 식으로 발뺌하게 만드는 빌미가 되었다. 우리정부 역시 이 문제에 관심을 기울이지 않았던 것이 사실이다.

그 다음 문제는 유골과 유족에 대한 존중 의식이 결여되었다는 점이다. 즉,

1969년 합의에서는 강제동원 희생자 유골에 대한 일본정부의 적절한 설명과 사죄, 응분의 책임, 그리고 정중한 의례 등이 모두 빠져 있다. 유골 문제에서 가장 근본적인 것이라고 할 수 있는 것은 희생자와 유족이다. 강제동원 피해자에 대한 보상 문제가 1965년 한일협정에 의해 해결되었다는 주장과는 별개로, 희생자 유골에 관해서는 최소한 일본정부가 언제 어디서 어떻게 사망하여 어떻게 유골을 수습했고 봉환하기까지 어떻게 보관했다는 내용을 유족들에게 상세히 설명할 의무가 있다. 그런데 정작 유골 봉환이 시작되자 이에 관해서는 단 한 마디의 설명도 없다. 그리고 유골을 유족에게 인도하기까지 한일 양국 정부는 사죄의 형식이나 내용 또는 공식적인 정중한 의례 등에 관해 아무런 합의를 만들지 못했다. 마치 화물을 실어 나르듯 공항이나 항구에서 일본 측 당국자가 한국 측 담당 공무원에게 인수인계를 하고 떠나가고, 그때까지 한국정부는 유골 송환 사실을 비밀에 부치거나 유족들만 초청해서 형식적인 추도식을 거행한 후 아무런 설명이나 작은 위로의 표현도 없이 유족들에게 유골만 전달하기 급급했다.

이렇다보니 유족들은 우리정부에게까지 분노와 서운함을 표현하기도 하고, 한일 정부 간 유골 송환 문제가 국민적 공감대를 이끌어 내거나 지지를 받지 못했던 것이다. 이 문제가 양국 정부 간에 논의되기 시작한 것은 2006년 한일 정부 간의 유골문제 협의체가 출범한 다음이었다.

2. 한일 유골협의체 구성 경위

(1) 2004년 12월 이부스키 한일정상회담

노무현정부의 대일 정책과 태도는 2006년 4월 25일 노무현 대통령의 '한일 관계에 대한 특별담화문' 이전과 이후로 나눌 수 있다. 특별담화의 골자는 독도 문제 등 한일 간의 문제에 대해 그동안 '조용한 외교' 기조를 유지해 왔지만,

향후 그러한 기조를 탈피해 강력하고 단호하게 대응해 나가겠다는 방침을 대내외에 천명한 것이었다.

전반기 한일관계의 최고 정점은 2004년 12월 17일 일본 가고시마鹿児島의 이부스키指宿에서 열린 고이즈미小泉純一郎 총리와의 정상회담이었다. 7월달 제주도에서 있은 첫 번째 정상회담에 이은 두 번째 셔틀외교였다. 취임 초기 노무현정부의 대일외교는 김대중정부의 기조와 같았다. 1998년 '한일파트너십 공동선언' 정신에 따라 양국이 과거를 직시하고 이를 토대로 21세기 미래지향적 관계 발전을 위해 함께 전진해야 한다는 점에서 양국이 공감했다. 이런 기조에 따라 노대통령은 제주도에서 열린 한일정상회담에서, "임기 동안에 과거사 문제를 공식 의제나 쟁점으로 제기하지 않겠다"고 발언하기도 했다. 이는 우리정부가 대외적으로 과거사 문제를 제기하지 않는 대신 일본정부가 과거사 문제에 자발적인 노력을 기울이라는 무언의 압박이었다.

그렇지만 이부스키 정상회담에서 노무현 대통령은 전시중 '민간징용자' 유골 수습에 대한 협력을 요청했다. 이에 대해 고이즈미 총리는 "무엇이 가능할지 검토해보도록 하겠다"고 답변했다.

당초 더 이상 과거사 문제를 제기하지 않겠다고 한 우리정부가 강제동원 희생자 유골 문제를 제기하게 된 것은 강제동원위원회의 발빠르고 끈질긴 노력이 있었기 때문이다. 2004년 말 한일정상회담을 앞두고 강제동원위원회의 주요 간부들은 외교통상부와 청와대에 강제동원 희생자 유골 문제를 포함시켜 줄 것을 집요하게 요구했다. 그리고 시민연대와 정부 핵심 인사를 통해 이 문제가 정상회담 의제에 포함될 수 있도록 의견을 개진했다.

이러한 노력 덕분에 한일정상회담에서 대통령이 강제동원 희생자 유골 문제를 제기하고 고이즈미 총리가 전향적으로 협조 의사를 밝힘에 따라 한일유골협의체가 출범하게 된 것이다.

정상회담 직후인 2005월 2월 강제동원위원회 전기호 위원장은 외무성과 후생성의 고위 관계자를 방문, 면담한 자리에서 강제동원 희생자 유골 문제에 관한 한일협의체 구성을 제안했다. 이에 대해 일본정부도 한일정상회담의 후속 조치 이행 차원에서 한국에 일정한 성의를 보이기 위해 5월부터 '국장급 한일 유골협의체' 구성에 합의하였다.

(2) 한일유골협의체의 출범과 주요 현안

한일 정부 간 첫 번째 유골문제 협의는 2005년 5월 25일 동경에서 열렸다. 우리 측 대표는 강제동원위원회의 사무국장이었고, 일본 측 대표는 외무성 아시아대양주국 심의관이었다. 우리 측은 강제동원위원회 실무자 외에 외교통상부 동북아1과(일본과) 및 주일본대사관 관계자들이 참석했다. 일본 측은 외무성·후생노동성의 과장급, 총무성, 문화청 관계자 등이 참석했다. 이후 2011년까지 10여 차례의 회의가 열리는 동안 양국 정부의 다양한 부서와 실무자들이 번갈아가며 참석했다.

1차 협의에서 양측은 '유골협의체'라는 명칭과 인도주의·현실주의·미래지향주의라는 3대원칙에 합의했다. 그리고 조사대상을 한반도 출신의 구 군인·군무원·노무자(일본 측은 '민간징용자'라고 호칭한다.)의 유골로 한정하는 데 합의했다. 이는 이후 한국으로의 봉환을 전제로 한 군인·군무원 유골뿐만 아니라, 일본 전역의 노무자 유골을 조사하게 되는 중요한 기준이 되었다. 그 전까지 우리 정부는 일본 정부에 대해 군인·군무원 유골 문제만 제기했을 뿐 노무자 유골 문제의 조사를 공식적으로 제기한 적이 없었다. 노무현 대통령이 정상회담에서 '민간징용자 유골'을 정확하게 언급하고, 일본정부가 이에 대한 조사를 확답한 것은 전후 최초의 대 사건이다. 다만, 일본 외의 '해외격전지'까지 포함시키자는 우리 측 제안에 대해 일본이 난색을 표하며 사실상 일본 국내로 한정시킨 점,

우리 측이 이를 해외격전지로 넓혀야 한다고 끝까지 관철시키지 못한 점은 매우 아쉬운 일이다.

한편 일본 측은 노무자 관련 명부에서 확인된 기업 약 400여 개 회사 중 현존하는 기업 108개 기업에 대해 유골 보관 실태조사를 추진 중이라는 소식을 전했고, 추후 지자체·종교단체에 대해서도 유골 관련 정보를 조사하겠다는 등의 태도를 보였다. 이에 대해 우리 측은 수집된 정보를 바탕으로 현장 실지조사를 추진하자고 제의했다.

그리고 후생노동성이 도쿄 유텐사祐天寺에 위탁보관 중인 조선인 군인·군무원 및 우키시마호浮島丸 침몰 사건 관련 유골의 봉환에 관해서도 대략적인 합의가 이루어졌다.

3. 한일유골협의 주요 성과

2005년 5월부터 시작된 한일유골협의는 2011년까지 약 6년 동안 국장급 협의 7차례, 과장급 및 팀장급 실무협의 9차례, 그리고 비공식 실무자급 회의 등 약 20여 차례의 회합이 이루어졌다. 이 기간 동안 주로 다루어졌던 안건들은, 노무자 유골의 실태·실지조사, 군인·군무원 유골의 봉환, 공탁금명부 등 강제동원 기록물의 제공과 입수, 유골봉환 절차 협의, 해외추도순례 사업의 지원 등이었다.

(1) 노무자 유골 실태·실지조사

노무자 유골 문제는 일본과 해외격전지 등에 산재하는 조선인 노무자 등의 유골을 조사하는 작업이다. 유골협의 초기 우리 측은 일본 정부에 대해 일본 지역뿐만 아니라 해외격전지에 남아 있는 유골까지 조사해 줄 것과 전후 일본 정부가 해외에서 수습해 들여 온 유골 중에 조선인의 유골이 포함되어 있을 가능성을 제기하며 이에 대한 일본정부의 대응을 요구했다. 하지만, 일본정부는 관할권 문제를 제기하며 해외격전지의 조선인 유골에 관한 조사에 난색을 표했다. 다만 일명 '시베리아 억류자'로 알려진 일본인 사망자에 관한 기록 중에 조선인으로 추정되는 유골 정보는 강제동원위원회에 제공하기로 했다. 이로써 노무자 유골 조사는 일본 지역에 한 해서만 이루어졌다. 이를 노무자 유골 실태·실지조사라고 한다. 실태조사는 일본의 사찰, 납골당, 기업 등이 관리·보관하고 있는 조선인 노무자의 유골 정보를 수집한 결과이다. 그리고 취합된 정보를 확인하기 위해 후생노동성과 외무성, 그리고 강제동원위원회가 직접 현장에 가서 조사한 결과를 실지조사라고 한다. 사전에 취합된 실태조사와 실지조사는 반드시 일치하지 않는다. 예를 들면, 사찰 등의 실제 현장에서 가서 확인해 보면, 사전에 신고한 유골 숫자보다 대개 적거나 세월이 지나 다른 유골들과 섞여 있는 경우가 많다. 그리고 조선인 노무자 유골 외에 노약자, 부녀자, 또는 유아의 유골이거나 전후의 일반 재일동포 유골, 또는 중국인 등 제3국인의 유골인 경우도 적지 않다.

어쨌든 유골협의체를 통해 일본정부는 일본 전역의 사찰 등에서 취합된 실태조사 결과를 해마다 한 두 차례씩 증보하여 강제동원위원회에 보내주었다. 2015년 말까지 약 350여 개 시설에 약 2,800기 가량의 유골 정보가 파악되었다. 이 중에 일본정부가 약 234회의 현지 실지조사를 벌여 약 1,000기 가량의 유골을 확인하였다. 이 중에 강제동원위원회는 23차례 정도 입회하여 공동조사에 참여했다. 전체 실지조사의 약 10%, 실태조사 대상 시설의 약 6%에 불과하다. 유해팀은 일본정부보다 더 많이 현장에 나가서 일본정부를 채근하고 싶었지만, 예산과 인력 부족 때문에 일본정부의 조사결과를 기다리는 입장일 수밖에 없었다. 대부분의 유골 정보는 창씨명의 일본식 이름만 적혀 있거나 아예 이름조차 확인되지 않는 경우가 많았다. 이런 가운데, 강제동원위원회는 최종적으로 167기의 유골에 대해 신원과 유족을 확인하는 성과를 거두었다.

(2) 군인·군무원 유골 봉환

군인·군무원 유골의 봉환은 한일 유골협의체 운영 중 가장 눈에 띄는 성과라 할 수 있다. 일본정부는 전쟁기간 중 현지에서 수습해 본토로 들여 온 조선인 군인·군무원 유골 중 한반도의 유족에게 미처 돌려주지 못한 유골을 전후 후생노동성이 도쿄의 유텐사祐天寺라는 사찰에 위탁보관해 왔다. 한일 유골협의체에서 일본 정부는 유텐사에 보관된 조선인 군인·군무원 유골을 한국에 반환하겠다는 의사를 밝혔다. 그런데 유텐사 유골 중에는 고향이 남쪽인 희생자뿐만 아니라 북쪽, 즉 북한지역 태생의 희생자도 포함되어 있었다. 그리고 우키시마호浮島丸 사건 희생자 유골도 보관되어 있었다. 해방 직후 조선인 군무원·노무자 등을 태우고 조선으로 가기 위해 일본 동북지방의 오미나토大湊항을 출발한 우키시마호라는 수송선이 8월 24일 교토의 마이즈루舞鶴 앞바다에 정박 중에 갑자기 폭파되어 침몰하는 사건이 벌어졌다. 이 사고로 최소 5백여 명에서 최대 약 5천 명이 사망한 것으로 추정된다. 이 가운데 수습된 유골 약 5백여 기를 유텐사에 보관했는데, 1998년까지 절반 정도가 국내로 봉환되었고, 유골협의체가 시작될 무렵 약 2백여 기가 남아 있다고 했다.

유골협의에서 양측은 북한과 조총련 등 재일동포 사회의 갈등과 반발을 피하기 위해 북한 지역 출신자 유골은 일단 우선순위에서 제외했다. 그리고 강제동원위원회는 여러 차례에 걸쳐 우키시마호 사건 유족과 유족단체장들을 대상으로 설명회와 의견수렴을 한 결과, 일본정부의 재조사와 책임있는 조치가 없는 한 당장의 유골봉환은 어렵다는 판단에 도달했다. 그 결과 나머지 남쪽 지역 출신 군인·군무원 유골 423위에 대해서만 우선적으로 봉환을 추진하기로 했다. 이로써 2008년부터 2010년까지 4차례에 걸쳐 423위의 유골이 국내로 봉환되어 천안 망향의동산에 안치되었다. 그 과정과 내막에 관해서는 다음 장에서 자세히 설명하기로 한다.

표 19 유텐사 군인·군무원 유골 봉환 현황

1차	2차	3차	4차	합 계
101위 '08.1.23.	59위 '08.11.21.	44위 '09.7.9.	219위 '10.5.19.	423위

그림 48 도쿄 유텐사에서 열린 봉환식에서 유족들이 제배하는 모습

그림 49 천안 망향의동산의 유골 봉환 추도식에서 유족들이 제배하는 모습

그림 50 천안 망향의동산 납골당에 유골을 안치하는 모습

(3) 강제동원 관련 기록물 입수

유골협의체를 통해 거둔 또 하나의 큰 성과는 공탁금·후생연금 기록 등 강제동원 관련 기록물을 대거 입수한 것이다. 이 기록물들은 그동안 강제동원 피해사실을 입증해야 하는 피해자와 유족 등에게 결정적인 증거로 사용될 뿐만 아니라, 명시된 공탁금 등의 내역을 통해 정부가 지원금을 지급할 수 있는 근거가 되었다. 이들 기록물의 입수와 DB화 덕분에 미수금 지원금 지급 업무가 가능했다.

공탁금이란 채무자가 채권자에게 변제해야 할 금전 등을 법원에 맡겨 두는 것이다. 일본 군부와 해당 기업 등은 조선인 강제동원 피해자들에게 일정한 급여와 각종 수당 등을 책정하고 지급하도록 되어 있다. 일제가 패망하기 이전에 일부 피해자들은 해당 급여와 수당의 일부를 지급받기도 했지만, 군부와 대부분의 기업들은 귀국할 때 돌려 준다면서 급여와 수당을 장부상에 기록만 해 두었다.

해방 직후 일제 당국과 관련 기업 등은 패전에 따른 혼란 등을 이유로 고향으로 돌아가기 바쁜 강제동원 피해자에게 급여 등을 제대로 지급하지 않았다. 전후 일본정부는 해당 기관과 기업 등에게 이러한 강제동원 피해자에게 지급해야 할 급여 등의 대금을 법원에 공탁할 것을 지시했다. 이에 따라 해당 기업 등은 각 지역별 법원 공탁소에 변제할 금액과 내역 등을 공탁하고, 이를 지역정부와 관계기관, 중앙정부 등에 보고했다.

강제동원위원회는 2005년의 제1차 한일 유골협의 때부터 일본정부에 공탁금 기록의 제공을 요구하였다. 그러나 이후 일본정부의 관계자들은 이러한 공탁금 기록물에 대해 잘 모를 뿐만 아니라 당시 상황을 잘 아는 관계자들이 대부분 퇴직해서 알 수 없고, 전국적인 전산화가 이루어지지 않아 기록물을 제공하기 어렵다는 입장을 밝혔다.

이에 강제동원위원회 협상팀은 일본의 시민단체와 활동가들로부터 몇몇 지역의 공탁금 기록 사본을 입수하여 협상테이블에서 일본정부 관계자들에게 보여주면서, 일본정부가 맘만 먹으면 얼마든지 사본을 만들어 제공할 수 있다고 압박하였다.

그 결과 2007년 12월, 유골협의체 출범 2년 6개월 만에 일본 정부로부터 우선적으로 군인·군무원 약 11만 명분에 관한 공탁금 명부를 입수하는 쾌거를 올렸다. 공탁금 명부를 일본정부로부터 제공받는 것은 전후 최초의 사건이었다. 내친 김에 강제동원위원회는 더욱 더 일본정부를 설득하고 압박하여 그로부터 또 다시 2년 5개월 만인 2010년 4월 마침내 6만 4천여 명분의 노무자 공탁금 명부를 인수할 수 있었다. 이로써 총 약 17만 명분의 공탁금 기록을 입수한 것이다.

두 번째로 중요한 강제동원 관련 기록물로 후생연금 기록을 들 수 있다. 후생연금 기록이란, 당시 조선인 노무자를 강제동원하여 사용한 기업이 의무적으로 가입하여 불입해야 하는 연금을 기록한 명부를 가리킨다. 이 명부에는 노무자의 신상정보는 물론이고 소속했던 기업과 작업장이 명시되어 있고, 불입한 연금의 액수는 물론이고 언제부터 언제까지 근무했으며 질병, 상해 또는 사망에 관한 기록까지 세세하게 기록되어 있기 때문에 노무자의 강제동원에 관한 최고의 증거물이라 할 수 있다.

강제동원위원회는 제2차 유골협의 때 일본정부에 후생연금 기록의 제공을 요구했다. 당초 일본정부는 후생연금 기록의 제공에 난색을 표하며, 한국 측이 요구한 피해자에 한 해 일본정부가 연금 내역을 조회한 결과만 제공하겠다고 했다. 이에 강제동원위원회는 2009년에 4만 명, 2010년에 1만 명의 연금기록 조회를 일본정부에 제공하여, 각각 4,727명, 748명의 연금내역을 확인 받았다. 그러나 강제동원위원회는 이런 식의 수동적 조회방식에 만족하지 않고 지속적으로 일본 측 연금관계자들을 설득하여 연금기록의 일괄제공을 요구하였다. 일본 측 실무자들로서도 수십 만 건의 조선인 연금기록을 일일이 조회하여 그 결과를 편집하여 한국 측에 제공하는 데 큰 어려움을 겪었다. 그리하여 마침내 2011년 8월 일본정부는 5,713명의 후생연금 기록 사본을 통째로 강제동원위원회에 보내주었다. 기록을 요구한 지 6년 만의 성과였다. 그러나 이후 강제동원위원회의 기능을 축소하고 한일 유골협의체의 동력이 떨어지자 후생연금 기록물의 추가 입수는 이루어지지 못했다.

또 하나의 중요한 강제동원 기록물로 우편저금을 들 수 있다. 우편저금이란 처음에는 저축의 개념으로 실시됐으나 청일전쟁 이후 '전비 조달' 목적으로 그 개념이 변형되었다. 전시기간 중 일제의 강요에 따라 소속 기관과 사업장 등에서 강제로 적금을 해야만 했다. 일본은 패전 후 우편저금에 적립한 적립금의 대부분을 공탁하지 않고 우정공사 내 계정으로 관리했다. 우정공사 민영화 이후 통상우편저금은 '㈜유초은행'으로, 군사우편저금 및 외지우편저금은 '독립행정법인 우편저금 간이생명보험관리기구'로 이관했다.

1965년 한일회담의 청구권 관련 협정을 통해 일본정부는 우편저금에 관한 미수금 문제가 해결되었다는 입장이지만, 당시 한일회담의 적용을 받지 않았던 사할린한인의 우편적금은 예외로 봐야 한다.

어쨌든 당초 강제동원위원회는 청구권 협정과 이후 한국정부의 대일청구권 자금 보상 조치 때문에 우편저금을 미수금 지급에서 제외하였으나, 2011년 6월 28일 중앙행정심판위원회가 군사우편저금에 대한 강제동원위원회의 결정이 부당하다고 재결하였다. 이에 강제동원위원회는 중앙행정심판위원회의 결정을 받아들여 군사우편저금을 미수금으로 인정하여 지급하기로 결정하고, 군사우편저금 내역을 파악하기 위해 미수금 지급 신청을 한 피해자 중 소속 부대가 확인되는 건을 대상으로 2012년 2차례에 걸쳐 일본 정부에 약 6,000여 건의 군사우편저금 확인을 요청하였다. 당시 일본정부는 군사우편저금 내역이 확인되는 해당자에 한해서만 일부 내용을 확인해 주었고, 강제동원위원회가 존재하지 않는 현재는 '개인신용 정보 관리 규정'을 이유로 확인을 요청한 개인(또는 대리인)에게만 군사우편저금 확인서를 발급해 주고 있다.

그밖에 강제동원위원회는 강제동원을 입증하고 유골을 확인할 수 있을 만한 새로운 자료들의 종류를 특정해 일본정부에 요구했다. 예를 들면, 조선인 수감자에 관한 수형기록과 매화장인허가증, 우편저금 기록 등이 그것이다. 강제동원에 불응하거나 도주한 경우, 징용령과 전시도망, 국가총동원법 위반 등으로 수감된 경우가 많았다. 이들 수감자들에 대한 재판기록과 수감기록은 강제동원의 명백한 증거이다. 그러나 유골협의에서 일본정부는 이에 대해 뚜렷한 답변을 내놓지 않았다.

한편 강제동원위원회는 기존에 일본정부가 한국정부에 전달한 강제동원 관련 기록물 중에서 미비하거나 불충분한 내용을 분석해 일본정부에 추가로 요구하여 일부를 입수하기도 했다. 대표적으로 '조선인 노동자에 관한 조사결과

朝鮮人勞動者に關する調査結果', '구 해군군속신상조사표'의 이면裏面 문서, 즉 '급여조사표' 등이 그것이다. '조선인노동자에 관한 조사결과'의 경우 일본의 1부府 15개 현県의 440여 개 작업장에 동원된 약 6만 7천여 명의 조선인 노무자에 관한 기록인데, 일제강점기 총 47개 도도부현都道府県 중에 겨우 16개 지역의 내용만 전달했기 때문에 강제동원위원회는 나머지 지역의 조선인 노무자 기록을 제공해 줄 것을 요구했지만, 강제동원위원회 해산 전까지 일본정부로부터 이에 관한 명확한 답변을 듣지 못했다. 그 대신 '구 해군군속신상조사표'의 경우 2009년도에 기존 자료보다 상세한 내용이 기록된 '급여조사표' 등의 새로운 자료를 추가로 받아내는 데 성공했다. 이 자료는 심재욱 박사의 분석에 따라, 기존의 '구 해군군속신상조사표'와 구분해서 '구 해군군속자료(2009)'로 명명되었으며, 총 79,350명에 관한 해군 군무원 근무내용과 공탁금 등이 113,636쪽에 걸쳐 수록된 방대한 분량이었다.[35]

이처럼 어떤 자료는 전혀 새로운 자료를, 어떤 자료는 기존에 미비한 자료의 추가 내용을, 강제동원위원회는 한일 유골협의체를 통해 지속적으로 받아냈다. 이들 자료는 입수 직후 곧바로 데이터베이스화 작업을 거쳐 강제동원 피해자들의 피해판정과 위로금 및 공탁금 등 미수금 지급에 활용되었다. 만약 강제동원위원회가 활동을 계속했더라면, '조선인 노동자에 관한 조사결과'의 추가 자료와 수형자 기록, 매화장인허증 등 강제동원 희생자를 확인할 수 있는 소중한 기록을 확보했을 것이다. 하지만, '우는 아이에게 떡 하나 더 준다'는 말이 있듯이, 일본정부에 요구하고 보채는 기관이 없으니, 일본정부가 군이 먼저 나서서 기록물을 제공하려 들지 않는다.

(4) 노무자 유골 봉환 절차 협의

2005년부터 착수한 한일 양국 정부의 조선인 노무자 유골 실태·실지조사

결과 신원이 확인된 유골에 대해서는 국내로 봉환한다는 것이 기본 전제였다. 그런데 막상 유골을 국내로 봉환하는 절차에 관해서 양측은 꽤 오랫동안 지루한 줄다리기를 거듭해야 했다. 처음부터 일본정부는 조선인 노무자의 유골을 한국에 인도할 용의가 있지만, 그 절차에 대해서는 어떠한 개입이나 책임있는 태도를 취하지 않겠다는 입장을 밝혔다. 유텐사에 보관되었다가 국내로 봉환된 군인·군무원 유골과 달리, 노무자 유골은 일본정부의 책임이 아니라는 이유 때문이다. 일본정부의 입장은, 기업과 작업장 등에 소속되어 노동에 종사한 노무자들의 경우는 해당 기업의 모집과 채용, 노무자의 자발적인 취업이었기 때문에 일본 정부와 상관없다는 것이다. 이는 조선에서의 식민지배와 강제동원에 대한 일본정부와 관료들의 이해 수준과 기본입장을 고스란히 드러내는 대목이다.

강제동원위원회는 일본정부의 공식 입장을 반박하고 외교 실무자들의 이해를 증진시키는 데 많은 노력을 기울였다. 공식·비공식 협의와 수십 차례의 한일 공동 실지조사 때마다 강제동원위원회의 협상팀은 일본 측 관료들에게 노무자의 강제동원이 1938년의 국가총동원법이 제정된 이래 일본 국가와 행정조직, 법적·제도적 테두리 속에서 이루어진 강제적 동원이었으며, 기업 등의 모집에 의한 취업 역시 조선총독부와 지역별 공권력, 그리고 위계僞計와 사기 등에 의한 관제동원의 한 형태였다는 점, 현원징용의 실태 등에 대해 무수히 반복 강조했다.

그리고 유텐사의 군인·군무원 유골이 네 차례에 걸쳐 봉환됨에 따라 일본 측 실무자들과 외교관들의 태도에 조금씩 변화가 감지되더니, 노무자 유골에 대해서도 어떤 식으로든 일본정부가 관여할 수밖에 없다는 방향으로 나아갔다. 처음에는 한국정부에 유골만 전달하고 그 이상의 조치는 아무 것도 하지 않겠다는 입장에서, 만약 유골 인수를 위해 강제동원위원회가 유족 등과 함께 도쿄의 모처에 와서 관련 행사를 할 경우 이를 허가할 수 있다는 태도를 보였다. 처음에는 이것도 불허하겠다는 입장이었다. 그리고 몇 년 지나자 일본정부는 유족을 공식초청하고 이에 대한 경비를 부담할 용의가 있다는 입장을 밝혔다. 그리고 이듬해에는 관련 행사에 일본정부의 고위 관계자가 참례할 수 있다는 입장, 그리고 또 1년 뒤에는 고위 관계자가 참례하여 사죄와 위로의 뜻을 밝힐 수 있다는 입장, 그리고는 유족들의 방일 비용을 일부 제공할 수 있다는 입장까지 밝히기에 이르렀다. 결과적으로 유텐사의 군인·군무원 유골의 봉환 절차에 거의 근접한 것이다.

최종적으로 약 2011년 말까지 한일 양측은 외교 경로를 통해 군인·군무원 유골 봉환 방식에 준하는 절차에 따라 노무자 유골을 봉환하는 데까지 실무협의를 마친 상태였지만, 그해 말 한일정상회담에서 당초 의제로 합의되지 않았던 위안부 문제를 대통령이 언급하고 나서자, 이에 당황한 일본 측은 갑자기 태도를 바꾸어 노무자 유골 문제에 대한 논의는 물론이고 아예 한일 유골협의조차 응할 수 없다는 반응을 보였다. 이듬해 이명박 대통령이 독도를 전격 방문한 이래 외무성의 실무자들은 상부의 지시에 따라 유골협의를 포함해 비공식 대화조차 일체 응하지 않겠다는 입장을 밝혔다. 이로써 수년 간에 걸쳐 조사해 온 노무자 유골 실태·실지조사는 흐지부지되었고, 실무자들 간에 어렵사리 마련한 봉환 절차는 양국 정부 수뇌부의 최종적인 합의를 이끌어 내지 못한 채 중단되고 말았다. 이처럼 경색된 양국 정부의 태도는 2020년 현재 크게 바뀌지 않고 있다. 그러나 양국 정부가 조금이라도 인도주의 차원에서 이 문제에 관심을 기울인다면, 이 문제를 계기로 양국이 관계개선의 출발점으로 삼을 수 있을 뿐만 아니라 곧바로 실현가능한 일이 될 수 있을 것이다. 부디 유골 문제만큼은 정권교체나 정치적 이해관계에 의해 결정되지 않기를 바란다.

(5) 해외추도순례

그밖에 한일 유골협의에서는 해외추도순례 사업에 관해 합의가 이루어졌다. 해외추도순례는 팔라우, 사이판, 파푸아뉴기니, 마샬, 사할린 등 해외 격전지에서 사망한 희생자의 유족들을 대상으로 현지를 방문하여 희생자의 넋을 위로하기 위해 추도제를 지내고 돌아오는 사업이다. 2006년 한일 유골협의체에서 일본은 해외추도순례에 참가하는 유족에 대해 경비의 1/3을 제공하는 데 합의했다. 나머지 비용은 우리정부가 부담했다. 그리고 현지에 도착해서 추도제를 지낼 때 현지에 주재하는 일본 공사·영사 등 책임자가 참례하여 추도사를 낭독하는 등의 성의를 보였다. 강제동원위원회는 해마다 2~3차례 이루어지는 해외추도순례의 장소와 절차 등을 사전에 일측과 조율하고 사후에 비용을 정산하는 일에 많은 노력을 기울였다. 초창기 방문할 곳은 많고 비용과 인원이 제한(한 곳당 20명씩)되다보니 각 유족단체와 해당 유족들의 관심이 과열되기도 했다. 그래서 아예 해외추도순례에 참가하는 유족을 선정할 때는 경찰 입회 하에 공개 추첨을 해야만 했다. 해방 이후 마샬, 솔로몬, 팔라우, 파푸아뉴기니, 사할린 등의 격오지는 개인이 방문할 수조차 없었을 뿐만 아니라 막상 해당 지역을 방문한들 희생자가 어디서 어떻게 돌아가셨는지 알 방법이 없었기 때문에, 전후 65년이 지나서야 겨우 시작된 해외추도순례 사업에 유족들의 관심이 뜨거울 수밖에 없었던 심정도 이해할 만 하다.

해외추도순례는 2006년부터 2014년까지 19차례에 걸쳐 17개국을 순례하였는데, 참가한 유족은 모두 359명이었다. 해외추도순례 횟수가 늘어남에 따라 현지를 방문하고 돌아 온 유족과 관계자들은 자연스럽게 현지에 세워진 일본인들의 추도비에 주목하였다. 전쟁가해국인 일본조차 해외 격전지의 구석구석에 전몰자 추도비를 세웠는데, 정작 피해자인 우리나라와 후손들은 변변한 추도비나 알림판조차 세우지 못했다며 분통을 터뜨렸다. 이러한 반성에서 출발한 사업이 바로 해외추도비 건립 사업이다. 이에 관해서는 별도로 다루기로 한다.

(6) 기타

그밖에 유골 협의체에서 강제동원위원회는 해외 격전지에서 일본정부가 추진 중인 유골조사 사업에 옵저버로 참가시켜 줄 것을 요청하였다. 한때 사이판과 티니안 지역에서 이를 추진하려고 했지만, 여러 가지 사정이 겹쳐 추진되지 못했다.

그리고 일본정부가 해외에서 수습해 온 무명인의 유골이 안치된 도쿄의 치도리카후치千鳥ヶ淵 전몰자 묘원의 안내판 등에 조선인 등의 유골이 섞여 있다는 사실을 명시해 줄 것을 요구했지만, 끝내 일본정부는 이에 응하지 않았다.

또한 강제동원위원회는 조세이長生탄광 사망 사고의 사례처럼 다수의 한국인 희생자가 발생한 현장에 추도비를 건립하자는 제안을 했지만, 이 역시 일본정부가 끝내 관심을 보이지 않았다.

그 외에도 크고작은 현안들을 논의했지만, 2008년 이명박정부 출범 이후 강제동원위원회의 기능과 조직 축소, 2010년 '지원위원회'와의 통폐합과 한일관계 악화에 따라 사실상 한일 유골협의체는 유명무실해지고 말았다. 전후 70년 만에 어렵게 싹을 틔운 양국 정부 간의 협의체를 사실상 우리정부 스스로 없애 버렸다는 사실이 무엇보다 가슴 아프다.

제8장
희생자 유골봉환 사업

강제동원위원회 활동 기간 중 강제동원 희생자 유골이 국내로 봉환된 사례는 일본으로부터의 구 군인·군무원 유골과 사할린한인 유골을 들 수 있다.

일본으로부터의 구 군인·군무원 유골은 전후 일본정부가 도쿄의 유텐사祐天寺라는 사찰에 위탁보관하던 것인데, 2005년부터 시작된 한일 유골협의체를 통해 봉환 대상과 절차 등이 논의되어 마침내 2008년부터 2010년까지 네 차례에 걸쳐 모두 423위의 유골이 국내로 봉환되었다.

사할린한인 유골은 한러 국교수립 이후 그동안 사할린한인의 모국방문과 영주귀국 사업에 비해 주목을 받지 못했지만, 국내 유족들의 오랜 염원과 바람 속에 강제동원위원회가 전후 최초로 사할린한인 묘지를 조사하고 러시아 정부와 오랜 기간 협상한 끝에 마침내 2013년 시범사업을 거쳐 2015년까지 세 차례에 걸쳐 총 32기의 묘지를 발굴하여 그 유골을 국내로 봉환하였다. 이 사업은 강제동원위원회가 폐지된 이후에도 해마다 한 차례씩 지속되고 있는데, 2019년까지 8차에 걸쳐 총 85위가 봉환되었다.

노무자 유골에 관해서는 앞 장에서 설명한 바와 같이, 일본 지역에서 실태·실지 조사가 이루어졌고 봉환 절차가 논의되었지만 한일관계 경색 때문에 최종적인 합의에 도달하지 못한 상태에서 강제동원위원회가 해체되었다.

이하에서는 군인·군무원 및 사할린한인 유골 봉환의 구체적인 경위와 의미에 대해 살펴보고, 노무자 유골 조사 결과와 과제 등에 관해 살펴보기로 한다.

제Ⅲ부 추도사업의 전개와 과제 _ **193**

1. DNA 유전자 검사 논란

(1) 문제의 발단과 위기

한일 유골협의가 진행됨에 따라 비교적 이른 시기에 실현 가능한 사안으로서 유텐사祐天寺에 위탁·보관된 군인·군무원 유골의 봉환 문제가 대두되었다. 일본정부가 보관하고 있던 약 2천여 위의 조선인 군인·군무원 유골은 1969년의 양국 정부 간 합의에 따라 10여 차례에 걸쳐 약 1,100여 위가 국내로 봉환되었다. 2005년 한일 유골협의가 시작될 무렵 일본정부는 유텐사에 남아 있는 나머지 약 1,123위의 군인·군무원 유골 중 남한지역 출신자의 유골 약 700위의 유골을 한국정부에 인도할 의사를 밝혔다.

표 20 일본정부의 군인·군무원 유골 보관 현황(2005년 기준)

유골 수	본적지		비　고
1,123位	남한	698位	- 우키시마호浮島丸 사건 관련 유골 포함 - BC급 전범 유골(5위) 포함
	북한	425位	

그런데 2006년 무렵 유텐사의 군인·군무원 유골 봉환을 둘러싸고 중대한 문제가 발생했다. 일본정부가 전달한 유텐사 유골의 명부를 대상으로 희생자의 신원과 유족을 조사한 강제동원위원회는 놀라운 사실을 발견했다. 사망자 명부에 명시된 희생자 중에 12명의 생존자가 확인된 것이다. 어떤 희생자는 전후 멀쩡히 살아 돌아 와 50년대와 80년대, 그리고 2000년에 돌아가셨고, 심지어 김 모씨는 2007년 현재 85세로 건강하게 살아있었다. 이는 일본정부가 작성해 한국정부에 전달한 사망자 명부에 커다란 문제가 있다는 것을 의미하는 것이며, 그동안 70년대부터 10여 차례에 걸쳐 국내로 봉환된 유골에 대해서도 의심을 해 보게 되는 사건이었다. 사실 이러한 문제는 그동안 유골명부에 대

한 정확한 검증 없이 봉환을 추진해 온 한일 양국 정부의 안이한 태도와 유전자검사나 DNA검사와 같은 용어조차 생소하던 시대의 한계에서 기인한다고 할 수 있다.

어쨌든 이러한 사실이 언론보도를 통해 국내에 알려지자, 일부 유족단체장은 유골봉환에 반대하기 시작했다. 이들은 유골을 봉환하려면 DNA검사를 해야 한다고 주장했다. 그런데 정작 이들 일부 유족단체장들은 그동안 DNA검사는커녕 유골의 신원 조사나 유족 확인 없이 일본에서 여러 차례에 걸쳐 자신들이 임의로 '조선인(이라고 주장하는) 유골 등(인골이 아니거나 유골이 없는 경우도 있었다.)'을 국내로 반입했던 사람들이다.

이 때문에 유텐사 군인·군무원 유골 봉환은 큰 난관에 부딪혔다. 강제동원위원회를 통해 유골의 존재와 봉환 가능성을 알게 된 수백 명의 희생자 유족들 대부분은 거의 매일 강제동원위원회로 직접 찾아오거나 전화를 걸어 와 언제쯤 봉환이 성사되느냐고 아우성인 반면, 일부 유족단체장들은 DNA검사 없는 유골 봉환에 강력 반대했다. 더구나 유골봉환에 반대하는 일부 유족단체장들은 강제동원위원회의 간부와 실무자들에게 폭언과 욕설을 퍼붓기까지 했다.

결국 유텐사 군인·군무원 유골 문제를 계기로 한일 유골협의가 교착 상태에 빠지고 국내에서도 운신의 폭이 좁아지자, 2006년 말부터 2007년 초에 걸쳐 한일 유골협의와 유골봉환 실무를 담당했던 외교부와 경찰청에서 파견 나온 공무원은 모두 소속 기관으로 복귀하고, 일부 전문가는 퇴직하는 등 실무조직이 사실상 와해되다시피 했다.

이로써 한일 정상 간의 합의에 따라 어렵게 출범한 한일 유골협의체는 1년 반 만에 좌초 위기를 맞게 되었다.

(2) 진실의 힘-전후 최초의 '유족설명회'

좌초 위기에 빠진 한일 유골협의체를 되살리기 위해 강제동원위원회는 유해팀을 새로 구성하기로 했다. 2007년 초 강제동원위원회는 한중일 관계와 국제협상을 전공한 오일환 박사를 전문위원으로 위촉하고 유해팀의 업무를 맡겼다. 하지만 말이 유해팀이지, 해외추도순례를 전담하는 직원 2명을 제외하면 사실상 유해팀은 팀장과 주무관 1명의 단 두 사람뿐이었다.

일단 오일환 팀장은 교착상태에 빠진 한일 유골협의체를 되살리기 위해 강제동원위원회의 내부 전문가인 정혜경 박사의 자문을 수렴하여 '사안의 재정의'issue redefinition 작업에 착수했다. 문제가 된 유텐사 군인·군무원 유골 봉환 사안의 쟁점 요소를 전환하고, 해외추도순례, 공탁금 등 다른 사안의 진행을 가속화시켰다. 이는 중요 사안의 우선순위와 가치 등을 재정립함으로써 양측의 갈등 요소를 줄이고 협력을 강화하는 협상전략의 일환이다.

그러는 동안 유해팀은 유텐사 군인·군무원 유골 문제를 돌파하기 위한 방안을 모색했다. 우선은 유전자전문가를 초청해 DNA검사 방법에 대한 가능성을 타진했다. 그리고 유해팀은 주요 유족단체장들과 강제동원 연구자 등으로 구성된 자문회의를 개최해 대응방안을 협의했다.

이러한 과정을 통해 유해팀은 결국 사실과 진정성의 힘으로 사태를 정면돌파해 나가기로 했다. 그때까지 해방 이래 60년 간 한일 정부 간에 10여 차례의 유골 봉환이 이루어졌지만, 우리 국민 대부분은 이런 사실조차 모른다. 게다가 유골 봉환 시 가장 중요한 주체는 유족이 되어야 하지만 대다수 유족의 의사는 무시되어 왔던 것이 사실이다. 이런 가운데 유텐사 유골의 진위 문제까지 불거지고 DNA검사와 같은 까다로운 난관이 발생한 상황에서 더 이상 정부가 일방적으로 유골을 봉환하는 것은 불가능했다. 이제 모든 결정은 있는 사실을 그대로 유족들에게 설명하고, 유족들의 의사에 따라 움직이는 수밖에 없었다.

사실 처음부터 이렇게 했어야 옳다.

유해팀은 2007년 4월 초 그때까지 확인된 유텐사 유골의 유족 123명을 대상으로 유족설명회를 진행했다. 전국 방방곡곡에 흩어져 있는 유족들을 만나 직접 설명하기 위해 수 주간에 걸쳐 대전, 전주, 광주, 부산, 대구, 서울의 6개 도시를 돌며 지역별 유족설명회를 개최했다. 대상 유족 중 약 80%가 유족설명회에 참여했다.

유족설명회에서 유해팀은 한일 정부 간의 유골을 둘러싼 협상 내용과, 그동안 희생자의 유골을 일본정부가 보관하고 있는 경위, 유골이 수습될 당시의 정황과 화장된 경위, 살아돌아 온 분의 이름으로 유골이 존재하게 된 경위 등을 있는 그대로 설명했다. 사전에 희생자 한 분 한 분의 사망기록과 일본정부가 보내온 유골 사진 등의 개인정보도 유족들에게 우송했기에 현장에서는 이에 대한 부연설명도 곁들였다. 그리고 현실적으로 가능한 DNA검사의 방법과 조건 및 유효성 등 유전자전문가의 소견을 설명했다.

매번 공식적인 설명이 끝난 다음에는 각 유족들의 질문이 봇물처럼 쏟아졌는데, 유해팀은 정부와 강제동원위원회, 그리고 일본정부의 입장과 태도에 대해서 답변할 수 있는 모든 사실들을 가감없이 그대로 설명했다. 유족들은 희생자의 유골 사진을 가지고 와서 눈물을 흘리며 '60년만에 처음으로 정부로부터 돌아가셨다는 소식을 이렇게 듣게 들었다.', '유골이 일본 유텐사에 있다는 소식을 처음 알게 되었다.', '하루라도 빨리 모셔오고 싶다.', '일본이든 정부든 보상을 해 주어야 할 것 아닌가?'라고 탄식했다.

또한 지원 대상에 포함되지도 않는 희생자의 조카들은 '희생자의 형제자매도 다 죽고 자식도 없고, 조카인 내가 대부분 제사를 모셔왔는데, 조카들은 왜 지원 대상이 되지 않는가?'라며 하소연을 했다. 이분들에게도 '안까깝지만 현행법 상 조카들이 설령 희생자 유골을 모셔온다 한들 아무런 보상을 받을 수 없다.'고 사실대로 설명했다.

그리고 마지막으로, 유족들이 이런 상황과 조건을 충분히 인지한 가운데 향후 DNA검사 여부를 어떻게 할지, 유골을 봉환할 의사가 있는지, 만약 봉환이 추진된다면 일본을 방문할 의사가 있는지 여부 등을 확인하였다.

놀랍게도, 진위 논란에 휘말린 유골은 받아들일 수 없다거나 유전자검사를 강력하게 희망하는 유족은 소수에 불과했고, 대다수의 유족들은 설사 유골이 혼골 또는 합골되었거나 진위 논란이 있더라도 '내가 죽기 전에 하루라도 빨리 모셔와 편히 모시고 제사를 지내고 싶다.'는 의사를 밝혔다.

이러한 결과가 나온 데는 여러 유족들이 직접 토로한 심경을 통해서 짐작할 수 있다. "이렇게 정부가 직접 여기까지 찾아 와서 설명해 준 게 이번이 처음이야. 그럼 된거지 뭐.", "유골이 그런 상태라는 건 충분히 짐작했던 거야. 이제 와서 뭐 어쩌겠어. 그런 거 일일이 따지다가 나마저 죽고 나면, 자식들은 관심도 없어. 하루라도 빨리 모셔오는 게 중요하지.", "이제 됐어. 모셔와서 그분도 편히 쉬고, 나도 죽기 전에 이 맺힌 응어리를 풀고 싶어. 나도 이제 갈 날이 얼마 남지 않았어.", "나는 맴(마음)으로 받을 겨. 이 먼 데까지 와서 복잡하게 설명하느라 애썼구먼. 믿고 맡길 게. 정부가 모셔와 주면 고맙제~"

그리고 유해팀은 유족설명회에 참석하지 않은 나머지 20%의 유족들 모두에게 전화를 걸어 이상의 내용을 상세히 설명하고, 유족의 의사를 확인하기 위해 희생자 관련 자료와 의사확인서를 우편발송해 취합했다. 유족설명회에 참석하지 못한 유족들은 유골 봉환에 100% 동의했다.

이로써 123명 중 DNA검사를 희망한 유족 7명을 포함해 우키시마호浮島丸 폭침 사건 희생자 유족 23명을 제외한 100명의 유족이 유골 봉환을 희망했다.

갑자기 나타난 장벽 앞에서 잠시 나아갈 방향을 잃고 주춤하던 강제동원위원회는 유족의 간절한 의사를 재확인함으로써 다시 나아갈 방향과 힘을 얻었다. 이것이 바로 진실의 힘이다.

이를 통해 강제동원위원회는 봉환을 희망하는 대다수 유족의 희생자 유골에 대해서만 봉환을 추진하기로 했다. 이제 관건은 DNA검사를 희망하는 유족의 의사를 일본정부에 전달하고 이 문제를 어떻게든 해결하는 일만 남았다.

(3) 돌파구-유전자검사 전문가의 사전타당성 조사

유족설명회를 전개하는 한편 오일환 팀장은 DNA검사라는 난관을 돌파하기 위한 방안을 모색했다. 사실 당시의 유전자검사 기법으로는 60년 전에 화장한 유골에서 DNA를 추출해 유전자검사를 하는 데 여러 가지 과학적인 한계가 있었다. 그나마 시도해 볼 만한 가능성이 있는 '미토콘드리아 검사 방법'은 모계를 통해서만 유전되기 때문에 대부분 미혼으로 사망한 희생자의 형제자매와 자매의 자녀, 즉 조카들이 생존한 경우에만 유전자를 비교해 볼 수 있었다. 이러한 제한 조건 외에 일본 측의 반응도 걱정거리였다.

오 팀장은 한일 유골협의체와 주한일본대사관을 통해 DNA검사 추진에 대한 일본정부의 반응을 사전에 타진해 보았다. 일본정부 관계자들은 '0.1%의 가능성도 없다.'는 입장을 전해 왔다.

국내에서는 유족설명회를 통해 DNA검사 문제를 어느 정도 해결해 나갈 수 있지만, 일본정부의 거부 입장은 너무나 확고하고 완강했다. 또 다시 난관에 부닥친 것이다.

이때 오 팀장이 고심 끝에 고안해 낸 것이 바로 유전자검사 전문가에 의한 1차 사료조사 방식이었다.

오 팀장은 DNA검사의 유효성에 관해 국내 최고의 전문가를 직접 찾아가 자문을 구했다. 서울대 의대와 국립과학수사연구원[36]의 유전자감식 최고 전문가를 만나 DNA검사의 종류와 조건, 방식은 물론 실제 1940년대에 화장한 유골의 DNA검사 가능성과 효용성 등에 관해 문의했다.

나아가 오 팀장은 유텐사 군인·군무원 유골 봉환을 추진하기에 앞서 DNA 검사 문제를 해결하기 위해서는 전문가에 의한 과학적인 접근만이 유일한 해결책이라는 판단 아래, 유전자전문가를 직접 일본에 데려가서 유골을 보여주는 방안을 생각해 냈다. 유전자전문가에 의한 사전타당성 검사(또는 1차 시료검사)인 셈이다.

이를 위해 오 팀장은 DNA검사의 전문적 신뢰성을 담보하는 한편 상대국인 일본정부의 동의를 끌어내기에 적합한 전문가를 찾아야 했다. DNA검사를 요구하며 유골 봉환에 반대하는 사람들의 의심과 반대를 불식시킬 수 있을 만한 전문성을 갖고 있어야 할 뿐만 아니라, 일본정부가 납득할 만한 사람이어야만 했다. 실제로 한일 유골협의의 실무자급 회담에서 오 팀장이 유전자전문가의 방일과 유골 1차 시료검사를 제안하자 일본정부는 처음에 대경실색했다. 당초 오 팀장은 한일 양측의 유전자전문가에 의한 1차 시료조사를 제안했다. 그러나 일본정부는 가뜩이나 진위 여부에 휘말린 유골을 외국인전문가에게 보여준 전례도 없거니와 사태가 악화되거나 책임 문제가 불거질까봐 펄펄 뛰며 반대했다. 심지어 일본 측은 아예 한국 측이 사태악화를 유도해서 한일 유골협의를 전면 결렬시키고 그 책임을 일본에 떠밀려는 정략적 계산이 깔린 것이 아닌가 의심할 정도였다.

그러나 일본정부의 이러한 반응을 충분히 예상한 오 팀장은 일단 일측의 의혹을 불식시키며, 오히려 과학적 접근방법이 양측의 반대 여론을 무마시키고 교착 상태를 타개할 수 있는 유일한 방법이라고 설득했다. 차츰 이러한 방안의 진의를 이해하기 시작한 일측 관계자들 내부에서도 하나 둘씩 이성적인 판단을 하기 시작했다. 오 팀장은 몇 차례에 걸친 티타임과 만찬 시간 때마다 반대하는 일측 관계자들을 각개전투로 설득해 나갔다. 심지어 밤 시간에는 외무성과 후생성 관료들이 자주 가는 음식점과 호프집 몇 군데를 알아두었다가 일부러 찾아가 낮에 만났던 실무자들과 우연히 만난 것처럼 가장해 합석한 후 인간적인 정리情理에 호소하며 일측이 우려하는 속내와 대안을 탐색했다. 일측의 속내와 대안 역시 사전에 예측했던 대로였다.

다음 번 협상에서 일본 측은 우리 측 제안의 취지에는 어느 정도 공감하지만 아직까지 타국의 민간 전문가에게 정부가 관할하는 유골을 공개한 적이 없다는 점을 우려한다며 주저하는 입장을 보였다. 이때 오 팀장은 비장의 카드를 내보였다. "민간 전문가가 아니라, 한국의 정부기관, 그것도 사법기관인 대검찰청의 유전자감식반의 전문가라면 일본정부가 신뢰하고 납득할 수 있지 않겠는가?" 이미 오래 전부터 오 팀장은 대검찰청 유전자감식실[37]의 이승환 팀장(박사)을 섭외해 둔 터였다.

그리고 유해팀은 그동안 확인된 유족을 대상으로 전국적인 유족설명회를 개최하여 유텐사 유골의 상태와 유전자검사에 대해 있는 그대로 설명하고 유족들의 의사를 확인했다. 이 당시 화장된 유골에 대한 유전자검사는 미토콘드리아 DNA검사 방식을 적용해야 하는데, 이는 모계를 통해서만 유전이 되기 때문에 비교대상인 희생자의 형제자매와 자매의 조카들이 생존해 있어야 했다. 이러한 조건에 부합한 유족 중 유전자검사를 희망하는 유족을 조사하였다. 유족의 의사를 확인한 결과 7명의 유족이 유전자검사를 희망하였다.

유해팀은 이러한 결과를 일측에 알리고 유전자전문가의 방문 조사를 수락하도록 압박하는 한편, 대검찰청의 수뇌부를 방문해 협조를 구하였다.

사실 강제동원위원회 내부에서도 대검찰청 유전자감식실 팀장을 일본에 데려가는 것이 가능하겠는가라며 회의적인 시각이 많았다. 그러나 오 팀장은 이승환 박사는 물론 유전자감식실의 관할 검사장을 직접 방문해 어렵게 설득했다.

그 사이 일본정부는 서울의 일본대사관 관계자들을 수시로 강제동원위원회로 보내 와, 강제동원위원회의 계획과 의도, 이승환 박사 등에 대한 사전 조사를 벌였다. 강제동원위원회의 제안과 태도가 사뭇 진지하고, 실제 대검찰청의 이승환 박사의 존재가 확인되자 마침내 일본정부로부터도 최종적인 수락 답변이 날아 왔다.

2007년 9월 20일 오전, 오 팀장과 대검찰청 유전자감식실 이승환 실장은 일본 외무성을 방문해 일측이 유텐사에서 모셔 온 7위의 유골에 대해 1차 시료 검사를 실시하였다. 7위는 사전에 국내에서 유족설명회를 통해 유족들이 희망한 분들이었다. 7위의 유골은 작은 나무상자 안에 주먹만한 항아리별로 담겨 있었다. 검사를 시작하기에 앞서 한일 양국의 관계자들은 모두 누가 먼저라고 할 것도 없이 자연스럽게 유골들 앞에서 묵념을 하고 예를 올렸다. 그리고 이승환 박사는 각각의 유골 항아리를 열어 유골을 모두 꺼낸 후 큰 파편과 작은 파편, 그리고 가루에 이르기까지 확대경으로 꼼꼼히 살펴보고 직접 만져보고 냄새를 맡는 등 DNA추출 가능성에 대한 사전 검사를 실시했다. 나머지 관계자들은 모든 검사가 끝날 때까지 전문가에게 영향을 미치거나 예단하지 않기 위해 단 한 마디 말도 꺼내지 않았다. 비록 유골은 7위에 불과했지만, 참으로 숙연하고 긴 시간이었다.

도쿄에서 서울로 귀국하는 일정 내내 이승환 실장은 해당 유골의 감정 결과에 대해 아무런 언급을 하지 않았다. 귀국한 지 약 1주일 후 이승환 실장은 대검찰청 공문을 통해 각 시료들에 대한 감정의견서를 강제동원위원회로 보내왔다. 대부분의 유골에 대해 '탄화炭化가 심하고 경도가 약해서 DNA추출 검사가 불가능'하다는 감정소견을 밝혔다. 그중에 비교적 상태가 양호한 치아가 하나 발견되었는데, 이에 대해서는 "검사를 실시하더라도 유의미한 결과가 나온다고 보장할 수 없다"는 감정소견을 보였다.

그림 51 외무성에서 유골을 검사 중인 대검찰청 유전자감식실의 이승환 실장(앞쪽)과 오일환 팀장

　강제동원위원회는 7명의 유족을 초청하여 별도의 설명회를 개최하였다. 대검찰청 유전자감식실의 공식 감정의견서를 그대로 해당 유족에게 자세히 설명하고 이를 문서로 각각 전달했다. 그리고 다시 며칠 후 해당 유족들의 입장을 재차 확인하였다. 유족들 중 일부는 계속 DNA추출을 통한 유전자검사를 실시하되 그 결과가 "확인불가 또는 희생자 유골로 판명되지 않을 경우 봉환의사를 철회하겠다"고 밝혔고, 나머지 유족은 "이제 상황을 충분히 이해했으니 더 이상의 유전자검사는 필요 없으며 조속한 시일 내에 정부가 봉환해 주면 좋겠다"는 의사를 밝혔다.

　강제동원위원회는 그동안 유전자검사를 요구하며 유골봉환에 반대했던 유족단체장들을 포함한 자문위원회를 개최하여 이러한 결과를 자세히 설명했다. 결국 유전자전문가의 소견에 따라 유전자검사의 과학적이고 현실적인 한계를 정확하게 인식하게 됨으로써, 그동안 유골봉환에 반대했던 유족단체장들은 '봉환을 희망하는 유족들에 한해서만 유골을 봉환한다는 데 이견이 없다'는 입장으로 선회하였다.

마침내 유텐사 군인·군무원 유골 봉환의 가장 큰 장벽이 사라지는 순간이었다.

2. 1차 군인·군무원 유골 봉환 경위와 의미

(1) 유족 없는 유골 봉환

정작 일본이 유텐사의 조선인 구 군인·군무원 유골을 한국에 반환한다고 했지만, 강제동원위원회는 종전까지의 유골 봉환 절차에 근본적인 이의를 제기하며 새로운 절차 마련을 위한 협의에 많은 노력을 기울였다. 1970년부터 한일 유골협의체가 본격적으로 가동되기 전인 2005년까지 한일 정부 간에 10차례의 유골 봉환이 이루어졌는데, 그 절차는 대부분 일측의 외교관과 후생성 관료들이 유골을 국내로 수송하고 항만과 공항에서 한국 측 관료에게 인계하는 것이 전부였다. 여기에는 강제동원 희생자에 대한 정중한 의례는 물론이고 유족을 존중하는 태도가 전혀 없었다.

강제동원위원회는 유골 봉환의 첫 단계에서부터 마지막까지 희생자에 대한 추도와 유족의 의사를 최우선의 원칙과 기준으로 삼았다.

이를 위해 강제동원위원회는 유골협의를 통해 유골 봉환의 사전조치와 절차에 대해 일본정부와 지난한 협상을 전개해야만 했다.

(2) '유골봉환 실시요령'

우선, 희생자 정보의 제공이다. 강제동원위원회는 유골 봉환에 앞서 유텐사에 보관된 강제동원희생자의 기본적인 신상명세와 사망경위, 유골이 유텐사에 보관된 경위, 현재 유골 사진 등의 정보를 일본정부에 요구하였다. 유족에게 관련 사실을 알리고 유골을 봉환해 전달하기 위해서는 일본정부와 한국정부가 적어도 희생자에 관한 기본적인 정보와 자료 정도는 사전에 제공하는 것이 기본적인 절차이자 도리일 것이다.

강제동원위원회는 사전에 일본정부로부터 봉환 대상 유골의 기본정보와 사진 등을 수령하여 이를 번역한 후에 상세하고 정중한 안내서와 함께 유족들에게 송부하였다. 자료를 송부한 직후에는 어김없이 유족들로부터 매일같이 문의전화가 빗발쳤다. 이 무렵에는 유해팀에게뿐만 아니라 강제동원위원회의 모든 부서와 직원들에게까지 민원전화가 빗발쳐서 애를 먹기도 했지만, 직원들은 모두 친절하게 관련 자료의 내용을 설명하고, 조만간 일본정부와 협의하여 유골을 조속히 모셔오겠다고 안내했다.

그 다음에는 유골 봉환의 구체적인 조건과 절차에 대한 합의였다. 2005년 5월 제1차 한일유골협의에서 일본정부가 유텐사 유골의 봉환을 제기한 이래 2008년 1월 제1차 유골봉환이 이루어지기까지 2년 반 넘게 걸린 이유는 그 사이 생존자 확인과 DNA검사 요구 등의 장애물도 발생했지만 그 일이 없었더라도 유골 봉환의 새로운 조건과 절차에 합의하는 데 양측의 입장에 큰 차이가 있었기 때문이다. 하지만 지루하고 복잡한 공방 끝에 마침내 양측은 2007년 말 합의에 도달할 수 있었다. 양측의 합의는 '한국인 희생자 유족의 방일 및 유골봉환 실시요령'(이하 '유골봉환 실시요령')이라는 문서로 정리되었다. 이것은 국가 간의 조약은 아니지만, 유텐사 유골의 봉환의 조건과 절차에 관한 양국 정부의 합의문이자 공식적인 합의각서의 효력을 지닌 문건이라고 할 수 있다. 이 문서는 4차례에 걸친 유텐사 유골 봉환 때마다 갱신되며 체결되었다.

(3) '유골봉환 실시요령'의 주요 내용

이 문건의 주요 내용은 크게 봉환사업의 목적, 원칙, 주체, 방일단 구성 방법, 비용, 추도식, 봉환절차, 사후 조치, 언론보도 방침으로 구분되어 있다.

봉환을 추진할 때 한국정부, 즉 강제동원위원회의 역할은 유족들에게 연락하고 방일단을 모집하고 인솔하는 것인데, 특별히 방일 전 유족설명회를 실시하고 일본 체류 시 질서유지와 안전을 확보하는 것을 명시했다. 일본정부는 방일유족을 공식적으로 초청하고 유족의 일본 입출국의 수속을 간소화하고, 일본 내 체류와 이동의 제반 편의를 제공해야 한다.

희생자 유골의 봉환과 유족의 방일과 체류에 소요되는 대부분의 경비는 일본정부가 책임지도록 했다. 서울까지의 유골 운반수송비는 물론이고 서울과 도쿄 간 왕복항공료, 호텔 숙박비, 식사비, 교통비, 심지어 해외여행보험료와 여행사 가이드 비용, 그리고 국내 교통비의 일부까지 모두 일본정부가 책임을 지도록 했다.

몇몇 유족들은 희생자 유골에 대한 일본정부의 보상을 요구하기도 했지만, 이 문제는 1965년 한일회담과 국내 법률 등에 의해 별도로 대응해 왔다는 것이 한일 양국 정부의 기본 입장이기 때문에 유골 봉환 시 '보상'에 관한 대응은 없다. 다만, 1970년 이래 10차례 가량 이루어진 유골 봉환 때마다 한일 양국 정부가 각 유족들에게 조위금 명목으로 일정 금액을 전달해 왔다. 금액은 최초 1만 원에서 조금씩 인상되어 2005년에는 20만 원을 전달했다. 예를 들어 일본정부가 30만 원을 지급하면 한국정부도 30만 원을 지급하여 유족은 합계 60만 원을 받게되는 식이다. 원래 이 금액은 보상금이나 위로금이 아니었기 때문에 일본정부는 금액의 대폭적인 인상을 거부했다. 강제동원위원회가 금액의 인상을 요구했지만 일측은 예산 당국을 설득하는 데 명분이 없다며 난색을 표했다. 한일유골협의체를 통한 '유골봉환 실시요령'에서는 최종적으로 30만 원으로 인상하는 데 합의했다. 명칭도 과거 일본식 표현인 향전금(香典金)에서 '조위금'으로 바꾸었다. 이에 1~4차 유골봉환이 추진될 때 마다 한일 양국은 희생자 1위 당 각각 30만 원 씩, 합계 60만 원의 조위금을 유족에게 지급했다.

(4) '전투경찰을 부르더라도'

제1차 유골 봉환에 앞서, 한국 정부와 강제동원위원회가 가장 우려했던 것은 국내 문제였다. 2007년 말엽 제1차 유골 봉환의 추진을 최종적으로 결정하기 직전, 정부의 주요 기관과 강제동원위원회 내부에서는 커다란 동요가 있었다. 그것은 그동안 유골 봉환에 극구 반대해 왔던 일부 유족단체장들의 항의와 압박이었다.

제1차 유골 봉환의 추진 가능성이 무르익자, 유골 봉환에 반대하는 일부 유족단체장들과 긴밀한 관계를 맺고 있던 강제동원위원회의 모 간부가 유골 봉환 추진을 최종 결정하는 결재문서에 싸인을 하지 않으며 차일피일 시간을 끌었다. 그 간부는 오일환 팀장을 직접 불러 "신중해야 한다."면서 사실상 유골봉환을 연기 내지 유예하자고까지 회유했다. 게다가 일정에도 없는 '자문위원회'를 개최해 유골봉환에 반대하는 단체장을 불러 놓고는, 마치 '본인은 반대하는데, 실무자가 무리하게 추진하려 든다'는 식으로 유해팀에 책임을 전가했다. 그렇지만 유해팀이 봉환 추진 의사를 꺾지 않자, 이번에는 강제동원위원회의 상급 기관이자 협조기관인 행정안전부와 외교부, 청와대의 외교안보수석실과 시민사회수석실 관계자들까지 한꺼번에 보고서 제출과 대면보고를 요구하고 나섰다. 서면과 전화로 일일이 설명하고 직접 찾아 가 설명하다보면, 이들은 한결같이 "꼭 해야 하느냐? 반대하는 유족단체들이 있던데, 이런저런 문제는 어떻게 할 거냐?"고 추궁했다. 심지어 "굳이 시끄러운 일을 벌일 필요가 있나?, 조용히 있으면 좋겠다."고까지 압박을 가하는 관계자도 있었다.

이에 유해팀은 중대 결단을 내려야만 했다. 오 팀장은 결재책임자를 찾아 가 최종 담판을 지었다. 그 간부는 유골봉환에 반대하는 단체들이 천안 망향의동산 추도식장에 쳐들어 와 난동을 부릴 것을 가장 두려워했다. 과거 한일 정부 간에 유골을 주고받을 때 실제로 유족들의 거센 항의와 소요 사태가 몇 차례 벌어진 적도 있었다. 실제로 어떤 유족단체장들은 노골적으로 유골 봉환에 반대하며 강제동원위원회가 유골 봉환을 강행한다면 "회원들을 데리고 가서 행사장을 엉망으로 만들겠다"며 엄포를 놓기도 했다. 그 간부는 이런 일이 실제 벌어질까봐 전전긍긍하며 결단을 내리지 못했다.

이에 오 팀장은 이렇게 단언했다. "모셔 올 유골의 유족들이 요구하는 일입니다. 몇몇 단체가 반대한다고 모셔오지 못할 이유가 없습니다. 전투경찰을 부르더라도 유골 봉환을 해야합니다. 모든 책임은 제가 지겠습니다." 그러자 그 간부는 마지못해 결재서류에 서명했다. 그리고 오 팀장은 실제로 경찰청과 협의를 진행한 결과를 외교부와 행안부, 청와대 등에 보고했다. 그러자 해당 기관들은 강제동원위원회의 강력한 유골 봉환 의지를 확인하고 나서야, 비로소 협조적인 태도로 돌아섰다. 이로써 또 한 번의 큰 고비를 넘기고 마침내 제1차 유골 봉환을 위해 유족이 일본을 방문할 수 있었다.

(5) 유족, 드디어 일본에 가다.

'유골봉환 실시요령'의 가장 큰 성과는 일본정부의 공식 초청에 의한 유족 방일과 일본정부가 추도식을 주관하도록 명시했다는 데 있다. 한국의 강제동원 희생자를 일본정부가 공식 초청하여 일본정부 주관으로 추도식을 거행한 것은 패전 이래 최초의 대 사건이며 한일관계의 큰 진전이라고 평가할 만하다.

2004년 말의 한일 정상회담이 있은 지 3년여 만인 2008년 1월 21일, 드디어 전후 처음으로 강제동원 희생자 유족 55명이 일본정부의 공식 초청을 받아 도쿄를 방문했다.

방문 이튿날인 22일, 일본정부는 유골이 보관되어 있는 유텐사에서 방일유족들이 입회한 가운데 '한국출신 전몰자 환송 유골 추도식'을 거행했다. 추도식 제단에는 모셔 갈 유골들이 올려져 있고, 중앙 복도를 중심으로 왼쪽에는 유족들이, 오른쪽에는 일본정부 관계자들과 국내외 참례자들이 착석했다. 추도식 모두에 후생노동성 관계자가 희생자 유골이 유텐사에 보관된 경위와 추도식이 있기까지의 경과보고를 하고, 외무성과 후생성의 장차관급 고위인사가 참례하여 사죄의 뜻을 밝힌 추도사를 낭독하도록 했다. 1차 유골봉환의 경우 외무성 부대신, 후생노동성 부대신이 직접 참례하여 추도사를 낭독했다. 추도사에서 일본정부는 "한국의 식민지배로 인해 다대한 손해와 고통을 안겨주었다는 역사적 사실을 겸허하게 받아들이고 이에 대해 통절한 반성과 심심한 사죄를 드린다."고 했다.

이상이 '유골봉환 실시요령'의 핵심이다. 이는 그동안 일정한 합의문 없이 진행되어 온 한일 정부 간 유골봉환 절차를 처음으로 문서화한 것이며, 해방 이래 일본정부로 하여금 유족을 공식 초청하고 정부 주관으로 도쿄에서 추도식을 거행하도록 규정했다는 점에서 매우 획기적인 성과라고 할 수 있다.

'유골봉환 실시요령' 내용 중 일본 측이 각별히 신경 쓴 부분이 있다. 일본정부는 방일유족이 일본에 체류할 때 한국정부가 유족의 질서유지와 안전확보에 노력해 줄 것을 요구했다. 이 내용은 두 차례나 삽입되어 있다. '질서유지'의 정확한 의미는 추도식 관련 조항에 다시 등장한다. '강제동원위원회는 추도식에서 문제가 생기지 않도록 사전에 유족에게 잘 설명하고 실제로 문제가 생기지 않도록 위원회관계자가 동행해서 노력한다.' 일본정부는 유족들이 행여라도 도쿄에서 '희생자를 살려내라'거나 '보상하라'며 항의하고 소요를 일으킬까봐 두려웠던 것이다.

그러나 일본정부가 우려했던 일은 발생하지 않았다. 유족들은 질서정연했으며 침착했다. 유골 앞에 헌화하고 절을 올릴 때에 비로소 대부분의 유족들이 오열했는데, 참석한 일본정부 관계자들과 일본인 참례자들 역시 그 슬픔을 진심으로 느끼고 공감하기에 충분했다. 유족들 역시 일본 체류 기간 중 일본정부와 유텐사의 관계자, 참례한 정치인들과 종교사회단체, 재일동포들, 그리고 호텔직원과 만나는 모든 일본인들로부터 국적을 떠나 '인간'으로서의 연민과 공감을 감지할 수 있었다. 이에 대부분의 유족들은 유텐사에서의 추도식이 끝난 직후와 공항에서 출국하기 직전에 만난 일본정부 관계자와 일본인들에게 먼저 다가 가 '고맙습니다.', '애쓰셨습니다.', '수고하셨습니다.'라는 인사를 건넸다. 놀라운 일이었다. 가해국의 정부관계자와 일본인들에게 유족이 고맙다는 표현을 하다니. 2차 봉환 때의 추도식 직후 일본 외무성의 한 고위관계자는 강제동원위원회 측과의 만찬 석상에서 고백하기를, 자신의 외교관 봉직 기간을 통털어서 "타국과의 합의를 통해 실제로 사람들이 눈물을 흘리고 진심으로 카타르시스를 느끼게 한 체험은 처음이며 오히려 유족들에게 감동을 받았다. 이렇게 좋은 일을 왜 이제야 했는지 안타깝다"고 토로하기도 했다. 이처럼 강제동원 희생자 유골의 봉환은 한일 간에 진정한 화해와 치유의 경험을 가져다주는 놀라운 사건이라 할 수 있다.

(6) '유골 인도인수서'

일본에서의 추도식을 마치고 유골은 다음 날 새벽 하네다 공항으로 향했다. 유족들과 도우미들은 새벽 일찍 일어나 호텔 체크아웃 직후 공항으로 향했고 출국수속을 하느라 분주했다. 일부 유족들은 자신들이 타고 갈 비행기에 유골이 함께 모셔진다는 것을 실감하지 못했다. 적은 인원이라면 각자 유골함을 손에 들고 탑승할 수 있겠지만 분주한 새벽 시간에 1백여 명이나 되는 인원들에게 유골함을 나누어 주고 탑승수속을 거쳐 비행기를 타는 일은 보통 일이 아니다. 이에 한일 양측은 사전 실무협의를 통해, 우리 측 관계자의 입회 아래 유골을 유족들이 탑승할 비행기의 아래층에 안전하게 모시기로 했다.

유족들이 탑승수속을 하는 동안 오 팀장은 주일한국대사관 외교관과 함께 공항 내 보안구역을 통해 활주로에 들어갔다. 활주로에서 오 팀장과 한일 양측 외교관들은 일측이 준비한 특별 카고cargo에 모든 유골들이 하나씩 옮겨지는 모습을 지켜보았다. 유골함을 옮기는 공항직원들은 유골 앞에서 간단한 묵념과 합장을 올린 후 흰 장갑을 끼고 정성스런 태도로 특별 카고에 옮겨 싣는 작업을 진행했다. 그리고 여러 대의 특별 카고들은 지게차에 의해서 비행기 화물칸의 특별 구역 안으로 격납되었다. 오 팀장과 한일 양측의 외교 당국자들은 이 모든 과정을 엄중하게 지켜보았다.

그림 52 특별 카고(cargo)에 유골을 격납하는 모습

마침내 모든 유골함들이 비행기 안에 무사히 격납되자, 현장에서 곧바로 유골 인도인수서의 서명식이 이루어졌다. 한국 측에서는 오 팀장이, 일본 측에서는 외무성의 담당 서기관이 각각 자국을 대표해 '유골 인도인수서'에 서명했다. 이로써 일본은 유골을 한국에 인도하는 것이고, 그 순간부터 유골은 한국정부의 책임이 되는 것이다. 이제야 비로소 희생자의 유골이 조국의 품에 안긴 것이다. 이후 세 차례 걸친 유골 봉환 때마다 일본 외무성의 관계자는 매번 바뀌

었지만, 오 팀장은 네 차례에 걸친 유골 봉환 때마다 한국 정부를 대표하여 인도인수서에 직접 서명했다. 유골을 인수하는 공식 문서에 한국 정부를 대표하여 서명하는 행위야말로 망자에게는 잃어버린 국권이 회복되는 순간이고 우리 정부가 망자에 대한 관할권을 행사하는 매우 공적인 순간이라고 할 수 있다. 서명하는 순간 시공을 초월하여 망자와 교감하는 기분이 드는 것은 논리적으로 설명할 수 없다.

그림 53 유골인도인수서에 서명하는 오일환 팀장과 일본 외무성 관계자

(7) 천안 국립 망향의동산

도쿄 현지에서 추도식을 마치고 방일 유족들이 귀국하는 항공기에 유골을 동시에 모셔온 것도 전후 최초의 일이다. 한국에 도착한 순간부터 한국정부 주관으로 추도식이 진행되었다. 사전에 강제동원위원회는 청와대, 국무총리실, 외교부, 보건복지부, 행정안전부, 국방부, 경찰청 등 관계기관들과 협의를 통해 사전준비를 했다.

공항을 출발한 유골과 유족은 경찰 고속도로순찰대의 호위를 받으며 천안 국립 망향의동산으로 이동한다. 이곳은 1976년에 조성된 재외동포들의 국립묘지이다. 사전에 강제동원위원회는 유족들의 희망에 따라 국립묘지인 망향의동산에 안장할 신청자를 확인하여 보건복지부 등 관계기관과 협의 하에 망향의동산 내 봉안당에 강제동원희생자 유골을 안치하는 별도의 지정구역과 유골함, 위패 등을 만들어 두었다.

망향의동산에서 거행되는 '희생자 추도 및 유골 안치식'에는 국내의 유족들과 친지들이 대거 참례했다. 행정안전부 차관 등 국내 주요 인사들의 추도식에 이어서 주한일본대사가 참례하여 추도사를 낭독했다. 이것은 '유골봉환 실시요령'에 명시된 것은 아니지만, 국내 추도식 때에도 일본정부를 대표하여 주한일본대사가 참례해 추도사를 낭독하도록 하자는 강제동원위원회의 제안을 일본정부가 받아들인 데 따른 것이었다. 이후 4차 유골봉환 때까지 주한일본대사는 모두 참례해 추도사를 낭독했다.

일부 유족만이 유골을 받아 들고 고향의 선산이나 가족묘지로 모셔갔고, 대부분의 유족들은 추도식이 끝난 후 직접 유골을 들고 봉안당까지 올라가서 미리 준비해 둔 새로운 유골함에 옮겨 담고 납골당에 안치했다.

유골을 납골당에 안치한 유족들은 회한의 눈물을 흘렸지만, 집으로 돌아가기 직전 강제동원위원회의 직원들을 찾아 와 손을 맞잡고 이런 얘기를 들려 주었다.

"죽은 양반도 이젠 편히 쉬실 수 있고, 나도 이젠 죽어도 여한이 없어. 평생의 한을 풀었어. 너무 고마워. 수고했어."
"우리 정부가 이렇게 정성껏 모셔주니. 됐어. 이러면 된 거야. 뭘 더 바라겠어. 처음엔 원망도 많았는데, 이젠 됐어."
"일본놈들 평생 원망하고 살았는데, 이번에 다 용서하기로 했어. 진심이 느껴지더라구. 애썼어 들."

3. 2~4차 군인·군무원 유골 봉환

(1) 2차 유골 봉환

2008년 1월 말 제1차 유골봉환이 추진된 직후, 2월 12일 강제동원위원회 회의실에서 일본정부와의 제7차 한일유골협의가 개최되었다. 제1차 유골봉환이 무사히 성사된 데 대해 양측이 만족하는 한편, 제2차 유골협의 조건과 일정 등을 협의하였다. 그런데 이때 일본 후생성 대표가 매우 놀라운 사실을 하나 고백하였다. 유텐사의 조선인 유골 중에 일본인이 섞여 있는 것을 발견했다는 것이다. 후생성이 지난 1차 유골 봉환을 준비하는 과정에서 조선인으로 간주해 왔던 유골 중 12위가 일본인이라는 것을 확인했다는 것이다. 이는 전쟁 직후 희생자의 유골과 명부를 정리하는 과정에서 병적부 등에 본적지가 '조선'으로 표기된 것만 보고 조선인으로 간주했으리라 추정된다. 당시 조선에서 태어나 출신지를 조선으로 표시하는 일본인의 사례에 익숙하지 않은 실무자들의 오인이었을 것이다.

어쨌든 강제동원위원회는 더 이상의 일본인 유골이 발견될 가능성을 일본정부에 추궁했고, 일본정부는 면밀한 검토 끝에 더 이상 일본인이 나올 가능성은 '제로'라고 확언했다. 이에 강제동원위원회는 더 이상 일본인 유골이 포함되지 않아야 한다는 보장을 일본정부에게 문서로 확인해 줄 것으로 요구했다.

그밖에 일본정부는 제1차 유골봉환 직후 제기된 일본 국내법 상의 '공시' 절차 문제를 토로하며, 제2차 유골봉환 전 3개월 정도의 공시 절차를 밟아야 한다고 주장했다. 이것은 일본 국내에 있던 유골이 외국, 즉 한국으로 반출되는 데 대해 일본 국내법 상 연고가 있는 유족이나 기타 관계인이 유골의 반출에 반대하거나 이의를 제기할 수 있는 최소한의 도과기간을 공시하는 국내법적 절차이다. 이러한 공시 절차는 우리나라에서도 시행되고 있는 일반적인 행정 절차이기 때문에 일정 부분 수긍할 수 있는 문제이다. 다만, 실질적으로 해당 유골은 원래 자의에 반해서 조선을 벗어나 일본에 있게 된 것이며, 일본 국내법에서 정한 유족이나 연고자가 있을 가능성이 희박하며, 설사 공시 기간 중 연고자가 나타나더라도 한국으로의 유골 봉환에 이의를 제기할 가능성은 매우 희박할 것으로 예상되었다. 이에 유해팀은 이상의 사정을 들어, 일본 국내에서의 일반적인 공시 절차와는 달라야 한다는 점을 일측에 역설했다. 회의석상에서는 결정이 유보되었지만, 며칠 후 일본정부는 이러한 사정을 감안하여 일본 내 공시 절차를 3개월에서 2개월로 단축하여 실시하기로 했다고 알려 왔다. 실제로 제2차 유골봉환이 실시된 11월 21일의 약 2개월 전인 9월 초 일본정부는 59위의 봉환 대상 유골의 명단을 정부 홈페이지에 공시하였다. 그러나 실제로 이에 대한 이의제기나 민원 신청은 단 한 건도 없었다.

제2차 유골봉환은 11월 19일부터 21일까지 진행되었다. 방식과 절차는 제1차 유골봉환 이전에 합의되고 개정된 '유골봉환 실시요령'에 따라 추진되었다. 봉환 대상 59위의 유골 중 30명의 유족이 일본을 방문하여, 20일 유텐사에서 일본정부가 주관하는 추도식에 참례하였다. 다음 날인 21일 귀국하여 천안의 국립망향의동산에서 추도식을 거행하고 유골을 안치하였다. 이로써 2018년 한 해에 두 차례에 걸쳐 모두 160위의 유골이 봉환되었다.

한 가지 유감스러운 일은, 망향의동산에서 추도식이 거행될 때, 모 유족회장이 일부 회원들을 이끌고 나타나 추도식을 방해하는 일이 발생했다. 이들은 오래 전부터 유텐사의 유골이 모두 가짜일 수 있기 때문에 전수 유전자 검사를 실시해야 한다면서 사실상 봉환에 반대해 왔던 사람들이다. 그러나 막상 유족들의 의사에 따라 유골 봉환이 실현되자, 어떻게든 자신들의 존재감을 과시하기 위해 행사장에 나타나 세력을 과시하려고 한 것이다. 소복을 입은 대여섯 명의 회원들을 이끌고 온 유족회장이 추도식이 거의 끝날 무렵 사회를 보고 있던 정혜경 과장의 마이크를 완력으로 빼앗으려 했다. 이 과정에서 정혜경 과장은 부상을 입기까지 했다. 이들은 유족들이 유골함을 받아들기 위해 줄을 서 있는데, 자신들도 절을 올리겠다면서 유골함 앞에서 일방적인 퍼포먼스를 펼쳤다. 유족과 정부가 경건한 마음으로 추도식을 마치고 유골함을 옮기려는 순간, 누가 보더라도 진심어린 추도 행위로 볼 수 없는 소란스럽고 쇼맨십이 가득한 행태로 추도식의 분위기를 어수선하게 만들었다.

그러나 유족과 참석자들은 이들의 소란에 동요되지 않고 묵묵히 정해진 절차에 따라 유골함을 납골당으로 옮겼다. 유골봉환을 방해하여 자신들의 존재감을 드러내려던 일부 유족단체들의 돌발 행동은 대다수 유족들에게 외면당했다. 이후에 추진된 두 차례의 유골봉환 추도식에서 일본과 우리정부에 대해 서운함을 호소하는 일부 개인들을 제외하면, 특정 단체의 집단적인 방해 공작은 나타나지 않았다.

(2) 3차 유골 봉환

제2차 유골봉환에 이어 2009년 7월 9일 제3차 유골봉환이 추진되었다. 이 때 봉환된 유골은 44위였다. 희생자의 유족 중 25명이 7월 7일 일본을 방문하여 다음 날인 8일 유텐사에서 열린 추도식에 참석했다.

이날 유족들은 오후에 있을 유텐사 추도식에 앞서 오전에 '동경도東京都위령당'을 방문했다. 동경도위령당은 도립요코아미초都立橫網町공원 안에 있는 위령시설인데, 1923년 9월 1일 동경대지진 때 화재 등으로 사망한 무연고자의 유골과 아시아태평양전쟁 중 동경대공습 때 사망한 무연고자의 유골을 보관하고 위령하는 시설이다. 위령당에는 관동대지진 때의 사망자 약 58,000명, 대공습 사망자 약 105,000명이 모셔져 있다. 현재 위령당에는 공습 중 사망한 조선인 유골도 다수 모셔져 있다.

유족들은 위령당 관계자의 안내를 받아 본당의 뒷면에 위치한 유골보관 시설을 견학했다. 천장까지 빼곡하게 들어 선 선반 위에 커다랗고 네모난 항아리 단지들이 줄지어 있고, 그 속에 수만 명의 무연고 유골들이 잠들어 있다. 그리고 한쪽 구석에는 모양도 제각각인 작은 유골 항아리들이 놓여 있는데, 항아리들에는 '김 아무개', '박 아무개' 또는 '가네모토 영식' 등의 한국인 이름이 표시되어 있다. 관동대지진과 전쟁 중 공습으로 사망한 조선인의 유골인데, 신원이 밝혀지지 않은 채 수십 년이 지난 현재까지 이국 땅의 위령당에 보관되고 있는 것이다. 유족들은 위령당을 나와 본당 오른쪽에 자리한 '관동대진재 조선인 희생자 추도비' 앞에 헌화하고 묵념을 올렸다.

그림 54 동경도위령당의 '관동대진재 조선인 희생자 추도비'

2008년 11월의 제2차 유골봉환 때도 추도식이 열리기 직전에 유족들은 이국 땅에서 생을 마감하고 아직도 조국으로 돌아가지 못하고 있는 조선인 희생자를 위로하기 위해 동경도위령당을 방문하고 헌화했다.

그리고 2008년 1월의 제1차 유골봉환 때는 유족들이 '치도리카후치千鳥ケ淵

전몰자 묘원'을 방문했다. 이곳은 전후 일본정부가 동남아시아 등 해외 전투 지역에서 전사한 일본인 신원미상 또는 무연고 유해를 수습하여 합사한 곳인데, 이 중에는 조선인 유골이 포함되어 있다. 전쟁이 끝난 지 수십 년이 지났기 때문에 유골을 수습할 당시 일본인뿐만 아니라 함께 전사한 조선인 유골 역시 신원을 확인할 수 없었다. 이에 대해 강제동원위원회는 한일유골협의에서 이러한 사실을 일측에 제기한 바 있으며, 일본정부 관계자 역시 이러한 사실을 인정했다. 나아가 강제동원위원회는 시설의 안내문이나 설명문에 조선인 유골이 포함되어 있다는 사실을 공식적으로 표기해 줄 것을 요구하였으나, 일본정부는 이에 대해 뚜렷한 입장을 밝히지 않은 채 아무런 반응을 보이지 않았다.

이에 제1차 유골봉환 때 강제동원위원회는 유족들의 '치도리카후치 전몰자 묘원' 방문을 추진했다. 외관상 그곳은 일본인 무연고 전몰자의 묘원이지만, 강제동원 희생자의 유족들이 그곳을 참례함으로써 그 속에는 조선인 유골도 포함되어 있다는 사실을 대내외에 밝힌 것이다. 놀랍게도 한국의 유족들은 비단 조선인 희생자뿐만 아니라 일본인 전몰자에 대해서도 전쟁의 참화 속에서 조선인과 함께 희생된 피해자라며 머리를 숙여 깊은 애도의 뜻을 표했다. 한국의 유족들은 한일 양국의 정부가 염려했던 것보다 성숙한 의식을 갖고 있었다.

(3) 4차 유골 봉환

2010년 5월 19일 제4차 유골 봉환이 추진되었다. 이전의 세 차례에 걸친 유골 봉환과 마찬가지로 일본정부의 공식 초청을 받은 유족들이 일본을 방문해서 유텐사에서 추도식을 거행하고 귀국 직후 곧바로 천안의 국립 망향의동산에서 추도식을 마치고 219위의 유골을 무사히 안치했다.

모두 네 번에 걸친 유족의 방일과 추도식 행사 때마다 우리 정부와 일본의 정관계 인사뿐만 아니라, 시민사회 단체 등이 큰 도움을 주었다.

우리 정부는 청와대와 국무총리실의 지원 아래 외교부와 행정안전부, 보건복지부, 경찰청 등이 협조했다. 일본 체류 시 주일한국대사는 매번 오찬을 베풀어 유족들을 위로하고 격려했다. 김포공항 관계자도 유족들의 입출국과 유골의 통관 수속에 적극 협력해 주었다. 유족과 유족들이 천안까지 이동할 때에는 경찰청 고속도로순찰대가 호위를 해 주었고 엄동설한과 빗속에서 진행된 추도식 때마다 국방부의 군악대와 경찰청의 경찰악대가 노천에서 손이 곱도록 수고를 해 주었다. 천안 망향의동산은 행사 전반은 물론이고 납골당 내에 강제동원 희생자 전용 구역을 설정하여 각별히 배려하였다.

그리고 일본정부와 유텐사 관계자들은 물론이고 공항과 호텔 직원들도 유족과 유골의 송환에 성심성의를 다했다. 그리고 한일관계의 친선과 우호를 지원하는 일본의 양심적인 국회의원과 친한적인 시민사회 인사들, 그리고 재일동포들은 유족들이 방일할 때마다 이들을 환대하고 추도식에 참례했다. 고인이 된 곤노 아즈마今野 東 참의원, 고故 이일만 '동경조선인강제연행진상조사단' 사무국장을 비롯해 우츠미 아이코内海愛子 '강제동원진상구명네트워크' 공동대표, 아리미츠 켄有光健 '전후보상네트워크' 대표, '조동종曹洞宗 인권옹호추진본부'의 열성적인 활동가들이 강제동원위원회의 사업을 후원했다. 이들은 실제 강제동원 피해자와 유족들을 찾아 가 사죄하고 진상규명을 위해 노력했으며, 희생자 유골 봉환을 위해 국내외에서 자료와 유골을 찾아 조사하고 일본정부를 압박하여 한국으로의 송환을 재촉하기도 했다. 추도식을 위해 일본을 방문할 때마다 강제동원위원회의 수뇌부는 일본 국회의원 회관에서 '전후보상을 생각하는 의원연맹' 소속 국회의원들과 간담회를 가졌다. 이 자리에서 양측은 강제동원 희생자 유골 봉환의 남은 과제와 지속적인 추진을 위한 협력방안들을 모색했다. 실제 유골봉환이 성사되기까지 이들 의원연맹 소속 의원과 관계자들의 역할이 매우 컸다.

한편, 제4차에 봉환된 유골은 모두 219위였다. 이 중에서 신원과 유족이 확인된 유골은 24위이고, 나머지 유골은 모두 조선인 군인·군무원 유골은 맞지만 본적지와 제적이 확인되지 않는 경우, 신원은 확인되었지만 유족이 전혀 없거나 확인이 불가능한 무연고 유골들이다.

이로써, 전후 일본 정부가 보관해 왔던 조선인 군인·군무원 유골 중 북한 지역 출신자와 우키시마호 폭침 사건 관련 유골을 제외한 남한 지역 출신 유골은 모두 봉환된 셈이다. 전쟁이 끝나고 해방된 지 65년 만에, 한일 정부 간 유골 봉환이 시작된 지 40년 만에 사실상 군인·군무원 유골 봉환이 완료된 것이다.

2004년 말 한일정상회담에 의해 출범한 한일유골협의체를 통해 2008년 1월부터 시작된 유텐사 보관 군인·군무원 유골 봉환 사업은 2010년 5월의 제4차 봉환에 이르기까지 모두 423위의 유골을 국내로 봉환, 안치함으로써 무사히 종료되었다.

4. 유텐사祐天寺에 남겨진 유골들

2008년부터 2010년까지 4차에 걸쳐 423위의 유골이 봉환됨으로써, 유텐사에 남아있던 남한 지역 출신 군인·군무원 유골 문제는 일단락되었다고 할 수 있다. 이제 유텐사에 남은 것은 우키시마호 폭침 사건의 유골과 북한 지역 출신 유골뿐이다.

(1) 우키시마호浮島丸 폭침 사건 희생자 유골

해방되기 직전 일본 아오모리현青森県 오미나토大湊 경비부(본토 최북단 해군기지)에 소속되어 있던 조선인 해군 군무원 및 가족 등이 해방 직후 고향으로 귀환하기 위해 오미나토 항으로 몰려들었다.

일제 당국은 수천여 명에 달하는 조선인을 귀환시키기 위해 대형 수송선인 우키시마호浮島丸를 수배하였다. 8월 21일 우키시마호는 약 7천여 명의 조선인을 태우고 오미나토 항을 출발했다. 그러나 당시 수송선은 홋카이도와 접한 쓰가루 해협을 통과해 곧바로 동해를 지나 부산으로 향하지 못하고 일본열도를 따라 교토京都 인근의 마이즈루舞鶴항으로 내려왔다. 당시 일본 근해에는 전쟁 중 연합군의 기뢰가 설치되어 있었고 미 해군의 활동에 따른 통항 금지 조치, 그리고 연료 보급 등의 이유로 수송선은 곧장 부산으로 항해할 수 없었다. 마이즈루에 도착하기 전까지 몇 군데 항구에 더 들러서 조선인과 일본인 등을 다수 승선시켰다. 그런데 8월 24일 마이즈루 항구 앞바다에 정박 중이던 우키시마호에서 갑자기 폭발이 일어나 침몰하는 바람에 승선자 상당수가 사망하거나 실종되었다.

사건 직후 일본정부는 한국인 승선자 수 3,735명, 사망자 524명이라 밝혔으나, 당시 생존자와 유족회 등은 승선자가 최소 7,500명 이상이며, 사망자 또한 수천 명에 이를 것이라고 주장하였다. 폭발 원인에 대해서 일본정부는 기뢰 접촉에 의한 폭발 사고라고 했지만, 생존자와 유족들은 일본 당국이 의도적으로 배를 폭침시킨 것이라고 주장하고 있다.

이 사건은 해방 직후 강제동원 피해자들이 고국으로 귀환하는 과정에서 발생한 최대의 해난 사건으로 손꼽힌다.

한편, 사건 발생 직후 인근 주민들이 건져 올리거나 바닷가에 떠밀려 온 시신들은 현지 주민들이 가매장했다. 그리고 이듬해인 1946년 3월 일본정부가 사망자명부를 작성하여 미군정에 보고한 바 있다. 사건 발생 약 5년만인 1950년 2~3월에서야 제1차 선체 및 유골 인양 작업이 이루어졌다. 그리고 1953년 12월에서 1954년 초에 걸쳐 제2차 인양 작업이 이루어졌다. 일본정부는 사건 직후 가매장된 시신과 50년대 초반 2차례에 걸쳐 인양된 유골들을 모두 화장한 후 사망자명부에 기록된 인원 수대로 분골하고 각각 사망자의 이름을 부여했다. 해당 유골(521위)은 60년대까지 마이즈루와 쿠레吳의 지방복원국(일본 육해군의 전후 복귀와 잔무, 유골 문제 등을 처리하는 기관)이 보관하다가 1971년 6월부터 후생성이 이를 이어 받아 다른 군인·군무원 유골 등과 함께 유텐사에 위탁보관해 왔다.

이후 2005년까지 간헐적으로 유텐사의 군인·군무원 유골 봉환이 있을 때마다 우키시마호 폭침 사건 관련 유골의 약 절반 정도가 국내로 반입되었다. 이 때만 해도 유족과 국민들은 봉환된 유골들 속에 우키시마호 폭침 사건 관련 유골이 포함되어 있다는 사실을 제대로 알지 못했다. 2005년 강제동원위원회가 활동을 시작하고 한일유골협의가 진행될 무렵, 우키시마호 폭침 사건 관련 유골에 대해 일본정부는 기존에 한국으로 인도한 유골을 제외하고, 현재 유텐사에 약 280여 위의 우키시마호 폭침 사건 관련 유골이 있다고 밝혔다. 이 가운데 남한 지역 출신자는 275위이다.

어쨌든 2005년 한일유골협의체가 출범한 이래 강제동원위원회 측은 우키시마호 폭침 사건 관련 유족회 등의 요구에 따라 일본정부에 사건의 철저한 재조사와 진상조사, 유골의 발굴, 관련 문서와 자료의 공개와 제공 등을 여러 차례 요구했다. 그러나 일본정부는 이에 응하지 않았다.

다른 군인·군무원 유골의 봉환이 합의되고 실제로 4차례에 걸쳐 봉환이 성사되는 가운데, 우키시마호 폭침 사건 관련 유골의 봉환은 계속 후순위로 유보되었다. 그 이유는 사건의 진상조사 등 실체적 접근에 대한 양국의 이견 차가 워낙 큰 이유도 있지만, 관련 유족들의 입장이 일치되지 않은 것이 가장 큰 이유라고 할 수 있다. 우키시마호 폭침 사건 유골의 유족들 중에는 유골의 봉환을 희망하는 유족도 있지만, 반 이상의 유족은 사건의 진상이 규명되고 일본의 책임있는 조치가 이루어질 때까지 유골을 봉환해서는 안된다는 강경한 입장을 가진 유족도 있었다.

2010년 초 강제동원위원회는 당시까지 확인된 우키시마호 폭침 사건의 유족들을 대상으로 유골 봉환 의사를 확인한 바 있다. 우키시마호 폭침 사건 유골 중 남한 지역 출신 275위를 대상으로 신원조사를 벌인 결과 이 가운데 72위의 유족이 확인되었다. 강제동원위원회는 72위의 유족들에게 설명회와 서면, 전화통화 등을 통해 사건의 개요와 유골이 수습되고 분골된 상태, 그리고 일본정부의 태도 등에 대해 상세히 설명했다. 그리고 이런 상태임에도 불구하고, 현재 진행중인 다른 일반 군인·군무원의 유골 봉환과 함께 국내로 해당 유골을 봉환할 의사가 있는지 여부를 조사했다.

72위의 유족 중 유골 봉환을 희망한 유족은 31명, 봉환을 거부한 유족은 41명이었다. 게다가 관련 유족단체를 이끄는 유족회장 등의 주요 인사들은 유골 봉환에 절대 반대하며 강경한 태도를 보였다. 유골을 봉환할 경우, 강제동원위원회와 정부는 물론이고 유골을 봉환한 유족들에 대해서도 소송을 불사하겠다는 입장이었다. 실제로 사건 관련 유골은 여러 시신의 유골을 화장한 후 인원 수 대로 분골한 것이기 때문에 이름이 적혀 있다고해서 이름과 유골이 일치하는 것은 아니었다. 이런 경우에는 모든 유족이 한 마음으로 유골을 모셔와 다시 합사를 하고 공동으로 추도를 하는 것이 최선의 방법이다. 하지만, 사건의 철저한 진상규명과 재조사가 선행될 때까지 절대로 유골을 봉환할 수 없다는 반대 유족들이 있는 한 몇몇 유족들이 유골을 먼저 들여 와 각자 추도할 수는 없는 노릇이었다. 결국 강제동원위원회는 유골 봉환을 간절히 희망하는 일부 유족들이 있지만, 이에 반대하는 과반 수 이상의 유족들의 의사를 존중하여 해당 유골의 봉환을 무기한 유보하기로 결정했다.

이 문제는 철저한 진상조사와 재조사, 선체와 유골 인양이 선행되어야 한다는 유족들의 요구와 이에 절대 응하지 않고 있는 일본정부의 입장이 평행선을 달리는 한, 당분간 해결이 어려울 것으로 전망된다.

(2) 북한 지역 출신 희생자 유골

현재 유텐사에는 427위 가량의 북한지역 출신 군인·군무원 유골이 남아있다. 북한지역 출신이란, 1945년 이전의 본적지가 황해도, 함경도, 평안도이며, 경기도와 강원도 북부 중 현재 북한에 소속된 지역 출신을 말한다.

제7장 1절에서 설명했듯이, 1969년 제3차 한일각료회의에서 한일 양국은 남한지역 출신의 유골에 한 해 한국으로 봉환하는 데 합의했다. 이에 따라 북한지역 출신의 유골에 대해서는 한국정부의 관할권이 미치지 않으며 일본정부와 북한이 협의해서 처리하도록 남겨진 상태이다.

그러나 70년대 대규모로 이루어진 몇 차례의 유골 봉환 때 북한지역 출신 유골 약 400여 위가 국내로 봉환되었다. 당시에는 유족뿐만 아니라 먼 친척과 친구, 동료, 선후배까지 연고를 주장하여 유골을 봉환했는데, 북한지역에서 월남했거나 피난하여 정착한 유족 등이 연고를 주장하여 유골을 인수하기도 했던 것이다. 남북한에 흩어져 있는 유족들은 곧 통일이 되면 만날 수 있다는 기대를 안고 있었기 때문에 일단 남쪽에 정착한 유족들이 우선 유골을 인수한 후 통일될 날을 기다렸던 것이다. 이들은 통일되면 북한의 고향으로 유골을 가져가기 위해 해당 유골을 매장하지 않은 채 부산의 한 공동묘지에 모셔두었다.

문제는, 세월이 흐르면서 점차 유족이 나이를 먹고 세상을 떠나기 시작하자 그 후손들이 유골의 존재를 모르게 되거나 제대로 돌보지 않는 사례가 발생한다는 것이다. 이렇게 되면 해당 유골은 비록 조국에 돌아왔지만 북쪽의 고향 땅에는 가지 못한 채 부산의 납골시설에 방치되거나 영면에 들지 못하는 셈이다.

이에 2009년 강제동원위원회는 방치되고 있는 북한지역 출신 유골을 조사하여 해당 사실을 2세, 3세 유족들에게 알려주었다. 그리고 일부 유골은 해당 유족에게 인도하고, 나머지 무연고 유골들은 별도의 납골시설로 정중하게 옮겨서 영구 안치하였다.

현재 유텐사에 남아 있는 약 400여 위의 북한지역 출신 유골들은 도쿄의 한 재일조선인 단체가 열성적으로 추도하는 한편, 북한과 일본정부 간 협의를 통해 해당 유골을 북한으로 봉환하는 방안을 추진하고 있다.

5. 노무동원자의 유골 조사와 협상

(1) 일본 지역 유골 실태·실지 조사

2005년 5월의 제1차 한일유골협의체[38]에서 일본 정부와 강제동원위원회는 일본 내 한국인 노무동원자 등의 유골 실태를 조사한다는 데 합의했다. '노무동원자 등'이라고 하는 이유는, 해당 유골이 징용 등에 의해 일본에서 사망한 경우도 있지만, 그의 노모와 부인, 그리고 어린 자녀들의 유골, 심지어 전후 도일한 일반 재일동포 등의 유골이 포함되어 있기 때문이다.

한일 양측은 일본 내 유골조사를 '실태조사'實態調査라 칭하고, 이에 기반한 현장 실사實査를 '실지조사'實地調査라 명명했다. 이에 일본 정부는 일제강점기 노무동원과 관련이 있는 1백여[39] 기업들과 현재 유골을 보관하고 있는 사찰, 납골당 등의 시설, 그리고 한국인 사망자 정보 및 유골 소재 정보를 보유하고 있는 지자체 등에 대한 '정보제공의뢰서'를 발송했다.[40]

이후 일본 정부의 유골 실태·실지 조사 현황은 당초 한일유골협의가 개최될 때마다[41] 일측이 설명을 하고 강제동원위원회에 전달하였다. 그런데 한일유골협의가 부정기적으로 개최되기 때문에 자료의 면밀한 검토와 원활한 신원 및 유족확인 작업 추진 차원에서 강제동원위원회는 일본정부에 대해 실태·실지 조사 결과의 정기적인 제공을 요구하였다. 이에 2008년부터 실태조사의 경우 1년에 1~2회씩, 실지조사의 경우 수시로 외교경로를 통해 해당 결과물이 강제동원위원회에 전달되었다.

2006년경 일측의 보고에 따르면, 강제동원과 관련이 있고 현존하는 125개 기업 중에서 8개 기업이 제공한 사망자 또는 유골보관 현황이 일부 포함되어 있었다.[42] 그러나 기업으로부터의 정보는 더 이상 진전이 없었고, 대부분의 조사결과는 '전일본불교회'全日本仏教会를 통한 불교종단 또는 개별 사찰들로부터의 유골 보관 자료에 의존하는 모습을 보였다.

강제동원위원회 활동이 거의 종료될 무렵인 2015년 말 현재 일측의 실태조사 내용은 일본 전 지역을 6개 권역으로 나누어 분류하고, 각 사찰과 납골당 등 총 350여 개 시설에 고유번호를 지정하고, 해당 시설의 유골정보를 수록했다. 이때까지 수집된 유골정보는 350여 개 시설에 총 2,798위[43]가 있는 것으로 보고되었다. 이 유골 수는 대체로 개체성이 파악되는 유골만을 한정하고 있으며, 분골 또는 합골된 유골의 숫자에 대해서는 그 구체적 숫자를 특정하기 어렵기 때문에 단지 보관 시설만 표시하고 있다. 따라서 실제 유골의 개체 수는 2,798위를 훨씬 상회할 것으로 추정된다.

합골·분골된 시설의 유골에 대해서는 아예 숫자를 적지 않았거나 누락된 경우가 다수 있기 때문에 2,798위 외의 유골 개체 수를 파악하는 데 어려움이 있다.

실태·실지 조사를 통한 봉환대상자 선별 현황

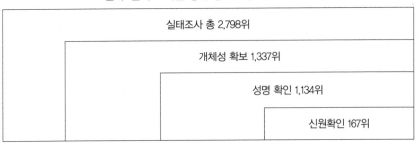

실태조사 총 2,798위			
	개체성 확보 1,337위		
		성명 확인 1,134위	
			신원확인 167위

한일 양측은 실태조사가 개시된 직후, 조사결과의 내용을 정부관계자가 직접 참관하여 실사를 벌이는 문제에 대해 협의했다. 우리측은 한일 공동 실지조사를 주장하였고, 일측은 모든 실지조사에 대해 한일 공동조사는 불가능하고 해당 시설측의 요청 또는 양해(한일공동조사를 수용)가 있는 경우에만 가능하다는 입장을 관철시켰다.

이로써 2006년 8월 후쿠오카福岡 다가와시田川市 신마치新町 묘지납골당에 보관중인 한국인 유골 4위에 대한 제1회 한일 공동실지조사가 실시되었다. 이후 일측은 주로 후생노동성 인도조사실 주도 하에 단독 실지조사를 실시해 나갔고, 그 결과를 한국측에 서면으로 전달했다. 이후 2014년 현재 일측이 실시한 실지조사는 총 226차[44]에 이르며, 실태조사 결과 2,798위 중 984위의 유골이 확인되었다.

일본정부가 226차례나 실지조사를 벌이는 동안 강제동원위원회는 겨우 20여 차례밖에 실지조사에 참여하지 못했다. 그 이유는 예산과 인력, 그리고 정부의 의지 부족 때문이었다.

법정 활동기간이 1~2년으로 제한된 강제동원위원회는 거의 2년마다 활동기간 연장을 행정안전부와 국회에 구걸하다시피 해야 했다. 게다가 강제동원위원회의 인사와 예산은 행안부에서 파견나온 공무원들이 장악하고 있었다. 그러다보니, 가장 핵심적인 유골 조사와 봉환에 필요한 중장기 예산을 자체적으로 수립하는 것은 아예 불가능했고, 해마다 행안부의 예산 내에서 임시방편의 자투리 예산을 구걸하는 형편이었다. 그마저도 강제동원위원회의 활동과 유골에 관한 예산안은 국회에서 예산심의가 이루어질 때마다 여야 정치인들과 행안부, 기재부 공무원들이 언제든 날려버릴 수 있는 손쉬운 먹이감이었다. 연말의 국회 예산안 최종심사 단계에서 강제동원위원회의 유골 관련 예산안은 정치인들과 관료들의 야합에 의해 순식간에 일부 또는 전액 삭감되기 일쑤였다.

그러다보니 외교경로를 통해 일본정부의 유골 공동조사 제안이 오더라도 강제동원위원회의 유해팀은 1년에 1~2번 정도밖에 공동조사에 참여하지 못했다. 그나마 비싼 국외출장비 제약 때문에 조사 인원도 2명 이상을 넘지 못했고, 겨우 1명만 보낸 적도 있다. 심지어 오 팀장이 유골실무협의를 위해 도쿄의 외무성에 출장 갈 때마다 공동실지조사 일정까지 겸해서 직접 큐슈九州와 나가노長野 등 수백 킬로미터가 떨어진 오지와 산간벽지까지 직접 다녀와야 할 정도였다.

이명박정부 말기와 박근혜정부 기간 동안에는 일본정부의 공동조사 제안이 오더라도 아예 일본에 출장조차 갈 수 없는 형편이었다. 정부와 행안부 관료들은 강제동원위원회를 폐쇄시킨다는 방침 아래 모든 업무를 축소 내지 중단시켰고, 얼마 되지 않는 조사인력마저 모두 해고시켰다. 마지막 단계에는 유해팀에 팀장만 홀로 남아 있을 정도였고, 일본정부로부터 공동조사 제안이 오더라도 이런 내부 사정을 차마 설명할 수 없어서 오 팀장은 엉뚱한 변명을 해야만 했다. 유골 실태·실지조사의 중단과 징용 피해자의 유골 봉환이 성사되지 못한 가장 결정적인 책임은 일본정부에 있다기보다 바로 한국정부에 있다고 할 수 있는 대목이다.

그렇지만 전후 최초로 실시된 실지조사를 통해 확인할 수 있었던 가장 중요한 성과는 사망자의 신원과 유족찾기, 그리고 강제동원 사실을 확인했다는 점이다. 이점이 현재 진행되고 있는 실지조사의 가장 큰 성과이자 동시에 가장 큰 문제점이기도 하다.

강제동원위원회는 실지조사를 통해 확인된 사망자의 신원정보(성명, 본적지, 생몰년월일)를 토대로 본적지 조회 또는 주민조회 등을 거쳐 사망자의 생전 기록과 강제동원 피해사실 여부, 그리고 유족찾기에 착수했다.

성명과 최소 면面 단위 이하 본적지가 기재되어 유족찾기가 가능한 대상자는 298위였다. 이 가운데 유족 등 연고자가 확인된 경우는 79위로서 조사대상자 중 26.5%에 불과하다. 보고된 유골 총 수에 비하면 3%에도 미치지 못한다. 이처럼 유골의 생존자료 확인과 유족찾기가 저조한 근본적인 이유는, 유골 신원정보의 절대부족과 실지조사 시 관련 자료를 충분히 수집할 수 없기 때문이다.

일본정부가 유골의 신원정보를 파악하는 단서는 주로 사찰 등이 보관하고 있는 유골함과 과거장過去帳[45], 해당 지역 관공서에 남아있는 매화장인허가증埋火葬認許可証 등의 기록물인데, 사망자의 성명이 불상不詳인 경우도 있고, 대부분의 경우 본적지에 관한 기록이 전혀 없거나 그마저도 시·도·군 단위만 기재되어 있을 뿐 상세한 본적지 정보가 없어서 사실상 조사가 불가능한 경우가 대부분이다.[46]

따라서 향후 일본 지역의 조선인 강제동원 희생자 유골 조사는 사찰 외에 전국의 탄광, 광산, 비행장, 공동묘지, 임야 등에 매몰·매립·매장된 유골로 확대될 필요가 있다.

(2) 노무동원자 유골의 봉환 조건과 절차를 둘러싼 한일 협의

이상의 실태·실지조사 결과에서 확인된 유골에 대해서는 한일 양국 정부가 한국으로의 봉환을 전제로 조사한 것이기 때문에 조사가 진행되는 동안에도 해당 유골을 봉환하는 조건에 관해 상당한 협의를 진행했다.[47]

2010년의 제4차 군인·군무원 유골봉환이 모두 완료된 이후에는 이 문제를 집중적으로 협의했지만, 한일 양국 정부는 합의에 도달하지 못했다. 강제동원위원회는 군인·군무원 유골과 동일한 방법과 절차로 노무동원자 등의 유골을 봉환하자고 고수했지만, 일본 정부는 노무동원자 등의 유골에 관한 책임은 일본 정부가 아니라 기업에 있다며 국가의 책임을 인정하지 않았다. 강제동원위원회 측은 한일유골협의 때마다 1938년의 국가총동원법에 의해 모든 조선인이 일본제국의 지시에 따라 작업장 등에 동원되었기 때문에 징용노무자 역시 일본 국가의 책임이라는 점을 줄기차게 주장했다. 오일환 유해팀장은 일본의 과거사에 밝지 못한 일본 외무성과 후생노동성 관료들을 설득하기 위해 국가총동원법과 전후 일본인의 강제노동에 대해 일본정부가 보상을 해 준 법령과 사례들을 회의 석상에서 직접 보여주거나 낭독하기까지 했다.

이후 거듭된 협의와 강제동원위원회 측의 끈질긴 설득에 따라 일본 정부는 마침내 실태·실지조사에서 확인된 유골 중 강제동원위원회가 강제동원 희생자로 인정한 유골에 한 해 군인·군무원 유골 봉환 절차에 준해서 한국으로 봉환한다는 데에 동의했다.

2011년 12월 17일부터 개최될 한일정상회담이 있기 3일 전인 14일, 일본 외무성의 정상회담 준비 실무책임자인 오노 북동아과장이 강제동원위원회 측의 일관된 요구조건을 최종적으로 수용한다는 내용이 일본대사관을 통해 외교통상부와 강제동원위원회에 전달되었다.

당초 한국정부가 일본에 와서 직접 유골을 가져가는 것만 허락하겠다던 입장에서, 일본정부는 차츰 유족의 방일과 도쿄에서의 추도식 행사 추진에 동의했다. 그러나 처음에는 한국정부 주관의 행사를 허용하겠다는 입장이었다. 이 역시 마지막에는 일본정부가 유족을 공식 초청하고 추도식을 주관하는 것으로 합의되었고, 추도식에 일본 고위 관계자가 참례하여 추도사를 낭독하는 것도 양해되었다. 나아가 유족의 방일과 체류, 추도식, 조위금, 유골 수송 등의 비용을 일본정부가 제공할 용의가 있다는 데까지 양해가 이루어졌다. 사실상 기존의 군인·군무원 유골 봉환과 같은 내용으로서, 늦게나마 한국 측이 거둔 완벽한 협상의 성공 사례라고까지 평가할 만 했다.

이후 양국 외교 당국자 간의 합의가 거의 이루어졌고, 곧 있을 한일정상회담에서 양국 수뇌 간의 최종적인 합의만 남겨둔 상태였다.[48]

그런데 사흘 뒤 교토에서 있은 한일정상회담에서 이명박 대통령이 사전 의제

협의에서 합의되지 않았던 일본군 위안부 문제를 갑작스럽게, 그리고 시종일관 제기하는 바람에 노다 요시히코野田佳彦 총리와 일본정부는 크게 당황하였고, 이후 노무자 유골 봉환 문제는 아예 거론조차 되지 못한 채 정상회담은 아무런 합의나 성과없이 끝나버렸다.

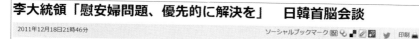

李大統領「慰安婦問題、優先的に解決を」　日韓首脳会談

2011年12月18日21時46分

ソーシャルブックマーク

印刷

野田佳彦首相は18日、京都迎賓館（京都市）で韓国の李明博（イ・ミョンバク）大統領と約1時間会談した。李大統領は元日本軍従軍慰安婦問題について「両国の障害になっている慰安婦問題を優先的に解決する真の勇気を持たなければならない」と述べ、問題解決を強く求めた。首相は「法的に決着済みだ」と日本政府の立場を伝えた。

李大統領の就任以来、首脳会談で慰安婦問題が取り上げられたのは初めて。大統領の要求で、元慰安婦への対応をめぐる問題が再燃するのは避けられない見通しだ。

首脳会談では大統領が慰安婦問題を切り出し、「首相が直接、解決の先頭に立つことを願う。実務的な発想よりも、大きな次元の政治的決断を期待する」と語った。韓国大統領府によると、会談で李大統領は「終始一貫、慰安婦問題だけを語った」という。

会談前に握手をする野田佳彦首相（右）と韓国の李明博大統領＝18日午前9時11分、京都市上京区の京都迎賓館、代表撮影

拡大

그림 55 2011년 12월 18일 한일정상회담을 보도하는 일본의 언론 내용
(밑줄내용 , '청와대에 따르면, 회담에서 이 대통령은 "시종일관 위안부 문제만 언급했다"고 한다)

이때부터 일측의 태도가 싸늘해졌다. 여러 채널을 가동해 일본 외교 당국자들과 비공식 접촉을 통해 일본정부의 입장을 타진한 결과, 이명박 대통령의 위안부 문제 거론 이후 상층부가 직접 강제동원 문제를 포함한 일체의 문제에 대해 한국정부와 더 이상 협상이나 어떠한 접촉도 중단하라는 지시를 내렸다는 것이 확인되었다.

그리고 2012년 8월 10일 이명박 대통령의 갑작스런 독도 방문 이후 한일 양국 관계가 급격히 경색됨에 따라, 노무동원자 등의 유골 봉환에 관한 모든 협의와 논의는 완전히 중단되었다.[49]

이 무렵 이명박정부는 연말 대선을 앞 둔 상태에서 형제와 측근들이 비리 혐의로 구속되는 등 극심한 레임덕을 겪고 있었다. 당시 이 대통령의 독도 방문

직전까지 신문과 언론매체에서는 청와대와 대통령의 동정에 관한 기사와 보도를 거의 찾아볼 수 없을 정도였다. 여론과 사람들의 관심은 온통 여야 대통령 후보의 경선과 연말 대선에 집중되어 있었다.

이 대통령의 뜬금없는 독도 방문 직후 강제동원위원회와 연락을 주고 받는 일부 외교관들은 대통령의 독도 방문 사실을 외교통상부의 담당자들이 사전에 충분히 알지 못했고, 정치논리에 의해 독도가 이용되고 외교가 실종되었다며 깊이 한탄했다.

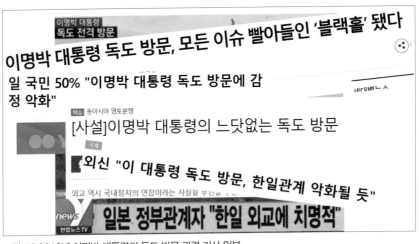

그림 56 2012년 이명박 대통령의 독도 방문 관련 기사 일부

이후 한일관계는 악화일로에 접어들었고 일본군 위안부 문제가 최대 이슈로 부각되면서 그 여파로 한일유골협의체는 사실상 사라져 버렸다. 그리고 박근혜 정부 출범 이후 강제동원위원회 폐쇄 일정이 결정됨에 따라 예산과 인력이 급격히 축소되고 일본 지역 강제동원 희생자 유골 업무는 사실상 기능 마비 상태에 빠졌다.[50]

일본정부와의 유골 봉환 협의가 중단된 경우, 한국정부 즉 강제동원위원회가 단독으로 일본에 건너 가 유골조사를 벌인다거나 확인된 유골을 단독으로

봉환하지 못하는 까닭은 국가 간 '외교적 합의'와 '책임의 공식화' 때문이다. 그 동안 일본정부는 전후 한국으로부터 또는 조총련과 민단 등의 개인과 민간단체 등이 일본 내 사찰과 납골당 등을 방문하여 해당 유골의 유족이 아님에도 불구하고 일방적으로 '유골을 내놓으라'고 요구하는 것에 고통을 호소하는 사찰 등의 민원에 시달린다면서, 한일유골협의체를 통해 개인과 민간단체의 사찰 등 방문과 유골 요구를 자제해 줄 것을 요청한 바 있다. 이에 외교부와 강제동원위원회는 민간의 요구를 자제하는 대신 일본정부와 한국정부 간의 정부 대 정부 간 차원의 조사와 유골봉환에 합의했던 것이다.

또한 사찰 등에 유골이 개체성을 갖고 보관되어 있고 신원과 유족이 확인된 유골의 경우라면, 언제든 국내로 봉환하는 것이 실무적으로 그리 어려운 일도 아니지만, 일본정부가 공식적으로 유골을 한국정부에 인계하고 한국에 도착하기까지 모든 책임을 지는 절차를 밟는 것이야말로 강제동원의 가해 사실을 일본이 인정하게 하는 것이라는 방침 때문에 양국 간에 조사를 진행하는 한편, 봉환 절차를 협의해 나갔던 것이다. 그런데, 봉환 절차가 거의 실질적으로 합의에 다다른 순간 양국 관계가 악화되면서 엉뚱하게도 유골봉환에 관한 모든 절차가 무산된 것이다. 이것이 현재 양국 정부 간에 공식적인 합의 없이 한국이 일방적으로 유골을 봉환하지 않는 이유이다.

6. 사할린한인 유골 봉환

강제동원 희생자의 유골 조사는 대부분 일본지역에 편중되어 있다. 이는 일제의 육해군이 전쟁 당시 조선인 군인·군무원의 유골을 일부 수습해 보관해 왔을 뿐만 아니라 일본으로 동원된 징용자들의 유골이 많이 남아있기 때문이다.

한편, 일본 외 지역의 강제동원 희생자 유골은 중국, 사할린, 시베리아와 중앙아시아, 동남아시아, 태평양 도서 지역 등에 산재해 있는데, 아직까지 이들 해외지역에 대한 우리 정부의 공식조사와 발굴은 시작도 못한 상황이었다.

강제동원위원회 기간 동안 해외지역에 대한 초보적인 유골조사가 이루어진 곳은 중국 해남도와 사할린 뿐이다. 해남도의 경우 현지 주민들의 증언과 관련 기록을 검토하여 내부 보고서로 작성한 수준에 불과했다. 그나마 강제동원위원회가 묘지 실태조사와 기록물 입수, 그리고 유해 발굴과 봉환에 성공한 사례는 사할린이 유일하다.

1905년 러일전쟁 종결에 따라 일본이 러시아로부터 할양받은 북위 50도 이남의 사할린 남부 지역은 일제강점기 당시 화태樺太(카라후토)라고 불렸다. 일제는 이곳에 화태청樺太廳을 설치하고 전쟁물자를 수탈하기 위한 식민지 개발에 박차를 가했다. 워낙 오지인 데다가 절대적으로 인구가 부족한 곳이기 때문에 광활한 산림과 석탄 등 지하자원을 개발하기 위해서는 막대한 노동력이 필요했다. 이에 일제는 초기 조선인들을 취업과 이주라는 명목으로, 나중에는 강제로 사할린에 데려 가 탄광이나 산림 벌목, 각종 토목 공사장, 제지공장 등에 배치하고 노동력을 착취하였다.

패전 직후 일제는 소련군에게 항복하고 사할린의 관할권을 소련에 넘겨주었다. 혼란의 와중에 '가미시스카'와 '미즈호' 등에 남겨진 조선인들은 일본인들에 의해 '학살' 당하기까지 했다. 이후 일본은 사할린의 일본인들을 수송선에 태워 일본으로 귀환시켰지만, 조선인들은 그대로 방치되었다. 소련 당국 역시 일본인들이 빠져나간 사할린을 유지시키기 위해 조선인의 출경을 허가하지 않았다. 그러다가 한반도가 분단되고 6.25전쟁이 발발하는 바람에 사할린의 한인들은 조국으로 귀환할 길이 막혀버렸다. 1950년대 후반, 일본과 소련의 관계개선으로 사할린에 남아 있던 일본인들이 귀환하는 길에 일본 여성과 결혼한 한인 남성과 자녀들 약 2천여 명이 일본으로 귀환하기도 했다. 이후 90년대 한러수교가 이루어져 왕래가 가능해 질 때까지 약 3~4만여 명의 사할린한인들은 반세기에 가까운 세월 동안 고향에 돌아오지 못했다. 그 오랜 기간 동안 사할린한인들은 혹독한 추위와 막노동, 차별, 외로움에 시달리다가 하나 둘씩 세상을 떠났다.

비록 90년대 이후 사할린한인들의 고국방문과 영주귀국이 성사되어 현재까지 약 4천여 명이 안산, 김포 등에 산재하여 살고 있지만, 여전히 국내의 유족들은 희생자의 생사와 묘지 위치도 모르고 유해를 찾아 헤매고 있다. 사할린 현지에도 한러 수교 이전에 이미 사망한 희생자들의 묘지가 오랜 풍상에 방치되고 훼손되어 가고 있다.

그림 57 사할린한인 묘지의 묘비

(1) 사할린한인 묘지 실태조사

강제동원위원회는 2005년 정부합동조사단을 꾸려 사할린 현지에서 전후 최초로 사할린한인에 대한 피해조사를 실시했다. 정혜경 조사과장을 비롯한 강제동원위원회 조사관 등은 전후 최초의 공식 정부조사단의 방문에 감격하며 밤늦게까지 찾아 와 자신들의 사연들을 목놓아 호소하는 수많은 사할린한인들의 모습에 큰 충격을 받았다.

이후 강제동원위원회는 거의 해마다 조사단을 사할린에 파견하였다. 그러던 중 2007년 방문에서 조사단은 유즈노사할린스크 등 주요 도시의 공동묘지에 사할린한인 묘지가 무수히 널려 있는 모습을 목격하였다. 미처 정부 조사단이 오는 것을 보지 못하고 40년대부터 최근까지 유명을 달리한 한인들의 묘지가 부지기수였다.

이에 강제동원위원회는 2008년 7월 오로지 사할린한인의 묘지 실태를 조사하기 위해 조사단을 파견하였다. 오일환 유해팀장을 필두로 사할린한인 피해조사를 전담한 방일권 조사팀장 등이 유즈노사할린스크와 브이코프, 코르사코프 등 주요 한인 밀집 지역의 공동묘지를 탐사하고, 일정 구역의 묘지들에 대한 표본조사를 실시했다.

조사단은 거의 밀림과도 같은 광활한 공동묘지에서 사할린의 여름 모기와 싸우며 수풀 속에 방치된 한인 묘를 찾아 헤맸다.

그 결과 조사단은 총 3개 지역, 5개 공동묘지(연면적 약 100만㎡=축구장 약 200개)를 대상으로 4,500㎡에 걸쳐 약 250여 기基의 한인 묘에 대한 표본조사를 실시하고, 남사할린 지역 내 총 21개 공동묘지의 소재지와 브이코프 매장자 136명의 명단 등을 입수했다.

이를 토대로 강제동원위원회는 대대적인 묘지 실태조사 사업을 벌여나가기 위한 예산과 종합계획을 수립해 나갔다. 한국 면적의 70%에 해당하는 남사할린 지역 전체에 산재한 수십 군데의 공동묘지를 모두 찾아가서 한인들의 묘지를 찾아내 위치와 매장자 정보를 수집·정리하는 매우 지난한 일이었다.

한인묘 현황 파악은 사할린의 지리적 조건, 교통망 등의 제반 사항을 고려하여, 사할린을 4개 권역으로 나누고 권역별 계획을 수립한 후 실시하였다. 한인묘 현황 파악 시 묘지 정보를 정확하게 기록하기 위해, 비석을 통해 한인임을 확인할 수 있는 경우는 GPS장비를 활용한 위치 정보와 비석의 전후좌우를 촬영하여 영상 기록으로 남겼다. 비석이 존재하지 않더라도 묘지 조성의 특성상 한인묘로 추정할 수 있는 경우, 가령 봉분이 조성되어 있거나 비석이 묘지 앞쪽에 위치한 경우는 한인묘로 추정하여 위치 정보와 영상 기록을 채록하였다. 이렇게 확보한 정보는 누구든 쉽게 활용할 수 있도록 데이터베이스화하였다.

또한 묘지조사를 실시하는 동안 모든 묘지마다 안내문을 부착하여 가족이나 연고자의 신고를 받았다. 가족과 연고자가 연락해 온 경우 고인의 신원정보를 파악하고 강제동원 피해 여부와 향후 한국으로의 이장 및 안장 의사 등을 확인하였다.

그림 58 사할린한인 묘지에 부착한 안내문

한인묘 현황 파악은 러시아 정부 및 사할린 주정부의 승인과 전면적인 협조가 없었으면 불가능하였고, 또한 사할린 한인 사회의 이해와 협조가 없었으면 도저히 수행하기 어려운 사업이었다. 강제동원위원회와 러시아 정부, 사할린 한인 동포가 협력하여 5개년에 걸쳐 실시된 조사는 2015년에 최종적으로 마무리되었다. 그 결과 남사할린 전역의 67개 공동묘지에서 15,110기의 한인묘(확정묘 11,705기/추정묘 3,405기) 데이터를 구축할 수 있었다.

이를 토대로 강제동원위원회는 2013년부터 사할린한인 묘를 발굴해서 국내로 봉환하는 사업에 착수하였다. 이 사업은 강제동원위원회가 폐쇄된 이후에도 과거사업무지원단에 의해 지속되고 있다.

그림 59 사할린한인 묘지 검색DB

그림 60 현재 과거사업무지원단 홈페이지

(2) 전후 최초의 한러 간 유골 문제 협상

사할린에서 한인묘를 조사하는 한편 강제동원위원회는 외교부를 통해 사할린한인 관련 기록물의 입수와 한인묘 발굴봉환에 관해 러시아정부와 직접 협의할 것을 타진했다. 마침내 2012년 5월 18일 강제동원위원회는 모스크바 외무성에서 사할린한인 강제동원 희생자 문제에 관한 제1차 한러 간 실무회의를 개최하는 데 성공했다. 하지만 러시아 외무성과 관계자들의 답변은 불확실했다. 러시아 입장에서는 사할린한인 유해 문제가 한러 관계의 중대한 사안이라고 보지도 않지만, 북한 및 일본과의 관계는 물론이고, 다른 국가와 민족의 유골 송환에 미칠 영향, 기록물 관리의 기술적인 문제에 이르기까지 다양한 문제를 검토해야 했다.

한동안 답변이 없는 러시아정부를 설득하기 위해 오 팀장은 주한러시아 대사관의 담당 서기관과 참사관, 대사대리 등을 차례로 만났다. 아무래도 머나먼 모스크바의 당국자들보다는 서울에 있는 러시아 외교관들이 일제 강제동원 희생자와 사할린한인 문제에 대한 이해가 빨랐다. 당초 서울주재 러시아 외교관들은 겉으로는 매우 외교적이고 신중한 태도를 보였지만, 오 팀장의 거듭된 연락과 만남, 그리고 반복되는 설득 끝에 "본국에 잘 보고해 일이 해결되도록 노력해 보겠다"는 태도로 바뀌었다. 이런 노력 끝에 2013년이 되자 러시아정부가 반응을 보이기 시작했다.

그림 61 사할린에서 개최된 제2차 한러 실무협의의 양측 대표단(2013년 5월)

2013년 5월 23일 사할린에서 제2차 한러 간 실무회의가 개최되었다. 우리 측은 외교부의 이상덕 동북아시아국 심의관을 필두로 강제동원위원회의 허광무 과장, 오일환 유해팀장, 그리고 외부전문가로 방일권 교수 등이 참여하였다.

오전 회의에서는 모스크바에서 날아 온 러측 회담 대표인 마쩨고라 외무성 국장(뒤에 북한주재러시아대사로 부임)이 매우 강경한 태도를 보이는 바람에 협상은 거의 결렬 직전의 상황까지 내몰렸다. 이에 우리 외교부와 강제동원위원회는 점심식사 시간 동안 회의 전략을 급히 수정했다. 다행히 오후 회담에서 우리 측의 수정 제의에 러시아 측이 호의적인 반응을 보이며 오히려 기대 이상의 성과를 거둘 수 있었다. 마침내 러시아가 사할린한인 유골의 시범적 발굴과 봉환에 동의한 것이다. 그리고 사할린한인에 관한 기록물의 조사에 러시아정부가 조건부 수락의사를 내비쳤다. 이러한 성과는 1945년 해방 이래 우리 정부가 러시아정부와 직접 협상을 통해 얻어 낸 최초의 결과였다. 이에 따라, 3개월 후 곧바로 제1차 사할린한인의 유골 봉환이 추진될 수 있었다.

(3) 사할린한인 기록물 입수

2008년 처음으로 사할린 한인묘를 조사하기 위해 사할린에 간 조사단은 한인묘 외에도 사할린한인의 생존과 죽음을 확인할 수 있는 결정적인 기록물이 존재한다는 사실을 확인했다. 조사단은 사할린 주정부 출생·사망등록소ZAGS를 방문해서 조선인 '사망신고서'가 포함된 서류철의 실물을 확인했다. 여기에는 창씨명, 출신민족, 소속(작업장, 노무자 신분 등), 사망원인(병명 등), 사망일 등이 기록되어 있다. 사할린 주정부 이민국OVIR에 1945년 9월 이후 작성된 조선인 '주민등록서'가 포함된 서류철이 존재하는 사실을 확인하였다. 여기에는 사진, 본적지 등의 개인 신상정보가 상세히 기록되어 있다. 이를 토대로 오일환 유해팀장은 상세한 내용을 외교부에 통고하고, 언제가 될지 모르지만 하루빨리 러시아 정부에 대해 관련 기록물을 강제동원위원회가 열람하거나 입수할 수 있도록 협의해 달라고 요청했다. 처음에는 러시아 정부가 이를 거부했다. 이것이 마침내 결실을 보게 되기까지는 4년의 시간을 더 기다려야 했다.

2013년 사할린에서 개최된 한러 실무협의를 통해 다음의 합의가 이루어졌다.

첫째, 러시아정부의 '출생·사망기록소'ZAGS 자료의 조회 의뢰 및 확인에 합의하였다. 위원회가 약 1만 명에 달하는 사할린 지역 피해 신고건 중 사망자의 자녀 및 형제자매를 중심으로 조회 대상 명단을 러시아 측에 제시할 경우, ZAGS의 출생·사망 기록을 확인하여 우리 측에 회신한다는 데 합의한 것이다.

둘째, '사할린주 역사기록보존소'GIASO에서 소장하고 있는 한인 관련 최신 기록의 열람·제공에 협조해 줄 것을 약속받았다. GIASO가 정리·완료한 사할린 한인 신원 관련 자료(3종 이상)를 향후 위원회가 전문가를 파견하여 열람을 요청할 경우 열람과 복사의 편의를 전면적으로 제공해 주기로 합의하였다. 한편 일제가 작성한 '작업장별 임금지급 대장', '호적부', '호적접수부'를 우선적으로 열람·제공하며, 향후 추가로 확인될 자료에 대해서도 적극 협조하는 데 합의하였다. 이 자료는 전전戰前의 한인 관련 기록 중 전후 최초로 발굴된 것으로서 사할린 강제동원 한인의 신원과 작업장 등을 이해하는 데 매우 중요한 자료이다.

이에 따라 2014년 한국 정부 최초로 러시아 '사할린 문서기록보존소'에서 한인 기록물을 조사, 열람, 입수하는 사업에 착수했다. 5개년에 걸친 입수 계획을 수립하고 GIASO 등 사할린 한인 관련기록 소장 기관에 대한 사할린 한인 기록물 수집(복사·이미지 확보·필사)과 강제동원 사할린 한인 관련 개인기록보존기관(GIASO 이외 기관)에 대한 현황 조사 및 수집된 기록물 DB 구축 등의 사업에 착수하였다.

그러나 이 사업은 2014년의 1차 사업만 추진된 채, 강제동원위원회 폐지 방침에 따라 나머지 계획은 무산되고 말았다.

2014년의 1차 사업에서 GIASO 및 '개인기록보존소'GADLSSO 관련 자료 11만 8,000여 매를 열람하고, 이 가운데 약 1만 건의 자료와 7,193명의 한인 인명 기록을 확인할 수 있었다.

현재 수많은 사할린한인 유족들이 아직도 부친과 가족의 유해를 찾고 있는 가운데, 이들의 존재와 사망, 묘지 소재를 확인해 줄 증거물에 대한 조사가 중단된 데 대해 심각한 우려를 금하지 않을 수 없다.

(4) 1차 사할린한인 유골 봉환

사할린에서 세상을 떠나 간 수많은 희생자들의 유해를 국내로 모셔 오는 일은 기나 긴 세월만큼이나 험난한 우여곡절과 기적의 연속이었다.

2005년 강제동원위원회가 주도한 정부합동조사단의 최초 조사에서 수많은 생존자들은 하나같이 자신들의 사연을 토로함과 동시에 자신보다 먼저 떠나 간 친구와 동료, 부모들의 죽음과 묘에 관한 얘기를 잊지 않았다. 2007년 조사에서 처음으로 묘지를 발견하고, 2008년 표본조사에서 묘비의 이름과 본적지를 확인하고, 사망증명서가 존재한다는 것을 알게 된 때부터 남사할린 전역의 공동묘지에서 한인묘를 전수조사하고 사할린한인에 관한 기록물을 수집하기 시작했다.

조사가 이루어지는 동안에도 외교경로를 통해 끈질기게 러시아정부를 설득한 끝에 2013년 마침내 유골 발굴 및 봉환의 길이 열렸다.

막상 러시아정부의 허가를 받아내기는 했지만, 누구를 최초의 봉환 대상으로 할 것인가는 마치 운명처럼 한 사람의 희생자로 정해졌다.

2008년 최초의 한인묘 조사단은 사할린 최남단의 항구인 코르사코프에 있는 제2공동묘지를 방문했다. 이때 조사단은 사람 키만큼 높이 자란 수풀을 일일이 헤쳐가며 일정한 구역 내에 존재하는 한인묘의 묘비를 채록하고 사진을 촬영했다. 그런데 베이스캠프가 있는 유즈노사할린스크까지 몇 시간을 다시 운전해서 돌아가야 하는 상황에서 늦은 오후 무렵 비까지 내리고 있었다. 이에 정해진 구역 내의 묘지 조사를 마치고 서둘러 철수하는 과정에서 조사 구역 밖에 있는 한인묘를 발견한 조사단은 못내 아쉬운 듯 걸어가는 동안에도 카메라 셔터를 계속 눌렀다.

귀국 후 1년여가 지난 2009년 11월 무렵 국민일보 특별취재팀이 강제동원 피해에 관한 특집 기사를 연재하는 과정에서 사할린한인에 관한 사진 자료를 요청해 왔는데, 이때 오일환 유해팀장은 2008년 당시 촬영한 묘비 사진 중 서너 개를 골라 취재팀에 전달했다. 그리고 취재팀은 그 중에서 단 한 장의 묘지 사진을 골라 11월 16일자 특집기사에 내보냈다.

그로부터 다시 1년이 지난 어느 날, 한 중년의 남자가 울먹이며 정혜경 조사과장을 찾아 왔다. 국민일보 특집기사에 실린 묘지 사진을 보고 찾아 왔는데, 바로 그 묘비가 자신과 노모가 그토록 찾아헤맸던 아버지 유흥준의 묘라는 것이다. 1945년 2월경 일제에 의해 사할린으로 끌려 간 고 유흥준은 1976년 3월 코르사코프에서 사망했다. 사할린으로 끌려가기 직전에 태어난 외아들 유연상과 노모는 아버지의 지인을 통해 아버지의 사망소식은 들었지만, 그후 아버지와 남편의 묘지를 찾을 길이 없었다. 그후 모자는 영주귀국한 사할린한인의 증언에 기대어 2007년 사할린 코르사코프의 공동묘지까지 직접 가서 아버지와 남편의 묘를 찾아 헤맸지만 결국 찾지 못하고 돌아와야만 했다.

그러다가 누군가로부터 국민일보 특집기사 얘기를 전해 듣고 1년이나 지난 신문을 뒤지다가 기사 속에 실린 단 한 장의 묘지 사진을 들여다보니 아버지 유흥준과 자신의 이름이 새겨진 것을 발견한 것이다.

그림 62 고 유흥준의 묘비

2008년의 한인묘 표본조사 과정에서 조사팀이 조사 구역 밖에 있던 한인묘를 지나가면서 급히 찍었던 바로 그 사진들 중 하나였던 것이다. 여러 장의 사진들 중에서 그 사진이 신문에 실렸고, 이것을 사할린까지 찾아갔어도 아버지 묘를 찾지 못했던 아들이 지나 간 신문기사에서 발견해 낸 것이다. 그야말로 소설보다 더한 기적과 우연의 연속이 아닐 수 없는 일이다.

이렇게 해서, 제1차 사할린한인 유골 발굴 및 봉환 대상자는 고 유흥준이 되었다.

사할린한인 유골의 발굴과 봉환 사업은 일본지역의 군인·군무원 유골 봉환과 차원이 달랐다. 사전에 희생자의 사할린 생존 당시 기록이나 사망증명서를 찾아내야 하고 수많은 관계 당국으로부터 일일이 허가서를 받아야 했다. 일본의 경우 외무성과 후생노동성이 주관이었지만, 사할린은 모스크바의 외무성과 내무성은 물론이고 사할린 현지의 주정부와 경찰, 정보기관, 기록보존소 등 수많은 기관들로부터 단계적인 심사와 동의, 허가를 받아야 했다. 게다가 기술적으로 일본지역의 유골은 화장된 유골이 개인별로 사찰에 잘 보관되어 있었지만, 사할린한의 유골의 경우, 기본적으로 파묘를 하고 유골을 수습한 후 현지에서 화장을 해야 했다. 문제는 제1차 유골 봉환 당시만 해도 사할린 지역에 제대로 된 화장터나 시설이 없다는 것이다. 심지어 한국에서 이동식 화장시설을 배편으로 사할린에 들여보낸 후 화장을 하는 방안까지 구체적으로 검토하기도 했다. 겨울이 길고 봄에는 눈이 녹아 길이 진흙탕 수렁으로 변하고 한여름에는 수풀이 우거지고 모기와 해충이 극성을 부리기 때문에 묘를 파고 유골을 수습할 수 있는 기간도 매우 제한적이었다.

이런 기적과 우연을 거치고 초고난도의 난관을 뚫고서 마침내 2013년 8월 말 전후 최초로 사할린 지역에서 한러 정부 간 협의에 따라 강제동원 희생자 고 유흥준의 유골이 발굴되어 국내로 봉환되었다. 발굴에 앞서 강제동원위원회 선발대가 현지에 도착해 파묘의 정지작업을 마치고 유족 일행이 도착하자 간단한 제를 올린 후 묘를 발굴했다. 수습된 유골은 현지에서 화장된 후 코르사코프 '망향의 탑'에 마련된 추도식에서 러시아와 사할린 당국, 그리고 사할린인 동포 단체들의 환송을 받았다. 이 자리에는 사전에 일본정부와 협의한 데에 따라 일본의 영사도 참석했다.

귀국 후 8월 30일 천안 국립망향의 동산에서 우리 정부가 주관하는 추도식이 거행된 후 유골은 무사히 납골당에 안치되었다.

이로써 전후 최초의 사할린한인 유골 발굴·봉환이 성공적으로 완수되었다. 이에 따라 해마다 사할린한의 유골이 발굴되어 국내로 봉환되고 있다.

그림 63 제1차 사할린한인 유골봉환 추도 및 환송식(코르사코프 '망향의 탑')

그림 64 제1차 사할린한인 유골봉환 추도 및 안치식(천안 망향의 동산)

(5) 2~7차 사할린한인 유골 봉환

2013년의 제1차 유골봉환을 성공적으로 수행한 이래 강제동원위원회는 2015년까지 세 차례에 걸쳐 32위의 사할린한인 유골을 발굴하여 국내로 봉환하였다.

2014년의 제2차 유골봉환의 경우, 전년도의 시범사업을 통해 유족 확인, 묘지 및 사망자 정보의 신고 절차, 그리고 발굴·봉환 및 추도식 진행 전반에 관한 노하우가 갖추어졌지만, 사할린에서 해마다 진행하고 있던 사할린한인 묘지조사의 용역팀이 현지 군경 및 당국과 사전 조율이 미흡하여 GPS장비를 압수당하는 사건이 발생하는 바람에 사할린한인 유골봉환 사업이 무산될 위기에 처하기도 했다. 러시아와 사할린의 여러 다른 민족들과 북한과의 관계 등을 신경 써야 하는 모스크바로서는 이러한 사업이 너무 요란하게 진행되거나 잡음이 발생하지 않기를 바랐던 것이다.

강제동원위원회는 모스크바와 서울의 외교 당국을 안심시키는 데 많은 노력을 기울였다. 우여곡절 끝에 2014년 8월 드디어 사할린의 여러 지역에서 18기의 묘지를 동시에 발굴하여 국내로 모셔 와 국립망향의동산에 안치하는 데 성공했다.

그러나 2015년 9월에 13분의 사할린한인 유골을 봉환하는 것으로 강제동원위원회는 문을 닫고 말았다. 사할린 전역에 흩어져 있는 약 1만5천여 기의 한인묘를 발견, 조사했지만 이 가운데 겨우 32기의 묘만 국내로 봉환하는 데 그치고 말았다.

그나마 강제동원위원회 해산 이후 2018년까지 해마다 행정안전부 '과거사관련업무지원단'이 이 사업을 진행하고 있다. 2016년에 11위, 2017년에 12위, 2018년에 16위, 2019년에 14위를 봉환하여, 현재까지 모두 85위가 봉환된 셈이다.

표 21 사할린한인 유골봉환 현황

추진주체	년월	유골 수(위)
강제동원위원회	2013.8	1
	2014.8	18
	2015.9	13
행정안전부 과거사업무지원단	2016.9	11
	2017.9	12
	2018.9	16
	2019.10	14
합 계		85

이런 추세라면 강제동원위원회가 지금까지 확인한 약 1만5천 기의 한인묘의 절반 정도를 국내로 봉환하는 데만 약 600년이 소요되고, 전부를 모셔오는 데는 1,200여 년이 세월이 소요될 것으로 예상된다.

제9장
추도사업과 남겨진 과제

1. 추도순례 사업의 전개

전후 대부분의 유족들은 일본 정부와 우리 정부로부터 강제동원 희생자에 대한 정보를 제대로 제공받지 못했다. 희생자의 사망 장소와 유골의 존재 여부는커녕 생사 여부조차 알지 못했다. 대략적인 사망 장소를 알게 된 경우라 할지라도 생활고 때문에 생업을 뒤로 하고 수십일 동안 해외에 가서 희생자의 유골을 찾아 나설 수 있는 유족은 많지 않았다. 게다가 사망 장소가, 예를 들면 파푸아 뉴기니, 사할린, 오키나와라고 하더라도 해당 지역이 워낙 넓은 데다가 정글이나 밀림, 또는 바다 한 가운데에서 고인의 흔적이나 유골을 찾기란 해변에서 바늘 찾기와 같은 형국이었다. 또한 강제동원 희생자들이 사망한 해외 지역은 일본을 제외하고 대부분 외딴 섬이거나 정글과 밀림으로 뒤덮인 격오지인 경우, 또는 공산국가 등이었다. 오랜 기간 동안 유족들은 해외의 현지를 방문하거나 고인의 흔적과 유골을 찾아 나설 엄두를 내지 못했다.

이런 사정과 이유 때문에 전후 60년이 되도록 유족들은 고인이 사망한 국가나 지역의 근처라도 찾아 가서 고인의 이름을 목놓아 부르며 꽃 한 송이라도 바치고 술 한 잔 따라 올리고 싶은 염원이 간절했다.

이에 강제동원위원회는 일찍이 강제동원 희생자 유족과 관련 단체들의 일치된 염원과 요구에 따라 해외 추도순례 사업을 기획하였다. 이 사업은 해외 현지에서 강제동원 중 또는 귀환 과정에서 사망한 희생자들의 넋을 달래고 유족들을 위로하기 위해, 유족들이 직접 현장을 방문하여 추도제를 지내고 돌아오는 것이 주된 내용이다.

그러나 한시 기구인 강제동원위원회의 역량과 예산에는 많은 제약이 있었다. 이에 강제동원위원회는 2005년 5월에 개최된 제1차 한일유골협의 시 일본 정부에 대해 강제동원 희생자 유족들의 해외 추도순례 취지를 설명하고 일본 정부의 참여와 지원을 요청하였다. 일본 정부의 참여와 지원은 재정적인 이유도 있었지만, 가해자인 일본 정부에 일정한 책임의식을 갖게 한다는 의미도 포함되어 있었다.

이에 따라 한일 양측은 여러 차례의 협의를 거쳐 2006년 희생자 유족 추도순례사업 실시요령안 마련에 합의하였다. 이를 통해 일본 정부는 경비의 1/3 제공, 추도순례 지역에 대한 양해와 현지 추도식 거행 시 일본 영사의 참례 등에 협조하기로 했다. 한국 정부, 즉 강제동원위원회는 추도순례 지역과 유족의 선정, 사업의 전체 진행을 책임지고, 나머지 경비를 부담했다.

해외 순례 지역은 팔라우, 사이판, 파푸아뉴기니, 마샬, 오키나와, 미크로네시아, 솔로몬, 해남도, 사할린 등 격전지 또는 한인 희생자가 다수 발생한 지역을 우선적으로 선정하였다.

강제동원위원회는 해마다 2~3차례 이루어지는 해외추도순례의 장소와 절차 등을 사전에 일측과 조율하고 사후에 비용을 정산하는 일에 많은 노력을 기울였다. 초창기에는 방문할 곳은 많고 비용과 인원은 제한(한 곳당 20명씩)되다 보니 각 유족단체와 해당 유족들의 관심이 과열되기까지 했다. 해외추도순례에 참가하는 유족을 선정할 때는 경찰 입회 하에 공개 추첨을 해야만 했다. 한 지역 당 20명 내외의 유족을 선발하는데, 이는 수많은 해외 격전지를 골고루 안배해야 하는 부담과, 고령의 유족들을 안내하고 동반할 수 있는 강제동원위원회 파견 직원의 숫자와 예산의 한계, 현지 이동수단과 숙박 시설 등의 제한

등을 고려한 불가피한 선택이었다. 그러다보니 수많은 희생자가 발생한 지역의 경우 첫 번째 추도순례에 20명의 유족만 선정되고, 나머지 유족들은 다음 기회가 오기까지 수 년을 기다려야 하는 문제가 발생했다. 더구나 같은 곳을 다시 방문할 경우에는 일본 정부와 협의해야 하는 불필요한 제약까지 뒤따랐다. 간혹 일본 정부는 1/3의 비용을 제공한다는 명분으로 강제동원위원회가 제시한 추도순례 지역에 대해 격전지가 아니라는 등의 핑계를 대며 사실상 거부 의사를 밝히기도 했다. 만일 강제동원위원회가 일본 정부의 동의 없이 추도순례를 강행할 경우, 일측의 1/3 비용 부담과 현지 일본 영사의 참례 등은 기대할 수 없었다. 다행히 사전협의를 통해 이런 사태는 발생하지 않았지만, 일본 정부와의 협의(사실상 동의)를 거쳐 지역을 최종 선정해야만 일측으로부터 1/3 경비를 지원받을 수 있다는 현실은 근본적으로 사업의 취지에 반하는 부작용이라고 할 수 있다.

어쨌든 강제동원위원회의 활동 기간 중에 추진된 해외추도순례는 2006년부터 2014년까지 19차례였으며, 모두 17개 지역을 순례하는 동안 참가한 유족이 359명에 달했다. 그러나 이는 전체 유족의 극히 일부에 지나지 않는다. 아래의 표는 해외 추도순례의 지역과 인원을 나타낸 것이다.[51]

표 22 해외 추도순례 추진 현황

연도	대상 지역	참가 인원(명)
2006	필리핀, 사이판, 팔라우	60
2007	파푸아뉴기니, 마샬 제도, 오키나와	57
2008	대만, 사할린, 미크로네시아(추욱섬)	55
2009	인도네시아, 중국 남부, 괌·로타	59
2010	태국	19
2011	솔로몬, 중국 동북부	34
2012	중국 해남도, 사이판·팔라우	34

2013	러시아 사할린	20
2014	파푸아뉴기니	20
합 계	19회, 17개 지역	359

2. 추도비 건립

해외 추도순례 사업을 진행할수록 격전지를 방문하고 돌아 온 유족들은 한 결같이 강제동원위원회와 우리 정부에 한 가지 후속 조치를 요구하였다. 유족들은 해외 격전지와 오지마다 세워진 일본인 희생자를 위령하는 추도비를 목격하고 충격을 받았다. 가해국인 일본조차 자국민들의 추도시설을 곳곳에 세워 놓았는데, 정작 희생자인 우리 국민을 추도하는 시설은 거의 찾아볼 수 없었다는 사실이 안타까웠던 것이다.

이에 강제동원위원회는 2009년 수 차례의 해외추도비 건립 자문위원회를 개최하여 다수의 희생자가 발생한 인도네시아, 필리핀, 파푸아뉴기니에 먼저 추도비를 건립하기로 결정하였다.

이후 해외 추도비 건립계획에 따라 2010년 5월에 인도네시아, 9월에 필리핀에 추도비가 건립되었다. 파푸아뉴기니의 경우 교민 활동이 저조하고 건립 부지와 예산 문제 등으로 사업이 지연되다가 마침내 2014년에 추도비가 건립되었다.

그밖에 일본 홋카이도의 시민단체('강제연행·강제노동희생자를생각하는홋카이도포럼')의 자발적인 제안과 알선에 따라 사루후츠무라猿払村의 지자체와 시민모임 등과 협의하여 추도비 건립을 추진하였다. 그러나 사루후츠무라의 추도비 건립 추진 소식이 알려지자 일본 내 우익단체가 사루후츠무라 지자체에 압력을 행사해 추도비 건립이 중단되었다. 이로써 일본 시민단체의 제안에서 시작된 일본 내 강제동원 희생자 추도비 건립 사업은 결국 무산되고 말았다.

3. 국립일제강제동원역사관 건립

강제동원위원회는 출범 초기부터 '일제강점하 강제동원피해 진상규명 등에 관한 특별법'에서 정한 '사료관 및 위령공간 조성'(제3조 2항 5호)의 사업을 위해 추도시설의 건립을 추진했다. 당초 취지는 강제동원 피해자들의 아픔을 치유하고, 이들에 대한 유·무형의 기록을 보존·연구·전시함으로써 잊혀져 가는 역사의 진실을 알리고, 일제 강제동원 피해에 대한 국민적 인식과 공감의 깊이를 확장하는 데 방점을 두었다.

이를 위해 2007년 7월 강제동원위원회는 '추도공간 및 기념시설 건립 기본설계(안)'을 수립하고, 2008년 6월 '추도공간 기본설계(안)'을 의결하여 본격적인 추도시설 건립에 착수하였다.

사업 부지로는 부산시 남구의 당곡근린공원, 천안 독립기념관, 제주 평화대공원 외의 여러 지역들이 후보지로 검토되었으나, 2008년 8월 최종적으로 부산 당곡근린공원으로 결정되었다. 이는 부산이 강제 연행된 피해자들의 출발과 도착 항구였으며, 대다수 피해자가 영남 지역 출신인 점, 외국인 관광객 중 일본인이 많다는 점, 부산시와 지자체가 부지 제공에 적극적이었다는 점 등을 두루 고려한 결정이었다.

그림 65 부산의 국립일제강제동원역사관

2009년 7월 디자인 설계 이후 예비타당성 조사와 재조사를 거쳐 2010년 12월 착공하여, 마침내 2014년 5월에 준공하였다. 건축 면적은 대지 75,465㎡, 건물 연 12,062㎡로 조정되었고, 총사업비는 522억 원이 소요되었다. 모두 국민 세금이었다. 2015년 12월 10일 '국립일제강제동원역사관'(이하 강제동원역사관)이라는 명칭으로 개관하고 12월 31일 강제동원위원회 활동 종료와 동시에 행정자치부 관할로 이관되었다. 현재는 행자부 산하 과거사관련업무지원단이 '일제강제동원피해자지원재단'에 관리를 위탁하여 운영되고 있다.

강제동원역사관은 일제강점기 강제동원의 역사와 피해에 관한 국내 유일의 전시 시설이라는 상징성 외에도, 추도공간, 전시공간, 교육공간, 연구공간, 수장공간으로서의 기능을 도입하여 희생자와 유족은 물론 전 국민과 외국인, 그리고 미래 세대를 위한 공간으로서의 역할로 설계되었다. 특히 '수장공간'은 강제동원 관련 명부류와 신청 서류, 증빙 자료와 유물 등 강제동원위원회 활동 과정에서 수집된 중요 자료들만 따로 수장한 세계 유일의 공간으로서, 향후 일제 강제동원의 역사와 피해 사실을 지속적으로 연구하고 국내외와 전 인류에 기여할 수 있는 소중한 곳이다.

그러나 강제동원위원회가 해체되기 직전의 기관장과 관계 공무원들이 강제동원 문제의 전문가도 아니면서 강제동역사관의 설계와 전시 기획 및 내용을 제멋대로 뜯어 고치고, 전문 인력의 채용과 배치도 없는 상태에서 개관을 서두르는 바람에 강제동원역사관은 여러 모로 미흡한 상태에서 문을 열어야 했다. 심지어 일본어와 중국어 설명과 해설조차 제대로 없는 상태에서 전시를 시작했다. 이후 강제동원역사관의 인사와 운영을 담당한 관계 기관 역시 관리감독 및 운영을 제대로 할 만큼의 역량을 충분히 갖추지 못했기 때문에 현재 강제동원역사관은 설립 규모와 투입된 예산 등에 비해 국내외 인지도가 낮을 뿐만 아니라 관람객 수도 당초 예상에 미치지 못하는 실정이다.

4. 위패 봉안

강제동원위원회 발족 이래 일본 유텐사의 군인·군무원 유골과 사할린 지역의 한인 유골이 국내로 봉환됨에 따라, 강제동원위원회로부터 희생자로 판정(사망, 행방불명)을 받았지만 유골을 수습하지 못했거나 수습할 가능성이 없다고 판단한 유족들이 위패라도 봉안해 달라는 민원을 제기하기 시작했다. 강제동원위원회에 의해 희생자(사망, 행불) 판정을 받은 유족은 약 2만 명에 가깝지만, 실제로 유골이 봉환된 경우는 모두 500위에 불과하기 때문에, 희생자의 이름을 새긴 위패만이라도 모실 수 있는 시설과 제도를 만들어 달라는 유족들의 요구는 충분히 이해할 만 했다.

이에 강제동원위원회는 2009년 9월 보건복지부와 협의하여 천안의 '국립 망향의동산'에 희생자의 위패를 임시 안치하는 방안을 추진하기로 하고, 전국 시·군·구의 등 지자체 공고를 통해 유족들의 신청을 받았다. 이에 따라, 2009년 12월 131위, 2010년 10월 257위, 합계 388위의 위패를 안치하였다.

그림 66 천안 국립 망향의동산 봉안당에 안치된 강제동원 희생자 위패

그러나 2011년 10월 세 번째로 832위의 위패를 봉안하는 데 대해 망향의동산 측이 '당장은 수용 공간이 있다고 하더라도 강제동원위원회의 추도공간 건립에 관한 구체적인 대책이 없는 한, 추가 위패봉안은 불가하다'는 입장을 밝혔다. 망향의동산 내 기존 시설은 약 2천위 가량의 위패만 수용할 수 있기 때문

에, 망향의동산 측은 강제동원위원회가 지속적으로 위패를 봉안할 계획이라면 망향의동산 내 부지에 새로운 추도공간, 즉 '위패봉안당'을 조성하는 예산을 확보해 달라고 요구하였다.

이에 강제동원위원회와 보건복지부는 산림청 등과 협의하여 망향의동산 내 부지에 새로운 추도공간을 조성하는 예산을 확보하기 위한 노력을 기울였지만, 끝내 이 예산은 확보되지 않았으며 강제동원위원회의 해산으로 인해 이 계획은 무산되고 말았다.

다만, 현재는 부산의 국립일제강제동원역사관 내 부지에 위패를 봉안할 수 있는 시설을 추가로 조성하는 사업이 진행중이다.

제IV부

─

자료수집의 노력과 성과

오일환 · 정혜경 · 허광무

강제동원위원회는 발족 초기부터 강제동원 피해 사실에 관한 다양한 기록물과 사료들을 수집·발굴하고 분석함으로써 피해사실을 입증할 뿐만 아니라 강제동원의 진상을 규명하고 역사에 기록하는 작업에 심혈을 기울였다.

이를 위해 강제동원위원회는 각 분야 연구자와 시민단체 등이 조사하고 소장하고 있던 관련 자료들을 입수하고, 그동안 일본정부가 한국정부에 인도하여 국가기록원 등에 소장되어 있던 기록물을 인도받아 이를 일일이 점검하고 수정·보완하여 종합적인 데이터베이스를 최초로 구축하였다. 이러한 DB는 한국에서뿐만 아니라 일제의 강제동원 피해를 입은 모든 국가와 지역을 통틀어 처음 있는 일이었다.

여기에서 한 발 더 나아가, 강제동원위원회는 일본정부와의 유골협의에서 강제동원에 관한 공적 기록물을 입수하는 데 오랜 기간에 걸쳐 부단한 노력을 기울였다. 그 결과 강제동원위원회는 공탁금명부와 후생연금명부, 매화장인허증 등의 기록물을 대거 입수하는 데 성공했다. 이들 기록물은 강제동원 피해자들의 피해자 입증과 유골 등 희생자 정보 확인, 미수금 청구 등에 곧바로 활용되었을 뿐만 아니라 향후 입수될 수많은 기록물 중에서도 그 의미가 매우 큰 기록물이라고 할 수 있다. 이하에서는 이들 기록물의 의미와 입수 경위 등에 관해 살펴보기로 한다.

제10장
공탁금 명부

1. 한일유골협의의 또 다른 목적

2005년 한일유골협의가 출범할 당시 강제동원위원회는 이 협의체를 비단 유해 발굴·봉환 문제에 국한하지 않고 강제동원과 관련된 자료의 입수와 각종 현안 등을 협의하는 창구로 전제했다.

2005년 5월 도쿄에서 제1차 한일유골협의가 개최되었을 때 강제동원위원회는 유골 문제 외에 일본정부에 공탁금 및 후생연금 명부의 제공을 정식 안건으로 제시했다. 당초 일본정부는 이에 대해 부정적인 답변만 내세우며 소극적으로 대응했으나, 강제동원위원회는 유골봉환을 위해 강제동원 희생자에 관한 객관적인 조사와 관련 자료 공유가 선행되어야 한다는 논리를 내세워 일본을 설득해 나갔다.

당시 대표단에서 핵심적인 논리를 만들고 제시했던 정혜경 조사과장은 우리 측 협상팀 관계자들에게 다음과 같이 설명한 바 있다.

"지금 우리의 자료 상황을 보면, 마치 진상규명에 필수적인 자료는 일본의 윗도리 주머니에 들어 있는 듯 우리가 쉽게 얻을 수 없다. 일본이 내놓지 않으면 방법이 없어 보인다. 그러나 나는 자료를 얻기 위해 일본에게 그저 '주세요!' 하지 않겠다. 일본이 자료를 내 놓을 수 있도록 우리 나름의 무기를 만들겠다. 처음에는 돌칼 정도 밖에 안 되겠지만, 계속 다듬는다면 정교한 무기가 될 것이다."[52]

이후 정혜경 과장을 중심으로 한 연구자 출신의 전문가들은 기존에 확보된 자료들을 철저히 분석하고, 강제동원위원회의 피해조사 업무를 통해 축적되어 가는 방대한 자료와 데이터를 검증하고 부족한 부분을 메꾸어 나가는 작업을 진행했다. 피해조사 과정에서 피해자 본인과 유족들이 제공하고 강제동원위원회가 수집한 각종 명부와 증명서, 사진 등은 역사적인 기록물로 재탄생했다.

이를 바탕으로 강제동원위원회는 한일유골협의 때마다 일본정부에 대해 미불임금 공탁 기록, 우편저금 기록, 후생연금 관련 기록, 종전연락국 생산 자료, 경찰청 자료, 지자체 등에 신고된 매화장인허증 등의 자료들을 요구하였다. 그러나 이러한 기록들은 일본의 협상 창구인 외무성 뿐만 아니라, 법무성, 후생노동성, 내각관방실, 경시청 등 다양한 기관과 지자체들이 관할·보유하고 있는 데다가, 디지털작업이나 DB화가 되어 있지 않아서 기록물의 존재와 소재를 알고 있거나 판독할 수 있는 사람이 일일이 수작업으로 찾고 확인해야 하는 매우 힘든 작업이었다.

어렵사리 일본 측을 설득해 강제동원위원회는 일본의 법무국과 사회보험청 등 관련 기관을 직접 방문하여 문서고와 작업 프로세스를 직접 참관하며 이러한 문제점들을 확인하기도 했다. 이에 강제동원위원회는 우선순위를 정해 집중과 선택을 하기로 하고 여러 자료들 가운데 미불공탁금 자료와 후생연금 관련 기록물의 입수에 주력하였다. 이들 기록물은 피해자의 미수금 확인에 가장 결정적인 입증 자료일 뿐만 아니라 동원 일시, 기간, 장소, 기업이나 부대 등 동원 주체가 명확히 명시된 기록물이라는 점에서 강제동원 피해조사와 진상규명에 핵심적인 자료들이었다. 당시 학계에서도 그 존재 정도만 파악했을 뿐 자료의 전모와 규모, 그리고 세부적인 기재 사항 등에 관해서는 아는 사람이 아무도 없는 실정이었다.

마침 일본 내에서도 국민들의 후생연금 기록이 유실된 데 대한 비난 여론 때문에 이들 기록물의 데이터베이스화 작업이 한창 진행 중이었다.

이에 강제동원위원회 유해팀은 한일유골협의가 개최될 때마다 이러한 자료입수에 박차를 가하기 위해 다양한 준비와 치밀한 전략을 수립했다. 그 전까지 서울에서 한일유골협의가 열릴 때는 외교통상부의 회의실에서 개최되었던 회의를 오일환 유해팀장은 강제동원위원회의로 변경하는 데 많은 공을 들였다. 당연히 일본정부 대표단은 강제동원위원회 방문을 기피했지만, 오일환 유해팀장은 사전에 주한일본대사관 관계자들을 통해 강제동원위원회에서 회의를 개최해야 할 이유를 설득했다.

강제동원위원회에서 회의가 개최되기 직전과 직후에 일본정부 대표단에게 조사관들의 열정적인 피해조사 과정을 참관시키고, 정혜경 조사과장의 지휘 아래 진상조사시스템 시연회를 통해 강제동원 기록물의 필요성을 자연스럽게 인식시켰다. 실제로 일본 측 관계자들 중 일부는 진상조사와 전산시스템에 경탄하면서 관련 자료의 필요성과 활용에 공감한다는 의사를 표시하기도 했다.

그리고, 일본정부가 "그런 자료가 있다는 사실에 대해 잘 모르겠다" "어디에 있는지 모르겠다" "조직 내부에 아는 사람이 없다"고 발뺌하는 경우, 오일환 유해팀장은 사전에 해당 자료의 일부 사본을 미리 입수하여 협의 때마다 해당 부서의 대표자뿐만 아니라 상급 기관인 외무성과 내각관방실 관계자들에게 직접 배포하여 일본어로 읽어 가며 일일이 설명해 주기도 했다. 이런 경우 해당 부서 관계자들은 상급 부서 관계자들의 눈치를 보며 정회를 신청한 다음, 속행된 회의에서는 대개 "돌아가서 다시 잘 찾아보겠다"며 입장을 바꾸었다. 각 자료들마다 이런 과정을 거치기 일쑤였다.

한일유골협의가 열리지 않는 동안에도 강제동원위원회는 외교부를 통해 관련 자료를 요구하는 공문을 여러 차례 일측에 전달하며 재촉했다.

적어도 "찾아보겠다" "방법을 알아 보겠다"고 대답한 자료의 경우, 적게는 1년, 길게는 3~5년 뒤에 답변이 돌아왔다.

마침내 2007년 12월 마침내 우리 정부는 일본정부로부터 11만 명분의 '군인·군속 공탁금 명부'를 인수하는 획기적인 성과를 텄다.

그림 67 일본정부로부터 받아 낸 공탁서 문서의 표지

나아가 강제동원위원회는 신속하게 해당 공탁 기록이 군인·군속에 한정된 것이며 누락된 내용이 있음을 분석하여 이를 일측에 통지하고, 한일유골협의에서 추가 자료의 제공을 설득했다. 이에 2년 뒤인 2009년 11월 마침내 17만 명의 '노무자 등의 공탁금 부본'의 사본을 추가로 입수하는 쾌거를 거두었다. 그러나 강제동원위원회의 분석 결과, 17만 3,213명의 자료 중 108,934건은 2007년 12월에 1차로 제공된군인·군속 공탁금 명부와 동일한 기록이며, 신규 자료는 노무자 공탁금 명부 64,279명에 지나지 않았다. 한편 이와 별도로 강제동원위원회는 자체적으로 일본의 국립 공문서관 쓰쿠바 분관에 소장된 조선인 관련 공탁 기록 863건을 확인하였는데 이를 일본정부가 인도한 자료와 대조한 결과 그 중 220건만 일치하는 것으로 확인됨에 따라, 일본정부가 제공한 공탁 자료 전체가 한국정부에 인도되었다고 보기 힘들다.

2. 공탁금 명부 입수의 의미

(1) 공탁금 명부란

'공탁'이란, 채권자가 채무금의 수령을 거부한 경우, 또는 수령할 수 없는 없는 경우, 또는 채무자가 채권자를 확정할 수 없는 경우에 법원에 채무금액을 예치·위탁하는 법적인 행위이다.

전후 일본정부는 일본 내의 강제동원 피해자뿐만 아니라 조선으로 귀환한 군인·군속·노무자에 대한 군과 기업 등의 미지급 임금, 수당, 부조금 등을 「民法」 제494조, 「政令 第22號, 국외거주 외국인 등에 대한 채무의 변제를 목적으로 하는 공탁 특례에 관한 정령」에 따라 공탁하도록 지시했다.

이에 따라 일본의 구 육군과 해군 복원부서와 각 기업들은 조선인 강제동원 대상자 별 미불 임금과 각종 수당 등의 명세서를 작성하여 각 관할 법무국에 공탁하였다.

(2) 공탁금 명부의 내용과 의미

일본정부가 제공한 '군인·군속 공탁금 명부'의 경우, 육군 60,191건, 해군 54,885건, 총 115,076건이며, 공탁 금액은 육군이 33,602,636엔, 해군이 58,181,603엔, 총 91,784,239엔에 달했다. 노무자 공탁금 명부의 경우, 64,279명의 공탁 내역이 기록되어 있다.

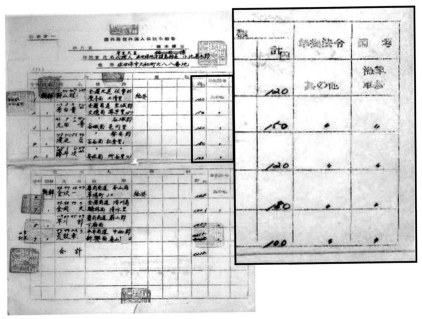

그림 68 개인별 공탁내역이 기록된 공탁명세서(공탁금액 확대)

공탁금 명부는 표지, 간지, 공탁서, 공탁명세서 순으로 구성되어 있다. 공탁서에는 공탁자의 소속과 주소, 성명, 공탁 금액과 번호, 공탁 년월일 등이 기재되어 있으며, '공탁명세서'에는 국적, 창씨명, 주소, 금액 등이 기재되어 있다.

해당 기록 내용은 강제동원 피해 및 희생자의 정확한 신상명세 뿐만 아니라 해당 부대와 기업, 작업장 등에 전입·전출·소속된 일시, 장소, 계급, 직위의 세세한 변동은 물론, 생사와 부상 여부, 수당과 급여 내역이 상세히 기록되어 있다. 기재된 각종 급여와 수당의 명칭만 보더라도 아래와 같다.

군속 사몰자 제 급여금(급료 등) / 군속 해원자 제 급여금(급료 등) / 귀환자 제 급여금 / 급료·보급금 / 급료·여비, 급료·보급금·여비 / 급료·제 수당금 / 급여금 / 매장료 / 보관 급료 / 사몰자 유류금 / 사몰자 제 급여금 / 상해부조료 / 예금 / 유가증권 / 유골인취비 / 유류금 / 유족부조료 / 유족부조료·상해부조료 / 유족부조료·장제료 / 유족부조료·사망사금·장제료 / 유족부조료·장제료·유족출두여비 / 유족출두여비 / 제 급여금 / 제 급여금·해군공제조합탈퇴일시금 / 제 급여금·제 수당금 / 제수당금 / 징용 중 보급금 / 징용 중 제 급여금 / 퇴직상여 및 탈퇴일시금·미교부급료·제수당·여비

이상의 기록 내용만 보더라도, 일제의 조직적 동원과 관리 실태의 면면을 공식적으로 확인할 수 있다. 해당 기록은 개인별 피해 내역을 정확하게 재구성함으로써 미수금에 대한 환급 기준을 정하는 데 매우 긴요한 자료로 활용될 뿐만 아니라, 나아가 희생자의 사망 일시, 원인, 장소, 유골 처리 여부 등의 정보를 파악함으로써 향후 유해 발굴과 봉환에 매우 중요한 자료가 될 수 있다.

하지만, 이상의 공탁금 기록은 전부가 아니다. 아직까지 일본 내 각 지역별 법무국의 공탁기록 DB화 작업의 전모가 정확하게 확인되지 않았고, 공탁기록이 생산될 당시 여러 장의 공탁 내역서가 여러 부서로 첨부된 이상 법무국뿐만 아니라 국립 공문서관과 일본은행 등 관련 기관이 소장하고 있는 여타 공탁기록들을 모두 발굴하여 향후 이를 개인별로 대조하고 확인하는 작업이 진행되어야 한다.

1. 후생연금피보험자대장 입수를 위한 노력

(1) 후생연금제도와 후생연금피보험자대장

강제동원위원회가 일본정부를 상대로 입수해야 하는 필수 자료 가운데 하나는 후생연금피보험자대장, 일명 후생연금명부다. 후생연금피보험자대장(이하 후생연금명부)은 후생연금제도를 운용하는 과정에서 생산한 자료이므로 당시 동원한 기업과 동원 기간, 근무내용(직종, 근무 중 부상이나 사고·사망 등) 등을 상세히 알 수 있기 때문이다.

후생연금제도란 현재 일본의 공적연금제도 가운데 2단계에 해당한다. 1944년 1월 제84회 제국의회에서 '노동자연금보험법중개정법률안'을 심의해 후생연금보험으로 바꾼 후생연금보험법(1944년 2월 16일 법률 21호로 공포, 6월 1일 시행)을 제정해 탄생했다. 일본과 사할린(1944년 내지로 편입) 등 내지에서 노무자를 동원한 기업이 가입해야 했다. 후생연금보험법의 보험료율은 임금의 11.0%였고 급여에서 원친 징수했으며, 사망·사고나 퇴직 시 탈퇴수당금을 지급하도록 했다.

이미 일본은 식민지를 제외한 내지에 건강보험(건강보험법: 법률 제70호. 1922년 4월 22일 공포, 1927년 1월 시행)과 노동자연금보험제도(노동자연금보험법: 법률 제60호. 1941년 3월 11일 공포, 1942년 1월 1일 시행)를 통해 공장법과 광업법의 적용을 받는 사업장의 상시노동자를 강제로 보험에 가입하도록 했다. 그런데 전황의 악화와 공장·탄광산 동원 인력이 급증하는 과정에서 필요성을 느껴 후생연금제도를 만들었다.

▣ 탈퇴해야 받을 수 있는 후생연금

후생연금보험법에 따라 5인 이상 사업소와 여자노동자, 사무직원은 모두 보험 가입 대상이었으므로, 당연히 일본과 사할린 동원 조선인들도 가입했다. 당시 총 가입자는 844만 명이고 적용 사업소(공장과 탄광산 등)는 13만개소였다. 1945년 8월 기준 일본의 피징용자는 616만 명이므로, 총 가입자에는 조선인 강제동원 피해자가 포함되었을 것이다.

그러나 일본과 사할린에 동원되었던 조선인들 가운데 보험 가입 사실을 아는 이들은 거의 없었다. 일본은 패전 직후인 1945년 8월 30일자로 후생성 고시 88호를 공표해 "전쟁 종결로 인해 사업소가 폐지되고 축소되어 퇴직하는 경우, 탈퇴수당금을 지급"하도록 했다. 그러나 이 사실을 알려준 기업은 없었다. 사할린 한인도 마찬가지였다. 광복 후 소련의 관할 아래 있었으므로 정보에 취약했다.

이같이 강제동원된 조선인은 물론, 해방 후 오랫동안 한국 사회에서 후생연금보험의 존재에 대해 아는 이는 드물었다. 1965년 한일회담에서도 논의의 대상에 오르지 않았다. 그런데 강제동원위원회는 후생연금명부의 존재를 어떻게 알고 대응했을까. 재일사학자 고 김영달金英達의 연구가 있었기 때문이었다. 『김영달저작집 제2권-조선인강제연행의 연구』에 실린 「조선인전시동원노동자와 후생연금보험」은 이름조차 낯설었던 후생연금보험제도를 소개하고 있었다.

후생연금제도는 여러 차례 개정되어 일본의 건강보험제도로 전환되었고, 이 과정에서 일본에 거주하는 피보험자들은 새로운 공적연금제도로 연계했다. 그러므로 일본인들은 후생연금명부와 무관하다. 그러나 일본의 패전과 함께 퇴직 상태가 된 조선인들은 대부분 새로운 공적연금제도로 이관되거나 탈퇴수당금을 신청하지 않았으므로 후생연금명부에 미결 대상자로 남았다.[53]

탈퇴수당금을 신청한 재일동포도 있다. 김영달의 연구에서 소개한 김태조(아이오시 하리마조선소에 근무)는 1942년 6월 1일부터 1946년 4월 9일까지 46개월간 후생연금에 가입되어 있었는데, 탈퇴신청을 통해 46개월간에 대한 탈퇴수당금(1942~1945년간 공제한 연금보험료는 매달 10엔씩)을 받았다. 1988년 3월 14일, 재일본조선총연합회 후쿠오카현 본부의 생활상담소가 노가타 사회보험사무소를 상대로 최수현(아이다 탄광에 동원)의 후생연금을 문의해 탈퇴수당금 114만엔(일본 물가 향상률을 고려한 금액)을 받기도 했다.

(2) 후생연금피보험자대장의 입수 과정

▣ 후생연금명부는 어디에서 확인하나요!

일본 시민단체를 통해 이러한 사실을 알게 된 국내 피해자단체는, 성명·생년월일·소속 작업장 주소와 이름 등 구체 내용을 제시할 경우, 보험가입 여부를 확인하고 후생연금명부 발급과 탈퇴수당금을 신청할 수 있다는 점을 알게 되었다. 일부 사람들은 후생연금명부를 발급받기도 했다. 강제동원위원회도 홈페이지에 조회 신청 양식을 올리고 민원인들에게 안내했다. 그러나 근본 해결책은 아니었다.

신청서 항목을 모두 기재해서 보험 가입 여부를 조회 신청할 수 있는 피해자는 많지 않다. 동원장소나 회사 이름을 모르는 피해자들이 다수이기 때문이다. 단체 차원에서 일본 사회보험사무소(이후 사회보험업무센터)로 보낸 조회 신청서는 대부분 '해당 없음'이라는 답변에 그쳤다. 보험 가입 여부를 확인할 수 없으므로 탈퇴 신청도 할 수 없다.

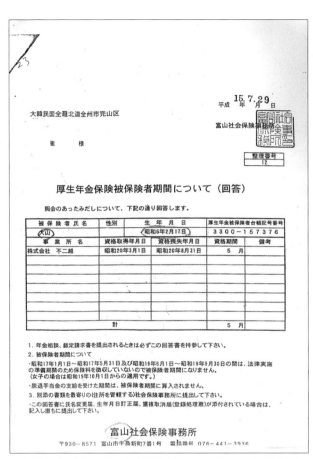

그림 69 2003년에 개인적으로 신청해서 발급받은 후생연금피보험자대장

이러한 문제를 해결하고, 당시 일본과 사할린 지역으로 동원된 조선인 노무 동원 실태를 규명하기 위해 강제동원위원회는 후생연금명부 입수에 나섰다. 특히 후생연금명부는 자료 부족에 허덕이던 후유장해 판정에 광명을 줄 빛이었다.

▣ 후생연금명부 관리 현황을 직접 확인해보니

2005년 5월, 도쿄에서 출범한 '한일유골협의체' 제1차 국장급 회의에서 일본

정부에 공탁금 및 후생연금명부 요청을 정식 안건으로 제안한 후 한일정상회담 개최에 즈음한 6월 16일과 9월 16일에 '자료제공협조요청' 공문을 보냈다. 요청 자료에는 후생연금관련 기록이 들어 있었다. 그러나 자료 요청에 대한 일본 측 반응은 난감 그 자체였다. 일본의 보험 담당 기구 민영화 과정에서 관련 기록의 관리문제가 발생한 상태여서 자료 관리 현황을 파악하는 일이 급했다.

후생연금명부는 전국 312개 사회보험센터에 분산 보관 중이었는데, 도쿄는 도쿄사회보험사무국 보험관리과가 총괄 보관하고 있었다. 도쿄사회보험국은 총 4,500롤, 1,000만 매의 MF(마이클로 필름)를 보관하고 있었다. 일본과 협의 끝에 2006년 1월 26일 한일유골협의 제2차 실무자급 회의 참석 기간 중 도쿄사회보험사무국을 방문해 자료 현황을 확인했다. 한마디로 열람 상태는 매우 심각했다.

1954년 이후 가입자 관련 자료는 전산화했지만 조선인 강제동원 피해자가 해당하는 1954년 이전 가입자 관련 자료는 MF이었다. 일본인 가입자의 경우에는 전후에 대부분 연금가입상태가 지속되어 업무가 진행되고 있어서 전산화가 필요했으나 1954년 이전 가입자 관련 자료는 전산화 필요성을 인식하지 않았기 때문이었다.

MF는 필름 제작일을 기준으로 작업장별로 분류되어 있었다. 전산화 자료가 아닌 MF는 검색할 수 없다. MF는 제작 당시 순서를 편집할 수 없으므로 뒷부분에 있는 자료는 앞에서부터 뒤까지 돌려야 하는 번거로움도 있다. 기업의 필름 롤을 찾는데도 적지 않은 시간이 걸렸다. 하나의 롤에 여러 기업의 자료가 들어 있고 효율적인 MF 목록도 갖추지 못했다. 담당자가 간신히 가져온 기업의 MF 롤을 리더기에 걸었으나 판독 상태는 매우 불량했다. MF 제작 당시 원본 상태가 불량했기 때문이다.

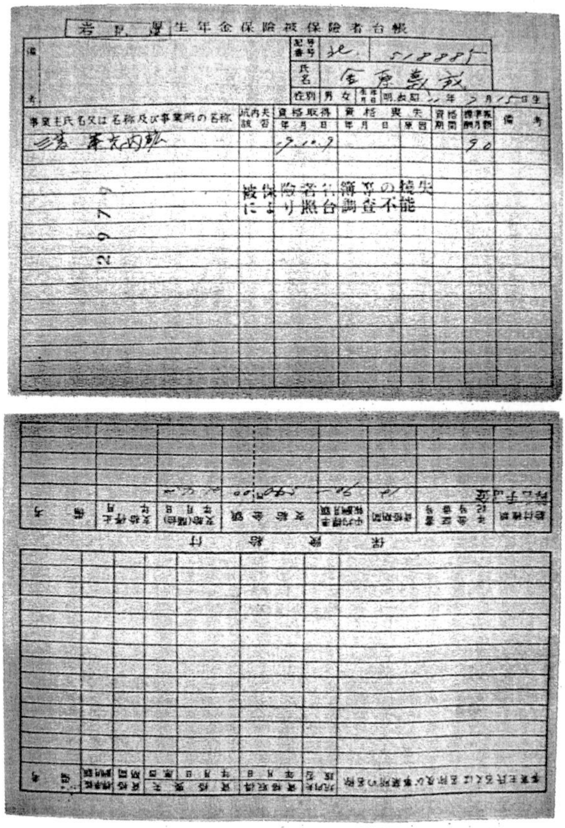

그림 70 사회보험센터 소장 MF필름 출력본(위원회 입수 자료)

보험관리과 담당자는 조회 회신에 걸리는 기간이 2~3개월이며, 조회신청서에 작업장 이름을 기재하지 않으면, 찾을 수 없다고 했다. 작업장 이름과 주소지를 모르면 MF의 롤 자체를 찾을 수 없기 때문이다.

(3) 후생연금명부 확보를 위한 첫 단계

일본정부는 이름, 생년월일, 작업장 이름, 동원지역(작업장 주소) 등 4개 항목을 기재한다면, 한국정부를 통한 단체조회요청에 응할 수 있다고 했다. 동원지역을 알아야 해당 사회보험센터 지역을 확인할 수 있기 때문이다. 그러나 위원회에 신고한 피해자의 90%는 작업장 이름이나 동원지역을 모르는 상황이었으므로, 항목을 축소하지 않는 조회요청은 의미가 없다. 실태를 확인하고 나니 기운이 빠졌다. 작업장과 지역을 알아도 조회요청에 2~3개월이나 걸리는 이유도 알 수 있었다. 독촉으로 해결할 수 있는 상황이 아니어서 해결방안이 쉽지 않다고 판단했다.

그러나 원래 난관이란 해결하라고 있는 것이다. 2006년 4월 3일, 조사1과장(정혜경)은 '후생연금명부 해결방안'을 작성해 당시 한일협상을 담당하던 과 실무자들과 함께 준비를 시작했다.

보고서에서 제시한 해결의 방향은 DB다. MF에서 조회는 불가능하므로 DB만이 유일한 해결방안이었다. 그러나 일본정부에 단기간 안에 방대한 규모의 DB 요구는 현실성이 부족했다. 물론 일본정부의 의지만 있다면 가능한 일이다. 그러나 당시 일본정부는 의지도 필요성도 인식하지 못했다. 그래서 나온 방안은 단계별 DB다.

2006년 6월 30일, 도쿄에서 열린 제4차 한일유골협의 국장급 회의를 이용한 실무회의를 통해 우리 측은 현실적인 DB화 방안을 제시하며 물꼬를 틔웠다. 우리 측이 제시한 DB화 방안의 핵심은 DB대상 자료(1954년 이전 자료)의 순차적 단계별 DB다. 한국정부가 노태우대통령 방일 당시 입수한 명부에서 빠진 지역이나 관리 현황이 열악한 지역부터 DB를 시작해 1954년 이전 자료 전체의 DB를 완성하는 방안이다.

이 방안에 대해 일본 측은 공감을 표했으나 회답은 오지 않았다. 그러나 기다린 보람은 있었다. 2년 후인 2008년 10월 30일, 한일유골협의 과장급 실무회의장에서 일본 측은 강제동원위원회가 요구한 기본정보를 담은 DB를 제작했다는 낭보를 들려주었다. 이 회의에서 한일 양측은 '일본정부를 통한 조회' 원칙에 합의하고 2009년 10월부터 2011년까지 조회와 후생연금명부 사본 인수 등을 진행했다.

■ 후생연금피보험자대장 조회, 사본 인수를 위한 첫걸음

강제동원위원회의 목표는 처음부터 후생연금 관련 자료의 일부 조회가 아니라 자료 전체 입수였다. 조회라는 방식은 전체 자료를 인수하기 위한 첫 단계일 뿐이었다. 강제동원위원회는 이후에도 한일유골협의체라는 창구를 통해 계속 전체 자료 인수를 요구했다.

후생연금명부 조회와 사본 인수는 2009년 2월 25일, 제8차 한일유골실무협의 합의에 따라 강제동원위원회가 제출한 명단에 대해 일본정부가 조회해서 확인한 '보험 가입 여부'를 통보받은 후 사본을 인수하는 방식으로 이루어졌다.

조회신청대상은 강제동원위원회에 노무와 군무원 동원 피해신고 전체였다. 피해신고를 하지 않았으나 명부조회를 희망하는 노무동원(군무원 포함) 피해자 본인과 유족을 대상으로 신청을 받아 조회를 의뢰했다. 유족의 범위는 민법에 따라 배우자와 자녀, 부모, 손자녀, 형제자매로 정했다. 피해자 본인과 유족 외에 피해자와 유족에게 위임받은 대리인이 신청할 수 있도록 했다.

강제동원위원회는 총 3차에 걸쳐 12만 건을 의뢰해 2011년 11월 기준 총 10,147명분의 사본을 인수했으나, 2015년 말 위원회 폐지(행정자치부 업무 이관) 후 조회 업무는 중단되었다.

- 2008년 10월 30일 '제7차 한·일 유골실무협의'시 후생연금피보험자대장 확인 협력 합의
- 2008년 12월 16일 후생연금피보험자대장 조회업무 처리기준 마련
- 2009년 2월 3일 후생연금피보험자대장 조회 신청접수 처리요령 마련
- 2009년 2월 25일 '제8차 한·일 유골실무협의'시 조회방법 및 절차 등 협의
- 2009년 3월 2일 후생연금피보험자대장 기록조회 신청서 접수(~2010. 3. 2)

- 2009년 10월 27일 일본정부에 제1차 조회 의뢰(4만명분)
- 2010년 1월 4일   조회결과 수령(4,727명 명부 존재 확인)
- 2010년 3월 3일   제2차 조회 의뢰(1만명분)
- 2010년 10월 8일   제2차 조회결과 수령(748명분 명부 존재 확인)
- 2010년 10월 21일 제1·2차 조회결과 5,533명 대상 세부내역자료 요청
- 2010년 12월 1일   제3차 조회 의뢰(7만명분)
- 2011년 8월 17일   조회 결과 수령(5,713명분 사본 인수)
- 2011년 11월 현재 총 10,147명분 사본 인수

▣ 첫 결실은 실망스러웠지만

2009년 10월 27일, 강제동원위원회가 일본정부에 조회를 의뢰한 제1차 4만 명분에 대한 조회 결과(4,727명분)는 2010년 1월 4일 돌아왔다. 역사적 순간이었으나 실망스러운 결과이기도 했다. 확인율이 10%를 조금 넘을 정도였고, 보험 가입 '확인'에 그쳤기 때문이다. 확인율이 낮은 이유는 생년월일이나 이름 등 조선인 강제동원 피해자들의 인적정보가 각기 달리 기재되어 있었던 점, 특이한 한자 인식의 오류 때문이었다. 조회 과정에서 한일 양국 간 협의를 할 수 없다는 점도 아쉬운 점이었다. 일본 측은 인적정보 가운데 단 한 글자라도 일치하지 않으면 동일인으로 인정하지 않았다.

일본 아사히 신문 조간 1면 기사에서 '지원금 지급에 빛'이라 표현한 것과 같이 후생연금명부 확인은 지원금 지급업무에 직결된다. 신청인의 강제동원 여부를 알 수 있고, 보험 급부가 지급되었다면 사망이나 부상을 추정할 수 있으며, 기존에 입수한 공탁금 관련 자료와 비교 분석을 통해 피해자에게 돌아갈 미불 임금 내역도 확인할 수 있다. 그 뿐 아니라 진상조사 업무에 매우 중요한 자료였다. 당시 강제동원위원회가 하고 있던 강제동원한 기업의 현황 파악 작업에 중요한 기업 정보를 제공했고, 피해조사에도 활용했다. 그러나 1차로 인수한

자료에는 '피보험자 대장 번호'만 기재되어 있어 '보험 가입 여부'만 알 수 있었다. 다음 단계의 작업이 과제로 남은 셈이었다.

水曜日　朝日新聞

韓国の4727人 年金記録確認

社保庁 戦時動員の民間人

厚生年金の被保険者台帳に、戦時中の徴用などで日本の企業で働かされていたとされる韓国人4727人の記録があることが判明し、社会保険庁が該当者名簿を外務省を通じて、韓国政府に提供したことが29日、わかった。韓国側から今秋、約4万人分を照会され、個々の加入履歴を調べていた。外務省によると、朝鮮半島出身の軍人・軍属に関する資料は韓国政府に開示したことはあるが、戦時下で動員された民間人の年金記録を提供したのは初めてという。

（三輪麻子、中野晃）

＝30面に関係記事

支援金受給に光

韓国では盧武鉉政権下の2004年、日本の統治時代の徴用・徴兵などの実態を調べる「日帝強占下強制動員被害真相糾明委員会」が政府機関として設置された。08年からは、労働を強いられた本人に年80万ウォン（約6万2千円）の医療支援金など、遺族に2千万ウォン（約156万6千円）の慰労金が支給されている。

同委員会によると、16万人から「日本の工場や鉱山などに強制動員された」との申請があるが、約9割は裏付けの資料がないため、認定作業が滞っている。このため、10月下旬、ひとまず4万人分を日本側に照会した。

これを受け、社保庁は確認作業を開始。朝鮮名で246人、日本名で4642人の計4888人の加入履歴を確認した。重複分を除くと、実数は4727人という。

年金記録の確認により、4727人は韓国政府の支援制度を受給できる可能性が高くなった。ただし、社保庁は「各人の加入していた期間は調べていない」としており、日本政府に対して年金脱退手当金を申請できる資格があるか否かはわからない。

韓国・同委員会の鄭恵瓊・調査2課長は「年金記録は日本で働かされたことを示す確かな証拠だ。日本側と協議して、残る申請者12万人についても順次照会したい」と話している。

両国間では05年から、戦時徴用の韓国人の厚生年金などを巡る協議が始まった。韓国側は再三、被保険者名簿の提供を求めたが、日本側はこれまで「記録には出身地や徴用者であるか否かの情報はなく、「提供は困難」などと回答していた。ところが07年に「宙に浮いた年金記録」問題が表面化し、社保庁は厚生年金記録全体の確認作業のため旧台帳をすべてデータベース化。氏名や性別、生年月日を入力すれば、加入の有無や年金番号が簡単に検索できるようになり、韓国側データとの突き合わせが容易になったという。

戦時中の徴用者の年金を巡っては、社保庁が12月半ば、13歳から14歳まで名古屋市の三菱重工業で働かされ、年金にも加入していた韓国・光州市在住の女性ら7人に対して、99円の年金脱退手当金を支払った。しかし、この対応を女性らは「バカにしている」などと激しく批判し、受け取り拒否を表明。日本大使館前で抗議集会も開かれた。

4727人や追加の照会者の中には、脱退手当金の受給資格者が相当数いることは確実で、日本側の今後の対応次第では韓国内の反発が強まる恐れもある。

キーワード 戦時動員された外国人の厚生年金問題　社会保険庁などによると、厚生年金の前身にあたる労働者年金保険は太平洋戦争中の1942年に始まり、国籍の区別なく、炭鉱や軍需工場などの国内の事業所で働いていた労働者が給料から天引きする形で、加入させられた。

一定期間、掛け金を払っていれば、戦後、帰国する際、脱退手当金を受け取ることができた。しかし、被保険者であること自体を知らず、請求も受給もないまま、帰国する例が多発した。脱退手当金は現在も請求できるが、厚生年金保険法に基づき、当時の貨幣価値のまま支払うことになっている。

그림 71 2009년 12월 30일 일본 아사히 신문기사

▣ 99엔 사건으로 유명해진 후생연금

강제동원위원회가 후생연금명부 인수를 위한 첫 단계 문을 열기 위해 고군분투했지만 이를 아는 한국민들은 거의 없었다. 강제동원위원회의 존재를 아는 한국민이 극소수였던 점과 마찬가지였다. 그러던 어느 날, 후생연금은 모든 한국의 언론 기사에서 친숙한 단어가 되었다. 일명 '99엔 사건' 때문이었다.

2009년 11월 국내 주요 언론은 일제히 후생연금 탈퇴수당 99엔을 보도했다. 이를 통해 후생연금이라는 단어는 한국 사회에 널리 알려졌다. 특히 99엔이 일본에서 껌 한 통도 살 수 없는 돈이라는 보도는 국민적 공분을 일으켰다.

양금덕 할머니는 1998년 일본정부와 미쓰비시중공업을 상대로 손해배상소송을 준비하는데 필요한 증거자료 확보 차원의 하나로 후생연금 가입 사실 여부 조회를 신청했다. 조회 결과가 나오기 전인 1999년 3월 1일, 나고야名古屋지방재판소에서 손해배상 청구소송을 제기했으나 2008년 11월, 도쿄 최고재판소에서 최종 기각 판정을 받았다. 그리고 2009년, 후생노동성 사회보험청은 후생연금보험 가입 사실 조회 12년 만에 양금덕 할머니의 후생연금보험 가입 사실을 통보하고 11월 23일 99엔을 지급했다. 99엔을 받은 양금덕 측은 2010년 1월, 물가향상률을 적용한 탈퇴수당지급을 요구하며 심사청구를 제기했으나 기각되었다.

99엔 사건은 한국 사회에 후생연금보험이라는 제도와 근로정신대 피해에 대한 인식을 확산한 좋은 계기가 되었다. 후생연금보험 관련 자료를 통해 피해자의 강제동원 실태를 파악할 수 있다는 점도 알려졌다. 아쉽게도 강제동원위원회가 기울여 온 후생연금명부 인수를 위한 노력이 갖는 의미와 성과는 한국 사회에 충분히 전달하지 못했으나 위원회 내부 구성원들이 강제동원위원회 업무가 피해문제를 해결하는 열쇠라는 점을 확인하고 자료 입수 작업의 중요성을 되새기는 계기가 되었다.

2. 후생연금피보험자대장 활용 성과와 향후 과제

(1) 입수한 후생연금명부, 어떻게 활용했는가

강제동원위원회는 확인율을 높일 방안을 마련하고 세부 내역 확보를 위한 협의를 시작하는 한편, 인수한 명단을 DB로 작성해 기초내용을 분석했다. 제1차 인수 자료는 판독율이 저조하거나 회사명이 달리 기재되기도 했으므로 이러한 점을 보완하도록 요청했다. 이 같은 노력의 결과, 2011년 8월 17일 5,713명분의 사본을 확보할 수 있었고, 그 해 11월까지 확보한 사본은 총 10,147명분이었다. 그러나 여전히 확인율은 10%에 미치지 못했다.

표 23 후생연금피보험자 대장 기재 내역

〈앞면〉	〈 뒷면〉
(1) 비고 (2) 기호 · 번호 (3) 씨명 (4) 성별 (5) 생년월일 (6) 사업주 씨명 또는 명칭 및 사업소 명칭 (7) 갱내부 해당여부 (8) 자격취득(일자) (9) 자격상실(일자/원인) (10) 자격기간 (11) 표준보수월액 (6) 비고	앞면 내용 중 (6)~(12)항목의 계속 〈보험급부〉 (13) 급부종류 (14) 연금증서 기호 · 번호 (15) 자격기간 (16) 평균표준보수월액 (17) 지급금액 (18) 지급(개시) 년월일 (19) 지급정지 년월 (20) 비고

사본을 인수한 강제동원위원회는 자료 DB를 작성해 기초내용을 분석한 후 업무에 활용하고 해당 피보험자에게 제공했다. 사본을 통해 확인한 후생연금명부에는 총 20개 항목이 기재되어 있었다. 특히 금액의 성격(보험급부인지 탈퇴수당금인지 여부)과 근무기간, 작업장이 명확히 기재되어 있었다. 금액의 성격이 보험급부인 경우에는 강제동원 기간 중 부상이나 사망을 입었음을 알 수 있다.

동원 기업과 함께 새로운 작업장도 확인할 수 있었다. 5,713명분을 분석한 결과, 확인한 416개소의 노무작업장 가운데 89개소(공장 49개소, 광산 12개소, 운송 회사 14개소, 기타 12개소 등)는 최초로 확인한 작업장이었다. 5,713명 가운데 8명이 부상을 입어 장해수당을 받았다는 사실도 알 수 있었다.

(2) 후생연금명부 입수의 의미, 그리고 아쉬움

후생연금명부는 강제동원 피해자들의 피해진상규명과 지원금 지급에 필수적인 자료다. 그러므로 강제동원위원회는 업무 개시 직후부터 자료 입수에 나섰다. 그러나 조회조차 쉽지 않았다. 일본정부는 후생연금명부의 DB 필요성을 인식하지 못하고 있었다. 현재 사용하지 않는 '비현용 문서'였기 때문이었다. 그러므로 일본 측의 의지를 끌어내는 노력이 필요했다. 첫 번째 장벽이었다.

난관을 해결한 것은 강제동원위원회가 제안한 DB방안과 협상력이었다. DB 방안을 제안한 배경은 현장 실사를 통해 후생연금명부의 관리 현황을 파악했기 때문이다. 무조건 일본정부를 압박하는 것이 아니라 현실적 어려움을 인정하고 해법을 모색하고자 하는 제안이었다. 그러므로 일본정부가 DB를 제작해 조회의 길을 마련할 수 있었다.

일본정부의 자료 DB가 첫 번째 장벽이었다면, 두 번째 난관은 확인율 높이기였다. 해법은 강제동원위원회 내부에 있었다. 동원한 기업의 오류나 특이한 한자 검색 등 기술적 문제는 일본 측과 협의를 통해 조금씩 해결할 수 있었다. 그러나 강제동원위원회 내부의 걸림돌은 난관 그 자체였다. 피해신고 당시 파악하지 못한 13만 건(노무자와 군무원으로 피해신고한 수)의 창씨개명과 호적상 생년월일을 확보하는 일은 강제동원위원회의 몫이었다. 그러나 이 작업을 위해 필요한 최소한의 인력(5명) 확보는 불가능했다. 2012년 이후 기관장은 후생연금명부 조회 업무를 굳이 하지 않아도 되는 업무로 판단했다.

세 번째 난관은 한일정부 간 협의체 문제였다. 후생연금명부 입수와 관련한 강제동원위원회의 최종 목표는 전체 자료의 입수였다. 그러기 위해서는 당시 운영되던 한일유골협의체가 안정성을 유지해야 했다. 그러나 2012년 이명박 대통령의 독도 방문 등 한일 간 불화는 계속 발생했고, 한국 측 협의체인 강제동원위원회 조직도 불안정했다. 1~2년 단위로 연장하는 조직은 협상 담당자의 자리를 흔들었다.

■ 멀어진 후생연금명부 입수의 길

강제동원위원회는 2005년 5월, 한일유골협의체 정식 안건으로 제안한 후 2009년부터 총 3차에 걸쳐 12만 건을 의뢰해 2011년 11월 기준 총 10,147명 분의 사본을 인수했다. 그러나 이후 강제동원위원회 내부에서 조회 업무는 연명 수준이 되었다. 한일유골협의체 한국 측 대표 자리를 외교부로 넘기면서 한일정부 간 협상에서 강제동원위원회의 역할은 밀려났고, 한일관계 경색과 함께 한일유골협의체는 유명무실한 상태가 되었다. 후생연금명부의 전면 입수라는 목표도 사라졌다.

2015년 12월 31일, 강제동원위원회가 폐지되고 행정자치부 과거사업무지원단으로 업무를 이관한 후 후생연금명부 조회 업무는 찾을 수 없다. 2018년 말부터 일본기업을 상대로 한 국내 징용소송 승소 퍼레이드가 시작되면서 자료입수 협의 창구는 닫혔고, 중요한 소송의 근거자료가 된 후생연금명부 협의 창구도 닫혔다.

후생연금명부를 확인하지 못한 피해자들은 방향을 찾지 못하고 방황할 뿐이다. 강제동원 관련 자료 입수라는 특별법 조항은 있지만 업무를 담당하는 정부 기관은 어디에도 없다. 후생연금명부를 통해 권리를 확인하려는 이들이 갈곳은 어디인가. 무책임한 정부의 현주소이다.

제12장

그밖의 자료 수집 활동

명부류 등 자료는 강제동원의 피해진상규명과 위로금, 지원금 등 지급에 결정적인 단서를 제공하기에 중요하다. 앞장에서 다룬 명부류 등 수집노력은 이러한 이유에서 전문적으로 꾸준하게 진행해 온 사업이었다.

본장에서는 자료부족으로 진상조사 초기부터 난항에 부딪혔던 사할린 강제동원 피해자와 관련하여 위원회가 수집한 관련기록물은 어떤 것들이 있었는지 소개해 보고자 한다.

1. 사할린 자료군

위원회 업무 중 사할린 강제동원 피해자에 대한 조사는 유독 어려움이 있었다. 사할린 한인은 모국과의 연락 단절 속에 6.25전란으로 인한 공부公簿의 소실과 재제再製과정에서의 누락, 일제와 구 소련체제를 겪으면서 이름과 가족관계가 복잡하게 얽혀 신원파악이 곤란한 경우가 많았다. 일본지역의 경우 1990년대 일본정부가 한국정부에 제공한 명부가 있다. 전체 피해자수를 생각하면 많다고 할 수는 없지만 여하튼 참고할 명부가 있다. 그러나 해방전 일본제국의 일부였던 남사할린에 대해서는 한인 관련 명부가 발견되지 않았기에 참고할 만한 자료확보부터 고심하지 않을 수 없었다. 사할린 한인의 조각난 관계를 복원하기 위해서는 종류를 불문하고 관련 자료를 수집하는 것이 우선인데 위원회가 관심을 갖고 수집에 노력했던 자료는 다음의 네 가지로 분류할 수 있다.

첫째, 유족회, 시민단체, 활동가 등이 갖고 있는 각종 명부와 자료들이었다.

이는 비단 사할린 강제동원 피해자에 국한된 것은 아니고 여타 지역의 강제동원 피해자의 경우에도 관련 유족회나 지원단체 등 조직이 관리하던 자료라면 모두 유효하다.

둘째, 사할린 한인 관련업무를 지원하던 기관의 소장자료이다. 사할린 한인의 권리찾기와 영주귀국사업 등을 담당해온 대한적십자사가 대표적이다.

셋째, 러시아 사할린주 현지 소장자료이다. 사할린문서보존서에는 구 일본제국이 생산했던 각종 명부와 자료들이 남아 있는데 이중에서 한인관련 자료를 선별하여 수집하는 방법이다.

넷째, 사할린 현지에서 강제동원 관련의 자료를 직접 생산하는 것으로 한인묘 실태조사를 들 수 있다.

▣ 유족회, 활동가 소장 자료

사할린 한인 관련 단체나 활동가가 소장하고 있던 자료로 중요한 것은 중소이산가족회 회원자료, 박노학 명부, 이희팔 명부, 김도영 명부 등을 들 수 있다.

표 24 사할린 관련 주요 자료

소장처	내용	인원
중소이산가족회	신연락명부, 연고자카드, 소식불명자명부, 사망자부, 실태조사서 등	11,467
박노학명부	박노학 수신편지, 화태억류동포귀국희망자명부	4,234
이희팔명부	중소이산가족회회원명부(한국), 화태억류동포귀환희망자명부, 대구이산가족회, 방일자명부, 사망자명부 등	19,967
김도영명부	사할린 귀국 희망자명부(1세)	572
사할린주역사기록보존소	도요하라(豊原)경찰서 자료	7,472
대한적십자사	박노학 명부, 모국방문 및 영주귀국 신청서, 기타 편지·탄원서·첨부자료 등	11,321
사할린한인묘	사할린주 공동묘지 한인묘 실태조사	15,110기

주) 사할린주 역사기록보존소(GIASO) 자료는 위원회의 사할린한인자료조사 5개년 계획에 의해 추진된 것이며 2014년의 결과만을 수록했음.

중소이산가족회 자료는 구 소련과의 수교이전 시기인 1970년대부터 사할린 및 중국지역 한인과의 교류를 기록한 자료로 주로 수신편지와 명부류로 구성된다. 위원회는 자료제공여부에 대해 중소이산가족회와 긴밀하게 협의한 후 2011년에 총 29종 11,467명분의 자료를 입수하였다.

박노학 명부는 박노학 씨가 '화태 억류 귀환자 동맹(화태 억류 귀환 한국인회로 개칭)'를 결성하여 사할린 억류 한인과 본국의 가족 간 연락을 중개하면서 작성한 '화태억류동포 귀환희망자 명부'가 유명하다. 수록인원은 총 2,723명(세대주)이며 사할린 한인의 성명, 성별, 관계, 생년월일, 출생지, 현주소, 고국 연고자, 성인구별, 국적 등이 기재되어 있고 창씨명이 아닌 본명

그림 72 안산 고향마을 단지내에 건립된 박노학의 흉상

이 한자로 기재되어 있어 신원확인에 매우 유용하다. 이외에도 귀환희망자가 1966~1976년에 걸쳐 고국으로 보낸 편지로서 '박노학 수신편지'도 매우 중요한데, 총 1,511명의 신원내용이 확인된다. 편지에는 강제동원에 관한 내용이나 동행자 등 정보가 담겨 있어 강제동원 피해 진상규명차원에서 갖는 의미는 크다.

이희팔 자료는 재일한인 박노학 씨가 설립한 '화태 억류 귀환자 동맹'에서 활동한 같이한 이희팔씨가 소장한 자료로 도쿄 '재일한인역사자료관'에 보관중인 것을 2012년 8월에 위원회가 그 사본을 확보한 것이다. 총 21종 19,967명 분에 이르며 박노학 자료와 일부 중복되나 이희팔 자료에만 확인되는 명부가 있어 매우 중요하다.

그림 73 화태 억류 동포 귀환희망자 명부   그림 74 박노학 수신편지

　김도영 명부는 사할린 한인 김도영 씨가 일본정부를 상대로 영주귀국사업을 촉구하기 위해 작성한 명부로 1993년 사할린 16개 지역에서 귀국을 희망하는 한인 총 572명의 신원에 대해 기록한 것이다. 표지는 '사할린 歸國 希望者 名單 (1冊)'라고 작성되어 있으며, 희망자의 성명, 성별, 생년월일, 본적지, 현주소, 동원유형, 동원연월일, 작업장명, 배우자명 등으로 구성되었다. 동 명부에는 타 명부에서는 찾아볼 수 없는 동원유형이 기록되어 있다는 점에서 특색이 있으며 기존 명부에서는 없는 108명이 신규로 확인되었다는 점에서 주목된다. 더욱 주목되는 것은 이 명부가 1993년에 작성되었다는 점이다. 사할린 한인의 경우는 '국내로 돌아오는 과정'을 최초의 영주귀국이 있었던 1992년 9월 29일까지로 보고, 그 이후 상황에 대해서는 귀국준비의 여부 등 귀국의사를 문서로 확인하며 개별적으로 검토하는 것으로 하고 있었다. 따라서 동 명부는 1992년 9월 30일 이후의 귀국의지를 확인하는데 결정적인 자료로 활용할 수 있었던 것이다. 이 경우 명부에 수록된 피해자가 귀국하지 못한 채 사망했을 경우 귀국도중 사망한 희생자로 선별하는데 매우 유효하게 활용될 수 있었다.

　■ 대한적십자사 자료

　대한적십자사는 그간 사할린 한인의 영주귀국사업을 수행해 왔다. 그 과정에서 귀국을 희망하는 한인들의 신청서와 편지, 탄원서, 첨부자료 등 사할린 한인에 관한 자료를 다수 생산해 왔다. 위원회는 이 점에 착안하여 피해진상조사와 위로금 지급의 근거로 활용하기 위해 대한적십자사에 취지를 설명하고 자료를 열람할 수 있도록 협조를 요청하였다. 일련의 경과를 보면 아래와 같다.

2012년 12월　　　　대한적십자사 방문, 사본화 협의
2012년 12월 24일　위원회 공식적으로 대한적십자사에 협조 요청
2013년 1월 3일　　대한적십자사의 협조 확인
2013년 2월 7일　　사할린 한인 관련 문서 사본화작업 기본계획 수립
2013년 3월 19일　사할린 한인 관련 문서 사본화작업 완료

이리하여 확보한 자료는 총 118,450쪽에 이를 정도로 방대했으며 문서철 폴더로는 581개에 이르렀다. 자료가 확보되었다고 이것을 곧바로 실무에 활용할 수는 없다. 피해자가 기록물에 있는지의 여부와 내용을 쉽게 검색할 수 있도록 DB작업이 수반되어야 하는데 예산과 인력이 필요한 만큼 실제 활용에는 또다시 시간이 소요되었다.

대한적십자사 자료는 유족회나 활동가들이 갖고 있는 자료와 중복되는 경우가 상당히 많다. 그럼에도 불구하고 사할린 한인자료는 많으면 많을수록 좋다. 왜냐하면 피해자 신상정보에 관한 것조차도 부정확한 것이 많아 여러 자료를 중복적으로 비교 검토함으로써 본래 피해자 신상에 근접할 수 있기 때문이다.

▣ 사할린주 역사기록보존소 자료

사할린 한인 관련 자료의 수집은 사할린주 역사기록보관소 등 러시아 정부 문서관의 자료수집으로 확산되었다. 위원회는 정식으로 러시아 문서관에서 한인자료를 입수하기 위한 작업에 착수, 한국 외교부와 협의하여 러시아정부의 양해를 구하는 절차를 수행하였다. 일련의 경과를 보면 다음과 같다.

2008년 7월 28일   위원회는 한국 외교부에 사할린 한인 관련 자료를 입수하기
                위한 일련의 절차를 위해 협조를 요청
2012년 5월 17일   제1차 한러 실무 간 협의
2013년 2월 25일   러시아측, 제2차 한러 실무 간 협의추진을 제안
2013년 5월 23일   사할린에서 제2차 한러 실무협의 개최.

러시아측이 한인 자료 제공을 위해 사할린 현지 문서관을 직접 방문하여 실물을 확인하고, 이를 위한 실무협의 개최를 제안해 온 것은 극히 고무적이었다.

러시아와의 협의는 단지 한인 관련 자료 제공, 확보 문제에 한한 것이 아니라, 다가올 한인 피해자의 유골봉환문제를 추진하기 위해서도 긴요한 것이었다. 희생자 유골봉환을 위해서도 관련 기록물이 잘 기록 보관되어 있는지 실태를 파악할 필요가 있기 때문이다.

이리하여 2013년 5월 제2차 한러 실무협의를 위해 한국대표단이 사할린주로 향했다. 한국대표단으로는 외교부의 이상덕 심의관을 대표로, 주러 한국대사관 과장, 위원회 허광무 조사2과장과 오일환 유해팀장, 방일권 한국외대교수 등이 참석했다. 주요 의제는 사할린 한인관련 기록물 제공문제와 사할린 한인 유골 봉환문제였다. 오후에 시작된 실무협의는 중간의 티타임을 거쳐 저녁무렵까지 이어진 결과 사할린주 문서기록보존소 등이 소장한 한인 관련 기록물을 러시아정부가 전격적으로 제공하는데 합의하였다. 다만, 열람자는 위원회가 지정한 전문가에 한하고 이에 대해서는 열람과 조사의 편의를 러시아정부가 제공하는 것으로 약속하였다.

한인 관련자료로 주목되는 것은 사할린주 이민국OVIR 자료, 사할린주 출생·사망신고소ZAGS 자료, 사할린주 역사기록보존소GIASO 자료 등이었다.

협의 후 같은 해인 2013년에 사할린 한인자료의 구체적인 현황과 종류, 기관, 조사방법과 소요시간 등에 대한 기본조사를 실시했다. 조사에는 러시아역사 전문가인 한국외대 방일권 교수가 참가했다.

위 연구용역을 기초로 위원회는 총 5개년에 걸친 사할린주 역사기록보존소GIASO 및 사할린 개인기록보존소GADISSO 등에 대한 전수조사를 계획하고 2014년에 제1차년도 사업을 수행하였다.

표 25 2014년도 사할린 한인 자료 수집 기관 현황

기관명	기관 개요	2014년(1차년도) 수집 목록
국립사할린주 역사기록보존소 [GIASO]	• 사할린주 최대, 최고의 역사를 가진 국립 역사기록보존소 • 1938년 북사할린의 알렉산드롭스크에서 최초 설립 • 1,001개 기록군(group)에 25만개 기록파일(철) 소장 • 강제동원 한인 기록과 관련해 최대의 기록물을 소장하고 있으나, 한인에 대한 전면적인 조사나 자료 확보의 사례가 없었음	• 일제 강점기 한인 개인신상정보(일경 요시찰 대상자) • 소련시대 한인 이주자 신상정보
국립사할린주 개인기록보존소 [GADISSO, 약칭] * 정식 명칭 : 개인 신상에 관한 문서기록들의 국립보존소	• 사할린주 최대의 개인기록을 보유한 현용 기록보존소 • 1975년 설립 • 한인들이 소속했던 작업장 관련 정보 및 소련시대 한인들의 개인기록이 다수 포함되어 있어 조사가 시급 • ▲모두 미공개 기록물이므로 조사의 어려움이 있음 • GIASO의 지부라고는 하나 현용 개인기록물이라는 성격으로 인해 별도의 허가를 얻어야 함	• 1946년 이후 1950년대까지 한인이 근무한 작업장(유즈노사할린스크제지공장,바흐루세프탄팡)을 대상으로 신상정보(노동자 개인기록카드) 수집 • 복사가 금지되었으므로 필사하는 방식

첫 해의 성과는 기대 이상이었다. 2014년 4월부터 동년 11월에 걸친 7개월간의 조사결과 총 7,472명의 인적 정보와 4,041건의 DB를 확보할 수가 있었다. 이것이 피해 진상규명으로 이어진 것은 두말할 나위 없다. 기존 자료에는 없었던 796명의 신규 명부가 발굴되었을 뿐만 아니라 사할린에서 탈출한 사례 278건을 새로 발굴할 수가 있었다. 사할린 한인 피해자의 권리구제와 진상규명이 동시에 달성되는 중요한 자료확보가 있었던 것이다.

아울러 경찰기록 중 한인자료에 대한 검증을 실시(조사과장 정혜경), 아래 〈표 26〉과 같이 강제동원과 관련있는 한인 846명을 확인하였다.

표 26 화태청 경찰기록에서 검증된 강제동원 한인

기록철	문서철 제목/ 주요 내용	수록 조선인수	검증완료
Ф.1-и. Оп.1. Д.123	조선인관계서류철 [남사할린 도요하라 경찰국의 한인 관련 자료]	1,454	784명
Ф.1-и. Оп.1. Д.154	제목 없음 [조선인에 관한 고등경찰과 문서(항일운동, 탈영, 노무자 탈출 등)]	168	37명
Ф.1-и. Оп.1. Д.155	행정수사서류철 [도주자, 탈영병 및 기타 범죄자 수배에 관한 일본과 남사할린 경찰기관 간의 왕복문서]	42	10명
Ф.1-и. Оп.1. Д.172	행정수사서류철 [탈영병 수배 및 징용·징병에서 협력에 대한 경찰서장의 지령]	101	15명
계		1,765	846명

▣ 사할린 한인묘 실태조사

위원회는 자료를 입수하는데 그치지 않고 직접 생산하는 방법도 취했다. 그 대표적인 것 중 하나가 사할린 내 공동묘지를 전수조사하여 한인묘만을 기록하는 한인묘 실태조사였다. 러시아측이 실태조사라고 하는 표현에 우려를 표명하여 공식적으로는 한인묘 현황파악으로 불렀다.

한인묘 현황파악은 두 가지 의미에서 매우 유효했다. 하나는 묘비를 통해 강제동원 피해자의 신원정보를 확보할 수 있다는 것이고, 다른 하나는 한인묘 정보를 통해 국내 유골봉환의 기초자료로 활용할 수 있다는 것이다. 후자를 위하여 한인묘는 정확하게 그 위치까지 파악해 두었다.

본격적인 한인묘 현황파악에 앞서 약 3년간에 걸친 표본조사를 실시했다. 표본조사로 총 602기의 한인묘 정보를 확보했다.

표 27 표본조사 실시 내역

연도	확인 내용
2007	사할린지역 한인묘지 등 실태 표본조사(1차) 실시로 126기 확인
2008	한인묘 표본조사(2차) 3개 지역, 4,500㎡에 걸쳐 222기 확인
2009	한인묘 표본조사(3차) 1개 지역, 8,500㎡에 걸쳐 254기 확인

표본조사를 통해 유효한 정보를 확보할 수 있음을 확인하고 2011년도에 사할린주 주도인 유즈노사할린스크시의 공동묘지를 조사하였다. 그리고 이를 포함하여 사할린 전체 공동묘지에서의 조사를 위해 전체 공동묘지의 현황을 파악하는 전수조사를 실시하여, 전체 67개 소 공동묘지를 조사대상으로 확정하였다. 2011년~2015년까지 총 5개년 동안 조사한 지역은 그림과 같이 남사할린 지역에 집중되었다.

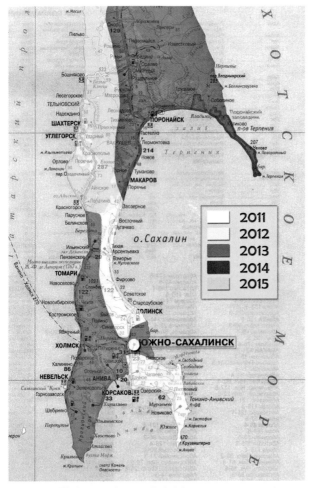

그림 75 남사할린 공동묘지 연도별 추진지역

한인묘 현황파악 결과 남사할린 총 67개소에서 15,110기의 한인묘를 확인할 수 있었다. 그런데 15,110기 전부가 정보를 담고 있었던 것은 아니다. 묘비 등이 남아 있어 관련정보를 담아 낼 수 있었던 것은 77.5%인 11,705기이고, 나머지 3,405기는 묘 조성형태가 러시아와 달리 우리식으로 볼록하게 봉분으로 되어 있어 한인묘로 추정할 수 있는 묘지였다.

그리고 묘비가 남아 있는 11,705기라 하더라도 모두 강제동원 피해자의 것은 아님에 유의해야 한다. 강제동원 문제는 이 정보와 더불어 다른 문서자료나 증언 등과 교체분석할 필요가 있다.

표 28 한인묘 현황파악 결과

구 분	공동묘지 수	용역기관	한인묘 수(기)
계	67개소	–	15,110
'11	유즈노사할린스크 1개소	지구촌동포연대	1,593
'12	코르사코프 · 브이코프 등 11개소	한국국토정보공사	5,005
'13	아니바 · 체홉 등 21개소	광운대산학협력단	4,170
'14	오노르 · 마카로프 등 19개소	한국국토정보공사	2,383
'15	우글레고르스크 등 15개소	한국국토정보공사	1,959

주) 확인묘 11,705기, 추정묘(봉분) 3,405기.

위원회가 생산한 사할린지역 한인묘 자료는 위원회 당시 홈페이지에 자료열람 배너를 구축하여 사할린 강제동원 희생자의 유골을 애타게 찾고 있는 국내 유족에게 제공되었다. 또한 이를 알리기 위해 서울시내 주요 빌딩 전광판에 공익광고로 내보내고 시내버스 내 모니터에서도 방영되었다.

그림 76 위원회 홈페이지에 구축한 사할린 한인묘 찾기 코너. 좌측은 홈페이지 상 한인묘 찾기 배너(붉은색). 우측은 해당 검색창.

그림 77 사할린 한인묘 유골찾기를 알리는 영상

결과적으로 한인묘 현황파악은 사할린에 동원되어 강제동원 기간 중 혹은 국내로 돌아오는 과정에 사망한 희생자를 확인하는 일과 희생자의 국내 봉환을 위한 위치 등 현황파악을 위해 중요한 정보를 제공한 것이다.

2. 권리 구제에 활용

▣ 국민을 기억하기

사할린 한인자료 확보는 피해자의 피해진상규명과 위로금 지급에 절대적으로 필요한 까닭에 피해자의 권리행사를 위해 기여한 것은 말할 나위 없다. 피해의 사실이 엄연히 존재하는데도 가족들의 진술 외 입증할 수 있는 다른 방도가 없는 사람들에게 객관성을 부여하고 억울함을 해소시키는데 기여했다.

무엇보다도 그간 정부가 강제동원 피해자로 파악하지 못했던 사할린 한인에 대해 신상을 비롯하여 그 피해실태를 정확하게 기억할 수 있게 된 점을 지적하지 않을 수 없다. 해방 후 70여 년의 세월을 거치는 동안 피해자 유가족들도 수 세대를 지나면서 피해자에 대한 기억이 희미해지기 시작했다. 사할린 현지에서는 일본제국에서 러시아로 통치권이 바뀌면서 일본식 창씨명이 키릴어로 변환되고 다시 한국명으로 회복하는 과정에서 변형되는 경우가 적지 않았다. 이러한 환경이 피해자를 기억속에서 사라지거나 훼손되거나 하는 상황을 낳았는데, 명부류를 비롯한 자료의 수집은 이를 바로잡는 계기가 되었다. 그리고 그 이름 하나하나를 정부기록물로 기록하여 영원히 기억하는 계기가 되었다는 점을 강조해 두고 싶다. 비로소 정부가 국민 한사람 한사람을 기록하여 기억하는, 정부로서의 마땅한 책무를 이행할 수 있었다는 점인 것이다.

▣ 진상규명의 철저에 이바지

사할린 한인 피해건은 관련자료 부족의 이유로 피해판정불능의 결과가 유난히 많았다. 위원회 전체 접수건수 22만 6천여 건 중 피해판정불능은 6,089건이다. 그런데 그 절반에 가까운 2천 8백여 건이 사할린 한인 피해자의 경우인 것으로 판단되었다. 이는 사할린 전체 신고건수 약 9천여 건의 1/3에 해당하는 수치였다. 특히 사할린 현지에서 가족 등을 대상으로 현지접수를 받았는데, 피해자의 본적이나 생년월일, 심지어 이름까지 불명확하거나 호적 불비 등의 이유로 인적정보를 제대로 입력하지 못해 판정불능의 사태를 불러오는 경우가 많았다.

그러므로 사할린에 동원된 사람은 구체적으로 누구인지, 언제 동원되었는지, 사할린 현지에서 무슨 일을 하였는지, 동원 중 피해는 있었는지, 귀환과정은 어떠했는지 등에 대한 내용은 불명인 채 단지 사할린에 입도한 사실만 확인되는 것이 많았다. 그렇기 때문에 설사 중복되는 내용이 있다 하더라도 많은 다른 종류의 자료가 절실했다.

그리하여 다각적인 방면으로 수집한 자료는 단편적으로 파악할 수밖에 없었던 조사가 입체적인 파악으로 전환할 수 있는 계기를 마련하였고 그 과정에서 피해의 올바른 파악이 가능했다.

물론 그 결과 피해자와 유가족의 억울함을 해소할 수 있었던 것은 두말 할 나위 없다. 위원회는 새 자료가 확보되는 즉시 기 판정건을 전면 재검토하여 해당하는 피해건이 발견되면 재조사를 실시, 조사결과를 바로잡는데 노력했다. 다만, 위원회의 활동기한 도래로 업무가 정지되는 바람에 전체에 미치지 못한데 대한 아쉬움이 남는다. 그리고 자료가 지속적으로 발굴, 입수되는 상황에서 조사를 종결한다는 상황 자체가 언어도단이라는 생각조차 든다. 그러나 그땐 그랬다.

강제동원위원회, 항해를 멈추다

1. 일제강점하 위원회에서 대일항쟁기 위원회로

(1) 전후 최초의 성과를 냈지만 정치적 외풍 앞에

▣ 몰아친 태풍급 외풍

강제동원위원회는 2007년 3월 23일 법 일부 개정으로 존속기한을 2년 연장했다. 그러나 12월 19일 대선 결과는 역사 관련 위원회에 치명타를 주었다. 10년 만에 정권 탈환에 성공한 신정권은 전 정권 시절 정부 사업에 대해 강한 거부감을 표출했다. 2008년 1월 벽두부터 '과거사위원회 통합안'과 위원회 폐지론이 흘러나왔고, 대통령 인수위원회 발표 내용에 역사 관련 위원회 폐지 입장이 담겼다. 사형선고나 다름없었다. 그러나 주저앉을 수 없었다. 오랫동안 공들여 준비한 제1차 유텐사 유골봉환과 60년 가까이 기다려 온 '군인군속공탁금명부' 입수가 코앞으로 다가왔다.

묵묵히 진심을 담아 제1차 유텐사 유골봉환을 했고 '군인군속공탁금명부'를 인수했으며, 명부 분석에 들어갔다. 그런 가운데 2008년 6월 시행령 개정에 따라 강제동원위원회 사무국은 '태평양전쟁전후 국외강제 동원희생자 지원위원회'와 통합 사무국으로 운영하게 되었다. 2009년 4월부터는 위원장도 태평양전쟁전후국외강제 동원희생자 지원위원회 공동위원장 중 1명인 산부인과 전문의가 부임했다. 산부인과 전문의는 강제동원위원회가 진상규명 본연의 업무를 수행하는데 어떤 역할을 했을까. 기억에 남는 일은 유텐사유골봉환 행사의 마지막 순서인 국립망향의동산 추도식 때, 낮술에 불쾌해진 얼굴로 상석에 앉아 있던 모습이다. 그 이상은 독자들의 판단에 맡길 뿐이다.

'민원서류 처리' 기관으로 전락한 상황에서도 성과를 토대로 버텼으나 1년도 되지 않아 두 번째 장벽이 나타났다. 위원회 존속기한 만료였다. 2008년 11월 제2차 유텐사 유골봉환을 마치자마자 두 번째 장벽을 넘어야 했다. 두 번째 장벽은 첫 번째 장벽과 비교할 수 없을 정도로 강력했다. 그해 겨울은 유난히 추웠다. 연일 영하 10도를 넘는 매서운 엄동설한에 맞은 폭풍은 고통스러웠다.

■ 연대의 힘으로 넘은 첫 번째 고비

이제 간신히 유골봉환과 '군인군속공탁금명부' 입수 등 성과가 나오기 시작한 상황에서 멈출 수 없었다. 의미와 성과로 반대자들을 설득할 수는 있었으나 총선에서 대승한 여당과 신정부 위세 앞에서 강제동원위원회 생존 가능성은 희박해 보였다. 1%의 가능성을 믿고 장벽을 넘기 위해 국내외를 대상으로 동시다발적 구명운동에 나섰다.

2008년 12월, 지금은 고인이 된 민주당 곤노 아즈마今野東의원 등이 주일대사관을 방문해 위원회 존속 의견서를 제출했다. 때마침 일본에서 열린 한일의원연맹 회의 개최에 즈음해 민주당과 공명당·자민당 등 일본 측 의원들과 전후보상네트워크가 의견서를 제출하고 한국 여당 의원 설득에 나섰다. 한일의원연맹 한국 측 대표인 이상득 의원(대통령 친형)이 참석한 공식·비공식 자리에서 일본 측 참석자들이 빠지지 않고 '강제동원위원회 존속 필요성'을 설명하자 이상득 의원은 크게 감동했다. 일본 최대 불교종단인 조동종과 일본 시민단체들도 주일한국대사관을 찾아 의견서를 제출하고, 대표들이 직접 한국을 방문해 언론과 국회를 상대로 호소했다.

민단과 외교부도 '강제동원위원회 존속이 한일관계에 도움이 된다'는 의견을 공식 문건으로 표명했다. 일본 국회의원과 시민단체의 강력한 호소, 민단과 외교부의 공식 입장 표명은 한국정부에 강제동원위원회 필요성을 강조하는 데 큰 도움이 되었다.

그러나 발등의 불은 있었다. 신지호 의원이 발의한 '14개 역사 관련 위원회 일괄 폐지 법안'이었다. 불을 끄기 위해 유족과 언론, 학회가 나섰다. 신윤순 사할린 국내 유족회장이 앞장섰다. "부친의 유골을 찾으려면 위원회가 필요하다. 자식으로서 최소한 아버지 사망 날짜는 알아야 하지 않느냐"며 연일 국회 의사당 바닥에서 눈물바다를 이루는 사할린 유족들에게 공감하는 의원들이 늘어났다.

김광열과 김민영 등 강제동원위원회 법제화에 앞장섰던 한일민족문제학회 소속 학자들도 나섰다. 이들은 4년간 비상근 위원을 역임한 후 임기가 끝난 상태였음에도 학자적 양심에 따라 행동했다. 김광열 교수는 신지호 의원을 찾아갔다. 이미 의원실은 "역사 관련 위원회 관련자라면 절대 만나지 않는다"는 입장을 밝혔고, 민간인학살피해유족들을 국회의원회관에서 문전박대하는 모습이 방송되기도 했다. 어렵게 성사한 면담은 예정시간을 훌쩍 넘겼다. 신의원은 "아무 이해 관계없는 교수들이 나선 것을 보니, 강제동원위원회가 필요하기는 한 듯 하다"고 말했다. 정성이 통한 것이다. 언론사의 역할도 큰 힘이 되었다. 특집기획기사를 준비 중이던 국민일보 특별기획팀(팀장 김호경)과 MBC '뉴스 후'는 연일 특종기사와 방송 프로그램을 통해 강제동원위원회 존재를 각인시켰다.

2009년 1월 초, 청와대가 '14개 역사 관련 위원회 일괄 폐지 법안'을 철회하기로 했다는 소식이 들렸다. 한고비를 넘겼다. 이제 남은 과제는 존속을 위한 법제화이다. 자유선진당 소속 이명수 의원은 강제동원위원회 존속을 위한 법안을 대표 발의한 후 여당 측 의원 설득에 나섰다. 의원실 주최로 정책세미나와 두 차례에 걸쳐 국회 사진 전시회도 개최했다. 의원실 식구들은 전시회 기간 내내 다과를 제공하며 위원회 직원들을 챙겼다. 군산대 김민영 교수는 김광열 교수와 함께 야당 측 의원을 찾아다니며 법안 통과를 호소하는 등 영하 10도가 넘는 여의도의 칼바람을 견디는 수고를 아끼지 않았다.

많은 이들의 '전폭적인 지지와 성원'을 빛나게 한 쾌거는 일본정부의 노무자공탁금명부 제공 결정이었다. 한일유골협의회에서 협상을 담당했던 오일환 전문위원이 거둔 성과였다. 노무자공탁금명부 입수 기자회견(2010년 1월 7일)은 언론의 폭발적 반응 속에 법 개정의 결정타가 되었다.

2010년 3월 22일, 우여곡절 끝에 임시국회에서 간신히 2년 기한의 통합법안(강제동원위원회와 태평양위원회 등 기존 2개 위원회 통합)을 제정했다. 위원회 이름도 '대일항쟁기 강제동원피해조사 및 국외 강제동원희생자 등 지원위원회'로 바뀌었다.

이 과정에서 시민단체나 거물급 '진보' 인사의 민낯도 보았다. 위원회 들어가기 전 도쿄의 행사에도 함께 참가했던 종교계 '진보' 인사는 "이런 시절에 내가 무슨 힘이 있냐"며 외면했다. 힘이 없다는 말과 달리 그는 바로 몇 달 전에 원세훈 안전행정부 장관과 학연을 이용해 강제동원위원회를 흔들기도 했었다.

■ 풍랑을 이기지 못한 돛단배, 멈춘 진상규명의 항해

강제동원위원회는 국내외의 성원 속에 정치적 외풍을 견디며 간신히 살아남았다. 그러나 풍랑에 내몰린 돛단배 신세는 피하기 어려웠다. 피해조사와 진상조사 신청 자체를 차단한 법 조항(법 제19조)으로 '위로금 등 지원' 업무만 마무리하도록 했기 때문이다. 위로금 등 지원업무 선행 작업이 진상조사와 피해조사임을 알고 있는 유족들은 깊은 아쉬움을 표했다. "2년 남은 사무국장이 자신의 정년을 보장받기 위해 양보했다"는 소리도 나왔다.

4월 16일자로 임명된 정무직 위원장(정선태)은 다행히도 진상규명의 중요성을 파악하고 있었다. 제한된 여건에서도 자료 분석과 피해조사·위로금 지급업무의 조화를 고려했다. 위원장은 일본정부로부터 4월 5일자로 인수한 노무자공탁금명부에 대한 분석 작업을 직접 독려하며 전문직에 힘을 실어주었다. 청와대와 국회를 다니며 진상규명 작업의 중요성도 설득했다. 덕분에 돛단배이지만 순항할 듯 했다. 그러나 좋은 시절은 4개월로 끝났다. 급작스러운 인사 발령으로 기관장이 교체되면서 돛단배는 풍랑을 만났고, 결국 이기지 못했다.

2. 항해를 멈춘 진상규명호, 대일항쟁기 위원회

(1) 강제동원위원회가 문 닫은 이유, 세 가지

▣ 첫 번째, 정부의 문제

2015년 말, 국회에는 강제동원위원회 기간 연장과 업무 확대를 담은 법안이 11개나 발의되었으나 소용없었다. 강제동원위원회가 풍랑을 이기지 못한 원인은 크게 세 가지다.

첫째 정부의 대일역사인식 문제이다. 특정 정권의 문제만이 아니라 역대 정부의 한계이기도 하다. 노무현 정부에서도 강제동원위원회는 찬밥 신세였다. 이명박·박근혜 정부에 들어서자 '노무현 정권의 잔재'로 폄하했다. 대통령의 대일역사인식은 행정부에 그대로 전해져, 강제동원위원회의 예산과 조직을 관장하던 행정자치부(또는 안전행정부)는 예산 절감 차원의 '정리 대상'으로만 인식했다.

또한 정부는 무책임했다. 피해자 사회와 한국사회의 보상에 대한 인식 차이는 커졌으나 좁히려 노력하지 않았다. 일부 명망가들의 주의 주장에 흔들리는 피해자 사회를 방치했다.[54] 180만 명의 이름을 담은 명부를 확보했으면서도 '위로금 등 지급업무'를 중단해 피해자의 권리를 박탈했다.

▣ 두 번째 이유, 새로운 환경을 원한 피해자 사회

둘째, 피해자 사회의 변화였다. 강제동원위원회 설립 후 유골봉환과 자료 입수, 피해조사 성과에 의한 위로금 등 지원의 과정을 경험한 피해자 사회는 새로운 환경을 원했다. 많은 피해자와 유족 가운데 1970년대 인적 보상금을 받은 유족들은 8,552명에 불과하다. 1인당 금액이나 수령인 규모는 미흡했으나 정부 보상금의 경험은 소중했다. 1970년대 보상의 부족함을 인식한 정부가 마련한 제도에 따라 피해자와 유족들은 2008년부터 위로금을 받을 수 있었다. 그러나 지급대상과 신청 제한, 자료 부족으로 위로금을 받을 수 없는 유족이 더 많았다.

1970년대 보상의 경험을 가진 유족들은 2008년 이후 새로운 제도에 빨리 적응했다. 위로금을 받은 유족들은 받지 못한 유족들을 기다릴 여유가 없었다. 명망가들은 더 조급했다. 이들은 새로운 환경으로 피해자 사회를 추동했다. 소송과 보상 입법이었다.

2012년 대법원판결로 승소 가능성에 대한 기대감이 상승했다. 2012년 5월 24일, 대법원은 일본 기업(미쓰비시중공업, 신일본제철)을 상대로 8인의 강제동원피해자가 제기한 손해배상청구소송에 대해 그간 한일법정에서 나온 판결과 다른 판결(2009다68620)을 내렸다. 이 판결의 사안에 대해 일본 법원은 원고패소판결을 내렸고, 한국의 1심과 2심 법원에서도 "일본 판결 승인에 따른 기판결의 인정, 소멸 시효 완성 등"을 이유로 원고들의 청구를 각하 또는 기각했다. 일본 법원이 기각한 결정적 이유는, 1965년 청구권 협정에 의해 개인이 일본국이나 일본기업을 상대로 한 손해청구권은 소멸되었다는 것이다.

그런데 한국 대법원의 판결 내용은 달랐다. 첫째, 제헌헌법과 현행 헌법 전문에서 대한민국은 3.1운동으로 건립되었다고 천명하고 있으므로 대한민국 헌법의 핵심적 가치와 정면으로 충돌하는 일본판결은 승인할 수 없다고 판시했다. 둘째, 1965년 한일협정으로 대한민국 국민 개인의 청구권이 소멸하지 않았다고 판결했다. 이 판결은 이후 하급심 판결을 비롯해 관련 소송에서 '승소'의 시발점이 되었다.

물론 판결에 대한 법조계의 전망은 낙관적이지 않았다. 대법원판결에 즈음해 발표한 국회 입법조사처 소식지 『이슈와 논점』464호(www.nars.go.kr 2012년 6월 4일자)에서는, 이 판결이 "식민지배와 직결된 불법행위에 관한 손해배상으로서 과거청산의 의미"가 있으나, 법리적 판단에 불과하고 대법원 판결로 종결되는 것이 아니며, 전원합의체 판결 형태를 취하지 않았으므로 상황 변화에 따른 다른 법리 전개의 가능성이 있다는 점을 지적했다. 법학계 연구 성과(『일제강점기 강제징용사건판결의 종합적 연구』)에서도 차이가 없었다. 법학자들은 대법원 판결이 피해자들에게 큰 희망을 주었으나 피해자 구제 및 정의의 구현이라는 목표에 도달했다고 보기 어렵다고 판단했다. 일본 법원의 태도나 일본 사회 전반의 분위기를 볼 때, 일본정부를 상대로 법적 책임을 추급한다 해도 실효성에 의문이 있고, 연로한 피해자에 대한 법적 책임과 관련해 한일 양국이 서로 책임을 미룰 우려가 있으며 이로 인해 피해당사자들에 또 다른 상처를 줄 우려도 있다고 파악했다. 보상 주체인 일본기업의 회사법 승계 문제는 이후 계속 논란의 대상이 될 것으로 전망했다. 그러나 소송은 대세가 되었다. 승소 가능성에 대한 기대감은 높았다. 명망가들은 승소 후 일본기업으로부터 보상을 받을 수 없다 하더라도 한국정부가 후속 조치를 할 것이라는 개인적 희망을 확산했다.

또한 위로금 등 지원금을 받은 일부 유족들은 현행법으로 '위로금 등 지원' 금액의 증액 지급은 기대할 수 없다고 판단하고, 새로운 길을 찾았다. 보상 입법이다. 헌법재판소 판결 이후 한국정부가 일본정부를 상대로 군위안부 문제 협의에 나서자 "일본정부가 군위안부 할머니에게 1억원을 준다"는 소문이 돌았다. "군위안부보다 적은 돈을 받았다"는 상대적 박탈감이 일어났다.

피해자 사회는 2007년 8월 2일 노무현 대통령이 국회 본회의를 통과한 보상법안(태평양전쟁 전후 국외 강제동원희생자 지원법)을 거부권 행사로 폐기된 과정을 경험했다. 거부권 행사 이유는 '사망자 유족: 일시금 5,000만 원 연금 월 60만 원, 귀환생존자: 일시금 3,000만 원 연금 월 50만 원, 귀환생존자 유족: 일시금 2,000만 원'을 지급하도록 한 법조문 때문이었다. 6.25전쟁 등 보훈 정책 수혜대상자보다 높은 강제동원 지원금에 대해 사회적 여론이 뒷받침되지 않았던 것이다. 그러나 이 경험은 잘못된 학습 효과를 남겼다. 피해자 사회에 수혜 대상 피해와 유족 규모를 줄이려는 분위기가 강해졌다. 새로운 보상 입법에서 군인·군무원 사망자만으로 대상을 한정해야 한다는 의견도 나왔다.

이러한 피해자 사회의 보상 요구에 대해 한국사회는 어떤 입장이었을까. 이명박 정부 탄생 이후, 지원금 지급에 우호적이던 국민 여론은 달라졌다. '왜 강제동원피해자들에게 다시 정부가 예산을 들여 지원해야 하는가' 하는 국민의 의문점은 쌓여갔다. 당연한 권리라 생각하는 피해자 사회와 입장 차이도 커졌다. 그러나 피해자 사회는 자신들의 입장을 국민에게 설득할 생각을 하지 못했다. 오히려 우리 피해를 알아주지 않는 이들이 서운했다. 이러한 피해자 사회와 국민 정서 간 차이는 강제동원 위원회 폐지의 원인이 되기도 했다.

강제동원위원회 피해조사 과정을 통해 군인·군무원 피해자와 유족들은 '자료의 힘'을 확인했다. 그러나 '자료의 힘'은 파행적으로 표출되었다. 일본정부의 명부와 자료를 확인할 수 있었던 군인·군무원 피해자들은 피해판정을 비교적 빨리 받았다. 그러나 입증 자료가 없는 노무동원 피해자들은 오래 기다려야 했다. 위로금 등 지원 대상에서는 차이가 극명했다. 노무자공탁금명부를 입수했으나 6만여 명에 불과한 수록 인원과 미수금액은 실망스러웠다. 군인·군무원에 비해서도 적었고, 동원된 노무동원피해자 규모와는 비교할 수 없을 정도였으므로 노무동원 피해자들의 소외감은 컸다. 게다가 군인·군무원 유족들은 군인·군무원 사망자로 대상을 제한한 보상입법 법제화에 나섰다.

모든 피해자를 당당한 '자료를 가진 자'로 만드는 몫은 정부에 있다. 정부가 관련 자료를 입수해서 해결하면 되는 문제다. 그러나 진상규명 업무가 중단된 강제동원위원회가 제 역할을 하지 못하면서 피해자 사회에 파행적 논의가 분출하게 된 것이다.

▣ 세 번째, 강제동원위원회 내부의 문제

세 번째 원인은 스스로 역할과 방향을 망각한 강제동원위원회다. 위원장과 사무국장 등 강제동원 진상규명 업무를 수행해야 할 위치에 있는 사람들이 본분을 저버렸다. 강제동원위원회 구성원이라면 당연히 가져야 할 사명감과 역사 인식은 이명박 정부 출범 후 뒷방 신세가 되었다. '정년이 몇 년 남지 않았다거나 좋은 자리로 영전을 기대하거나 선거 출마'라는 욕망이 튀어나왔다. 사명감을 가지고 헌신적으로 일하는 실무자들의 손발을 묶고, 전문직 자리를 줄여갔다.

인사권자가 국회와 요로를 다니며 개인 청탁을 하기도 했다. 공식 방일 일정 도중 느닷없이 귀국해 협상을 망치고, 재임 중 선거 공천을 위한 출판기념회를 개최한 기관장도 있었다. 피해자에게 정확한 정보를 제공하고 당당히 권리를 행사할 수 있도록 도와야 할 위치를 망각하고 피해자 사회의 분열과 불신을 조장하는 일도 있었다. 설립 예정인 피해자지원재단의 자리를 탐내며 입장을 표변하던 기관장도 있었다. 분탕질을 한 것은 고위급만이 아니었다. 유족들에게 "재단을 만들면 다시 1인당 보상금을 추가로 지급한다"고 선동하고, 행자부를 비롯한 정부 각처에 거짓 정보를 뿌린 이도 있었다. 기관장의 막강한 신임을 받던 그는 강제동원위원회 직원의 신분으로 위원회 폐지에 앞장섰다. 실무자들은 그들의 행태에 좌절하고 낙망했다.

주로 1970년대와 2000년대 중반에 정부로부터 보상금과 위로금을 받았던 유족 중심으로 새로운 보상 입법 요구가 커지면서 강제동원위원회에 대한 부정적 평가는 늘어갔다. '정무직 기관장을 위한 곳' '행정직의 승진 코스로 활용'되거나 '필요 없는 업무나 벌이는 곳'이라는 비판이 줄을 이었다. 위원회 고위급들이 피해자 사회에 진상규명의 필요성을 설득하려 하지 않고 사리사욕에 영혼을 판 대가였다.

(2) 그래도 포기할 수 없기에

▣ 강제동원기록물을 유네스코 세계기록유산으로

2014년 6월, 기관장 지시에 따라 위원회 보유 기록 33만 4천 건에 대한 세계기록유산 등재 추진 계획을 수립했다가 중단한 적이 있었다. 몇 달 전 내린 지시를 스스로 번복한 이유는 "지금은 그런 일을 할 때가 아니"기 때문이었다. 늘 일관성없는 업무 지시를 일삼던 기관장이지만 그렇다고 공직사회에서 기관장 지시는 거부할 수 없었다.

그 후 2015년 7월 30일, 일본의 근대산업유산군이 유네스코 세계유산 등재된 직후 국내 유네스코 세계기록물 관련 관계부처 연석회의(외교부, 문화재청, 유네스코한국위원회) 참석자로부터 '공식적 성격의 제안'을 받았다. 전달자는 다급하게 '일본 세계유산 등재 후속 조치의 하나로 관련 부처가 합의한 내용이니 강제동원위원회에서 공식 추진해달라'고 했다. 국내 심사는 당연히 통과할 것이라 했다. 강제동원기록물이 유네스코기록유산으로 등재가 되면, 강제동원위원회도 존속할 것이라는 희망적 발언도 있었다. 통화내용만으로 위원장 보고를 할 수 없으므로 핵심내용을 문자로 전달받았다.

이 공식 제안에 따라 위원장 결재를 얻은 후 강제동원 기록물 세계기록유산 등재를 위한 국내 심사 신청을 결정하고 등재 준비에 들어갔다. 인력도 부족해 두 명의 과장(정혜경, 허광무)이 부랴부랴 자료를 만들어 8월 31일 336,797건의 등재 신청서를 제출했다. 외교부에서는 대변인 발표까지 하며 강제동원 기록물 신청을 공식화했다. 이명수 의원과 시민 150여 명은 9월 15일에 매헌 윤

봉길의사 기념관에서 '일제강제동원기록물 세계유산등재추진운동본부 발대식'을 갖고 홍보와 지원 활동에 나섰고, 사할린 국내 유족들도 사진전시회 개최로 호응했다.

그러나 11월 25일 문화재청 선정 대상 기록물 심의에 올라가지도 못하고 탈락했다. 여러 차례 문의했으나 문화재청에서는 탈락 이유에 대해 명확히 알려주지 않았고 언론을 통해 답변을 흘렸다. 2016년 1월 18일자 『주간조선』은 기사 '일제 강제동원 기록 세계기록유산 신청 탈락 진상－문화재청이 먼저 제안했다'에서 탈락 이유를 정치적 문제로 해석했다.

정치적 문제란 무엇인가. 2015년 여름, 일본은 규슈·九州야마구치山口 근대산업유산군의 세계유산 등재 후, 자살특공대 기록의 기록유산 등재 추진에 나섰다. 자살특공대는 '가미카제神風 특공대'라는 이름이 익숙하다. 일본 근대산업유산군 등재를 전후해 일본정부의 반응으로 국내 여론이 싸늘해진 상황에서 일본이 자살특공대 기록 등재마저 성공한다면 한국정부에 대한 여론의 악화는 불 보듯 뻔했다. 당연히 '도대체 한국정부는 뭘 하고 있었는가'라는 질책이 쏟아질 것이다.

유네스코 세계기록물 관련 관계부처 연석회의가 강제동원기록물 신청을 제안한 시점은 바로 일본의 자살특공대 기록 등재 추진이 공식화된 직후였다. 공교롭게도 문화재청의 세계기록유산 국내 심사가 시작되기 직전에 자살특공대 기록물은 일본 국내 심사에서 탈락했다. 이에 따라 한국의 강제동원기록물 등재도 필요 없게 되었다. 결국 강제동원기록물 등재 제안은 여론의 뭇매를 피하기 위한 대용품이었다. 정부는 마지막까지 철저하게 강제동원 기록물을 활용하고 역사 문제를 소비한 셈이다. 이렇게 강제동원기록물 등재는 해프닝으로 끝났고, 이와 함께 강제동원위원회의 소생 기회도 사라졌다.

▣ 보이지 않는 손

2015년 11월 27일, 안전행정부 차관은 국회 행정자치위원회 법안심사소위원회 심의 석상에서 '31개 피해자 단체 가운데 29개 단체가 강제동원위원회 종료에 동의'한다는 문서를 국회에 제출했고 법안 심의는 무기한 보류되었다. 그리고 기한이 다 된 강제동원위원회는 문을 닫았다. 그 후 몇 달 지나지 않아 CBS라디오(2016년 1월 24일)와 뉴시스 기사(2016년 5월 23일)를 통해 '29개 단체 가운데 다수가 의견 표명을 한 적이 없거나 연락받은 자 없음'이 밝혀졌다. 누군가 유족단체장들의 명의를 도용한 문서였다. 언론은 '누군가'를 추정 보도했다. 그 '누군가'는 강제동원위원회 직원의 신분으로 일제강제동원피해자지원재단 설립을 주도하고 자리를 옮긴 인물이었다. 안전행정부 고위 공무원의 퇴직 후 자리를 마련하기 위해 피해자지원설립을 서둘렀다는 보도도 있었다. 그러나 책임지는 이는 없었다.

오히려 총 9개 국내 피해자 사단법인체 중 7개 법인단체가 2015년 12월 21일 정부청사 앞에서 기자회견을 통해 '강제동원위원회 존속 지지'를 발표했으나 안전행정부는 외면했다. 40여 일본 시민단체도 국회와 대통령에게 탄원서를 냈으나 청와대도 국회도 묵묵부답이었다.

강제동원위원회 폐지는 박근혜 대통령의 재가 사항이다. 2018년 말부터 드러나기 시작한 양승태 대법원장 문제에서 김기춘 비서실장이 관여했다는 보도가 있었다. 징용소송의 후속 대책으로 강제동원위원회 대신 피해자지원재단을 설립하기로 했다는 내용이다. 물론 이 보도 내용을 뒷받침할 만한 문서나 증거는 아직 공개되지 않았다. 만약 사실이라면, 엄연히 기능과 역할, 역사적 의미가 다른 강제동원위원회와 피해자지원재단을 그저 대체기관으로 생각했다는 것이다.

(3) 한국정부 스스로 포기한 진상규명의 길

▣ 문 닫은 야전사령부, 한국정부 스스로 포기한 진상규명

2015년 기한 종료를 앞두고 유족들은 다시 국회로 몰려갔다. 이들에게 여당(새누리당)은 '야당 동의'를 받아오라 했고, 야당은 "걱정하지 말라" 했다. 그리고는 야합을 통해 여야 간사 합의로 법안 상정을 막았다. 거대 양당 체제에서 야합은 쉬웠다. 당시 야당 간사는 안전행정부와 협의 후 법안 상정 보류에 동의했다. 늘 부친이 홋카이도 탄광 피해자임을 강조하던 국회의원이었다. 18대 국회 종료와 함께 11개 법안은 자동 폐기되었고 진상규명호의 항해는 멈췄다.

2015년 12월 31일. 한국정부는 긴 이름의 강제동원진상규명 정부기구를 공식 폐지하고, 법 규정에 따라 잔여 업무를 행정자치부로 이관했다. 2004년 11월 10일, 특별법에 따라 발족한 지 11년 만이었다. 강제동원위원회의 폐지는 한국정부 스스로 포기한 진상규명이자 스스로 외면한 대일 화해와 미래지향을 향한 도약의 길이 되었다.

'현재는 최악의 한일관계'. 모든 한일관계 전문가들이, 정치가들이, 그리고 한일 양국 언론에서 입을 모아 하는 말이다. 최악의 한일관계에서 불통의 대일 역사문제, 소통의 가능성은 있는가. 만약, 강제동원위원회가 존속했다면, 어떠했을까. 지금과 같은 최악의 한일관계는 피할 수 있었을 것이다.

강제동원위원회는 존속기간 중 한국사회에서 대중적 존재감은 없었다. 한시

기구로 출발한 데다 100여 명 남짓한 작은 정부 기관은 관심의 대상이 아니었다. 대부분의 존속기간을 6개월 단위로 연명해온 불안정성도 존재감 상실에 큰 몫을 했다. 명칭 때문에 민간단체로 오해받기도 했다. 친일 문제와 함께 국내 '과거사'로 치부되어 정치적 외풍을 맞기도 했다. 그러나 강제동원위원회는 "건국 이후 최초로 한국정부가 일제의 전쟁에 동원당한 자국민의 피해를 조사하고 진상을 밝히는" 업무를 담당한 정부 기구였다. 세계 유일의 '일본이 일으킨 아시아태평양전쟁에 의한 피해를 조사하는 공적 기관'이었다. 피해자와 시민들의 노력으로 문을 열었으며, 아시아태평양전쟁 피해라는 과제를 대상으로 진상규명을 추진한 '야전사령부'였다.

개인적으로는 동지들과 함께 새로운 역사 만들기에 동참한 경험이 값지다. 비정규직이지만 성실하고 책임감이 강한 조사관도 있었고, 비록 일본어나 역사학 지식은 없으나 사명감과 헌신성을 가진 늘공들도 있었다. 일부러 일본어학원에 다니던 어느 사무관은 갑작스러운 인사 발령에 본부로 돌아가면서 아쉬워했다. 2007년 8월에 처음 개최한 전시회를 준비하느라 눈물을 펑펑 쏟은 팀장도 있었다. 전시회를 개최하라는 상사의 지시는 있었으나 예산이 없어 다른 과의 예산을 구걸해 간신히 1천만 원이 약간 넘는 돈으로 준비하려니 전시물 제작 외에는 모두 조사1과에서 해결해야 했다. 장소도 무료 대관이 가능한 서대문형무소 전시관에서 하기로 했다. 다음 해에 같은 장소에서 전시회를 개최한 동북아역사재단의 전시회 개최비용은 2억 원이었다. 전시회 담당자인 김명옥 기록관리팀장은 열악한 상황에서 처음 경험하는 전시회 준비에 노력을 기울였으나 잘 풀리지 않았다. 때마침 어린 아들이 병원에 입원했는데, 사정도 모르고 질책하는 '정과장' 때문에 휴가도 내지 못하고 병원 복도의 불빛에 의지해 콘티를 완성했다. 위원회 폐지 후 지금까지 매년 사할린한인유골봉환식을 위해 천안 국립망향의동산을 찾는 경찰 간부(박경록)도 있다. 그는 위원회 시절에 담당 팀장이었다. 위원회는 바로 그런 정성을 가진 이들이 "원도 한도 없이 일했다"고 자평하며 자부심을 가졌던 곳이었다.

양심적 일본 시민들과 연대하며 먼지가 덕지덕지 낀 역사의 거울을 닦아 나갔다. 일본정부를 상대로 사망자 유골 현황 조사를 개시했고 공탁금문서 등 관련 자료를 확보했으며, 일본과 사할린 지역의 유골봉환사업도 시작했다. 모두 '전후 역사상' 첫 시도였고, 성과였다. 아쉽게도 시작 단계에 문을 닫았으나 대일역사갈등 해결과 미래지향적 한일관계의 가능성을 확인한 점은 큰 성과다. 경험을 통해 얻은 교훈이었다.

전후 역사청산의 바람직한 과정은 진상규명 → 피해자성 회복 → 피해자 권리 찾기이다. 이스라엘과 독일이 걸어온 길이다. 아시아태평양전쟁과 제2차 세계대전 관련국들이 걸어야 할 길이다. 그러나 일본과 한국은 그 길을 걷지 못했다. 전후 역사청산은 그저 한일 양국 외교 현안의 하나였다. 지속적 고민이 아니라 '즉자적 대응'에 그쳤다. 그나마 강제동원위원회가 체계적 대응 시스템을 놓기 시작했을 뿐이었다. 강제동원위원회 폐지로 전후 대일역사청산의 길을 시도했던 귀한 경험을 남기고 한국정부의 진상규명 작업은 멈췄다.

▣ 대일역사문제의 해법, 사실의 무게 느끼기

재일사학자 강덕상姜德相은 10년 전 발표한 글에서 '일본의 대한對韓 내셔널리즘'의 배경을 '한국과 일본이 민족의 입장에서 식민지 시대의 매듭을 짓지 않은 미완의 상태이기 때문'이라 진단했다. 특히 한국 역사와 한일관계사에 대한 일본 민중의 무지를 '공범共犯'이라 지적하고, 문제 해결의 출발점을 '사실의 무게를 아는 것'이라 제시했다.

'사실의 무게'는 '복잡다단'하다. 일본에 대한 촉구만으로 해결할 수 없다. '사실의 무게를 아는' 노력에 비해 '촉구'는 쉬운 방법이다. 최악의 한일관계 앞에서 필요한 것은, 한일 양국의 날카로움이 아니라 성찰과 회복이다. 2015년 12월 31일, 한국정부의 진상규명 시계는 멈췄다. 그러나 시계는 사라지지 않았다. 다만 멈춰 있을 뿐이다. 특별법을 폐지하지 않는 한, 작동 가능성도 남아 있다. 다시 시계가 작동한다면, 대일역사문제의 해법 찾기는 쉽고 빨라질 것이다.

2019년 초 국회 김동철 의원이 시계를 작동하기 위한 개정안을 대표 발의한 후 법안은 3건으로 늘었다. 그러나 2019년 말 '문희상 제안'이라는 괴물은 피해자 사회를 흔들었고, 2020년 현재 한국정부는 여전히 외면하고 있다. 녹슬어가는 시계와 함께 아시아태평양전쟁피해라는 역사는 그저 정치에 소비되는 소재로 남았다.

▣ 관련 연표

년월일	내 용	비 고
1948년 10월 9일	재무부, 대일배상요구자료조서 발표	
1948년 11월 27일	국회 본회의, '대일강제노무자 미제임금 이행요구에 관한 청원' '대일 청장년 사망배상금 요구에 관한 청원' 채택	1949년 2월 대통령 지시로 기획처 산하 대일배상청구위원회 설치
1953년 1월	내무부, '일제피징용징병자명부' 최종 취합, 합본	1953.4월 개최 예정인 제2차 한일회담 준비를 위해 전국 단위로 신고 접수
1971년 1월 19일	'대일 민간청구권 신고에 관한 법률' (법률 제2287호) 제정	
1974년 12월 21일	'대일 민간청구권 보상에 관한 법률' (법률 제2685호) 제정	
2000년 9월	일제강점기 강제동원진상규명모임 발족	진상규명 특별법 제정을 위한 피해자와 연구 단체, 시민단체 대표 모임체
2000년 10월 12일	국회, 일제강점하 강제동원피해진상규명 등에 관한 특별법안 발의(김원웅 외 69명)	
2000년 12월 8 ~12일	일본군 성노예 전범 국제법정	민간 법정. 일본 도쿄
2001년 12월 11일	일제강점하 강제동원 피해진상규명 등에 관한 특별법 제정 추진위원회(약칭 법추진위) 발족	일제강점기 강제동원진상규명모임 해산
2001년 12월 19일	법추진위, 심포지엄(구술자료로 복원하는 강제연행의 역사) 개최	국회도서관
2002년 2월 4일	법추진위, 심포지엄(일제강점하 강제동원 피해진상규명 어디까지 왔나) 개최	국회도서관
2002년 6월 17일	법추진위, 외교통상부에 한일수교회의기록 공개를 요구	외교통상부, 거부
2002년 7월 27 ~8월 3일	법추진위, '평화지킴이들의 전국 순례' 개최	
2002년 9월 17일	일본 고이즈미小泉 총리, 김정일 국방위원장과 정상회담 개최	평양
2002년 10월 10일	법추진위, 서울행정법원 제3행정부에 '한일협정 관련의 외교문서 정보공개거부처분 취소청구' 소장 제출(원고 피해자 및 유족 100명)	
2003년 2월 28일	법추진위, 조선인강제연행진상조사단 소장 강제동원 41만 명부 일반 공개	국회의원회관
2003년 10월 24일	국회 운영위원회, '과거사진상규명에 관한 특별위원회 구성 결의안' 채택	역사 관련 법안(7개)을 함께 심의하기 위한 조치

년월일	내 용	비 고
2004년 2월 13일	국회 본회의, 일제강점하 강제동원피해진상규명 등에 관한 특별법안 의결(출석 175명, 찬성 169명, 반대 1명, 기권 5명) 서울행정법원, '한일협정 관련의 외교문서 정보공개거부처분 취소청구' 소송 1심 판결(일부 승소 판결)	57건 중 5건 문서 공개 판결
2004년 9월 11일	정부, 일제강점하 강제동원피해진상규명 등에 관한 특별법 시행령 제정 시행 (대통령령 제18544호)	
2004년 11월 10일	국무총리 소속 일제강점하 강제동원피해진상규명위원회 발족(현판식)	서울 종로구 신문로1가
2004년 12월 17일	한일정상회담 개최 • 노무현 대통령, 고이즈미 총리에게 '민간징용자' 유골 수습 협력 요청 • 고이즈미 총리 긍정적 검토 시사	가고시마鹿児島 이부스키指宿
2005년 1월 17일	한국 정부, 한일협정 관련의 외교문서 중 청구권 관련 문서 공개	8월 26일 전체 문서 공개
2005년 2월 1일	위원회, 제1차 피해신고 접수 개시	접수기간 2005년 2월 1일 ~2005년 6월 30일
2005년 4월 15일	제7차 위원회, 진상조사 개시 결정	위원회 공식 업무 개시(진상조사 개시로부터 2년간)
2005년 5월 25일	제1차 한일유골협의 • 인도주의·현실주의·미래지향주의 원칙 합의 노무자(민간징용자) 유골 조사 합의	도쿄
2005년 6~9월	위원회, 일측에 공탁금, 후생연금 등 관련 자료 요구	
2005년 6월 20일 ~7월 4일	위원회 등 정부합동조사단, 사할린 현지 피해조사 실시 *전후 최초 정부 조사단	조사단장(위원회 조사1과장), 사할린 방문, 현지 조사
2005년 7월 18일	강제동원진상규명 네트워크 발족(도쿄)	한국 위원회 지원 활동 목적
2005년 8월 3일 ~13일	위원회 등 정부합동조사단, 사할린 현지 피해조사(제2차) 실시	
2006년 4월 3일	위원회 조사1과, 후생연금명부 해결 방안 수립	
2006년 6월 ~2008년 12월	위원회, 왜정시피징용자명부 검증 작업 실시	전국 시군구 소속 공무원 약 2천여 명이 전수조사를 실시해, 최종 118,520명을 강제동원 피해자로 확인
2006년 8월 7일	제1회 한일 공동 유골 실지조사 • 후쿠오카福岡 다가와시田川市 신마치新町 묘지 납골당에 보관 중인 한국인 유골 4위 대상	이후 일본 정부가 2014년 현재 226회 실지조사 실시 이중 공동조사는 22회

년월일	내 용	비 고
2006년 12월 11일 ~15일	위원회, 해외추도순례(1차) 실시 • 전후 최초, 필리핀, 사이판, 팔라우 지역 희생자 유족 60명 참가	2014년까지 17개 지역 19회에 걸쳐 총 359명 참가
2005년 12월 1일 ~2006년 6월 30일	위원회, 제2차 피해신고 접수	
2007년 3월 23일	국회, 법 일부 개정으로 위원회 존속기한 2년 연장	
2007년 7월	위원회, 추도공간 및 기념시설 건립 기본설계안 수립	
2007년 9월 20일	위원회, 유텐사 유골에 대한 유전자검사 사전 감식 • 대검찰청 유전자감식실장 입회 하 7위 사전 감식	도쿄 외무성
2007년 12월 10일	한국 정부, '태평양전쟁 전후 국외 강제동원희생자 등 지원에 관한 법률(법률 제8669호) 제정·공포	
2007년 12월 21일	위원회, 제1차 군인·군속 공탁금 명부(11만명 분) 입수 * 전후 최초 공탁금 관련 기록물 입수	
2007년 12월	한일 정부 간 유텐사祐天寺 유골봉환 실시요령 합의	
2008년 1월 23일	제1차 유텐사 유골봉환 • 군인·군속 유골 101위 국내 봉환	1월 21일 유족 55명 방일 23일 봉환
2008년 4월 1일 ~6월 30일	위원회, 제3차 피해신고 접수	
2008년 6월	위원회, 추도공간 기본설계안 의결, 건립 착수	부산 남구 당곡근린공원 부지
2008년 6월 18일	태평양전쟁 전후 국외 강제동원희생자 등 지원위원회 발족(현판식).	사무국은 강제동원위원회와 통합 운영
2008년 7월	위원회, 사할린한인 묘지 표본조사(1차) • 유즈노사할린스크, 브이코프, 코르사코프의 3개 지역 5개 공동묘지를 대상, 250여 기의 사할린 한인 묘에 대한 표본조사 실시	21개 공동묘지 소재지, 사할린한인 관련 일본·러시아 공공기록물 소재 확인 등
2008년 10월 30일	제7차 한일유골협의회 실무회의, 일본 정부를 통한 후생연금명부 조회 원칙에 합의	2009년 10월 27일부터 2011년 11월까지 조회와 후생연금피보험자대장 사본 인수 진행
2008년 11월	위원회, 일측에 노무자공탁금 내역(370명분) 조회 의뢰(공탁금1차)	
2008년 12월 12일	위원회, 일측에 후생연금 내역(샘플 100명분) 조회 의뢰	2009년 1월 일측 답변 수령
2008년 11월 21일	위원회, 제2차 유텐사 유골봉환 • 군인·군속 유골 59위 국내 봉환	11월 19일 유족 30명 방일, 21일 봉환
2009년 2월 25일	제8차 한일유골협의회 실무회의, 후생연금명부 조회 방법 및 절차 등 합의	

년월일	내 용	비 고
2009년 7월 9일	제3차 유텐사 유골봉환 • 군인·군속 유골 44위 국내 봉환	7월 7일 유족 25명 방일, 9일 봉환
2009년 10월 27일	위원회, 후생연금(4만명 분) 내역 조회 의뢰	2010년 1월 4일 1차 조회 결과 수령(4,727명 명부 존재 확인)
2009년 11월 5일	일측, 노무자공탁금 부본 일체 제공에 합의	도쿄, 한일유골협의 팀장급 협의
2009년 12월	일측, '구 해군군속자료(2009)' 제공 • 79,350명 분 및 공탁금 등 11만3천여 쪽 분량 입수	
2009년 12월 8일	위원회, 희생자 위패(1차) 131위 봉안 • 유골이 없는 희생자의 유족 요구에 따라 위패 를 제작하여 봉안	천안 국립망향의동산
2010년 3월 3일	위원회, 후생연금(1만명 분) 내역 조회 의뢰	748명 분 내역 수령
2010년 3월 22일	국회, 대일항쟁기 강제동원 피해조사 및 국외강 제동원 희생자 등 지원에 관한 특별법 의결	기존의 2개 법률 폐지하고 통합위원회로 운영
2010년 3월 26일	위원회, 제2차 공탁금 명부(6만4천여 명 분) 입수	4월 5일 부본 인수. 합계 약 17만명 분 입수
2010년 4월 20일	대일항쟁기 강제동원 피해조사 및 국외 강제동 원 희생자 등 지원위원회 출범	위원장 상근직(차관급)
2010년 5월 19일	제4차 유텐사 유골봉환 • 군인·군속 유골 219위(무연고 포함) 국내 봉환 합계 423위	북한적 및 우키시마호 폭침 사건 관련 유골 제외한 군인·군속 봉환 완료
2010년 5월 28일	대일항쟁기 강제동원 피해조사 및 국외 강제동 원 희생자 등 지원위원회 현판식	
2010년 5월	위원회, 해외추도비 건립	인도네시아 지역
2010년 9월	위원회, 해외추도비 건립	필리핀 지역
2010년 10월 6일	위원회, 희생자 위패(2차) 257위 봉안	이후 국립망향의동산 측과 협의 난항으로 사업 중단
2010년 12월	위원회, 일제강제동원역사관 착공	대지 75,465㎡, 건물 연 12,062㎡
2011년 8월 17일	일본, 후생연금 기록 사본 제공(5,713명 분)	
2011년 12월 17일	한일정상회담 • 회담 직전 한일 양측 실무자 간에 노무자 유 골에 대한 봉환에 대한 기본적 합의 상태 • 이명박 대통령, 일본군 위안부 문제 언급으로 이후 한일 관계 경색, 유골 문제 협의 중단	교토京都

년월일	내 용	비 고
2012년 5월 18일	한러 정부 간 실무회의(제1차) 개최 • 전후 최초, 사할린한인 관련 문제 협의	모스크바, 외무성
2012년 5월 24일	대법원, 판결(2009다68620)에서 원고 승소판결	미쓰비시중공업, 신일본제철을 상대로 8인의 강제동원피해자가 제기한 손해배상 청구소송
2012년 8월 10일	이명박 대통령, 독도 방문	한일 관계 악화 심화
2013년 5월 23일	한러 정부 간 실무회의(제2차) 개최 • 사할린 한인 기록물, 묘지 조사, 발굴·봉환 등에 합의	사할린, 사할린주정부청사
2013년 8월 30일	위원회, 사할린 한인 묘지 발굴 봉환(1차) * 전후 최초, 시범사업으로 1기 발굴·봉환	8월 23일 사할린 입도, 27일 발굴 착수, 30일 귀국, 봉환
2014년 5월	위원회, 일제강제동원역사관 준공	부산 남구. 총 사업비 522억 원 소요
2014년 8~9월	위원회, 사할린 문서기록보존소 등에서 사할린 한인 관련 기록물 조사, 수집 사업 착수 • 역사기록보존소(GIASO) 및 개인기록보존소(GADLSSO) 자료 11만 8,000여 매 열람 • 약 7,472명의 한인 인명 기록 확인	
2014년 8월 25일~29일	위원회, 사할린 한인 묘지 발굴 봉환(2차) * 18기 발굴·봉환	
2015년 8월 31일	위원회, 유네스코 세계기록물 관련 관계부처 연석회의 요청에 따라 강제동원기록물 세계기록유산 등재 신청서 제출	11월 25일 문화재청 선정 대상 기록물 심사 대상에서 탈락
2015년 9월 7일~11일	위원회, 사할린 한인 묘지 발굴 봉환(3차) * 13기 발굴·봉환, 합계 32기	이후 행정안전부 과거사업 무지원단에서 2019년 현재 4~7차에 걸쳐 52기 봉환, 총 85기 봉환
2015년 12월 8일	위원회, 국회 등에 '대일항쟁기위원회 관련 현안 보고서' 배포	
2015년 12월 10일	위원회, 국립일제강제동원역사관 개관	2016년 1월, 행정자치부 이관
2015년 12월 31일	국무총리 산하 대일항쟁기 강제동원피해조사 및 국외강제동원희생자등 지원위원회 해산	잔여 업무는 행정자치부로 이관

[주]

1 용어에 대해서는 '일왕'을 많이 사용하고 있으나 천황제는 일본의 정식제도이고 공식 용어도 '천황'이므로 이 책에서는 공식 용어를 사용.

2 이후 법추진위는 '강제동원진상규명시민연대'로 전환해 위원회 구성에 참여한 후 백서(프린트본) 발간을 끝으로 해산했다.

3 2010년에 '위로금 등 지원업무'가 추가되었다. '태평양전쟁 전후 국외 강제동원희생자 등 지원에 관한 법률(법률 제8669호, 2007년 12월 10일 제정) 제정으로 설립해 '태평양전쟁 전후 국외 강제동원희생자 등 지원위원회(이하 태평양위원회. 사무국은 강제동원위원회와 통합 운영)'가 시작한 '위로금 등 지원업무'는 '대일항쟁기 강제동원 피해조사 및 국외강제동원 희생자 등 지원에 관한 특별법'(2010년 3월 22일 제정)을 통해 통합 위원회로 전환했다.

4 별도 표기가 없는 경우는 2004년·3월 5일자 법률 제7174호 제정법을 의미

5 총 접수건수는 228,126건이지만 일부 사건은 취하하거나 중복신고건을 병합 처리하였으므로 실제 조사 건수는 226,583건이다.

6 '피해판정불능'을 제외한 수

7 이상호, 「대일배상요구조서 해제」, 『한일민족문제연구』 35, 2018.

8 2013년 12월 24일, 연합뉴스, '일정부, 조선인 군인군속 명부 증발 은폐 방치'.

9 1인이 다중 피해를 중복 신고, 신청한 경우가 있으므로 '건'으로 표시한다.

10 강제동원위원회가 파악한 국가기록원 48만명 중 일부 오류에 대해서는 鄭惠瓊, 「日帝强占下强制動員被害眞相糾明委員會調査を通してみる勞務動員」, 『季刊 戰爭責任研究』, 55호, 2007 참조.

11 '제1항에 따라 위원회의 존속기간이 만료되는 당시의 위원회의 소관업무는 안전행정부 장관이 이를 승계한다.'

12 1991년 『월간 아사히Ashahi』 수록 사망자 39, 985명부.

13 2007년에 무라야마村山常雄가 정리한 명부.

14 러시아연방국립공문서관 보관 700권 분량 파일.

15 1991년 일본이 소련과 맺은 '구 소련지역 내 일본인 포로수용자 등 처리에 관한 일소 간 협정'을 의미

16 1937년 일본군에 의해 자행된 난징학살피해를 조사하고 국제사회와 공유하기 위해 1985년 중국정부가 설치한 상설조사기구 및 기념시설

17 당시 조사1과는 총 다섯 가지 기준에 따라 우선수행과제 113건을 선정했다.

18 국무조정실이 파악하고 있었던 민원은 한국정부가 일본정부를 상대로 피해보상금을 받아달라, 한국정부가 사실상 '보상금'을 받았으니 이를 피해자에게 돌려달라, 정부가 피해자를 위한 기념사업을 해 달라, 정부가 피해자에게 실질적인 생활보장을 해달라 등의 것이었다. '한일협정문서 공개와 정부 후속대책', 연합뉴스, 2005년 1월 17일자.

19 '정부, 일제징용 보상안 입법예고...피해자·유족 반발'『서울신문』, 2006년 3월 22일.

20 '징용피해자 "도의적 지원 말고 법적 보상하라"', 연합뉴스, 2006년 3월 22일.

21 2006년 12월 6일 행정자치위원회 법안소위 공청회 시 정부는 한일청구권협정을 근거로 1975년 정부보상의 미흡함을 보완하는 의미에서 법안을 마련했다고 배경을 설명했다.

22 조선인 강제동원에 대해 히구치 유이치樋口雄一는 "조선 내부가 더 편했고 일본 본토가 가혹했던 것이 아니다"며 "식량사정은 오히려 조선내가 더 열악했던 것으로 보인다"고 했다(『한겨레』 2011년 3월 4일자 기고문).

23 2004년 6월 21일 장복심 의원 등 117명이 공동발의한 '태평양전쟁 희생자에 대한 생활안정지원법안'이 국회 보건복지위원회에 제출된 바 있으나 임기만료로 폐기되었다.

24 2015년 5월 14일 영주귀국한 사할린 한인사회 각 지역대표 25인이 신청기한의 부당함을 호소하며 신청기간의 연장을 정부에 탄원한 바 있다. 그러나 신청기간의 연장 없이 그해 12월 31일 위원회는 문을 닫았다.

25 정혜경, 『터널의 끝을 향해』, 도서출판 선인, 2017.

26 2010년 3월 22일 제정된 '대일항쟁기 강제동원 피해조사 및 국외 강제동원 희생자 등 지원에 관한 특별법'에서는 제외 대상을 명확하게 하기 위해 당초 제7조 제2호의 '~등에 따라'를 '~등 별도 법률에 따라'로 명확해 졌다. 동법에 의해 새로 출범한 위원회는 2010년 6월 10일자로 법제처에 유권해석을 신청, 제7조의 지급대상 제외에 해당하지

않음을 확인하였다.

27 사할린 한인의 '전환배치'와 이산의 아픔에 대해서 강제동원위원회의 진상조사보고서가 있다. 『사할린 '이중징용'피해 진상조사』 2007. 구술기록집으로 『검은대륙으로 끌려간 조선인들』 2006.이 있다.

28 대일항쟁기 강제동원 피해조사 및 국외 강제동원 희생자 등 지원위원회, 『위원회 활동 결과보고서』 2016년, 275쪽.

29 동 유골의 국내 반입 후 행방 등에 관해서는 일제강점하강제동원위원회 진상조사보고서, 『1948년 한국으로 송환된 유골에 대한 진상조사』진상 결과보고서(Ⅷ-⑵), 2007을 참조

30 1970년대 이후 한국인 군인·군무원 등 유골이 송환되기까지 한국정부는 주로 군인·군무원 등의 유골에 대해서만 송환 노력을 기울였으며, 노무동원자 등의 유골 송환에 대해서는 별도의 조치를 취한 적이 없으며, 현재까지 일본정부에 의해 노무자 등의 유골이 공식적으로 송환된 사례는 없다.

31 일제강점기와 전쟁 기간 중에도 일본의 장례풍습은 일반적으로 매장보다는 화장을 선호하였다. 공동묘지와 한국 내 사찰 등에 납골한 경우도 있지만, 유골을 집안에 보관하거나 일본 본국으로 귀환할 때 가지고 가기도 했다. 따라서 전몰자와 국내에 실제 매장된 유골의 숫자는 반드시 일치하지 않는다.

32 북한 지역의 일본인 전몰자는 3만4천6백 명으로 추산한다. 厚生勞動省社會·援護局 1997, 118쪽.

33 'Ⅲ. 在韓日本人遺骨について', 外務省北東アジア課『遺骨問題』(昭和48.10.8), 外務省外交史料館所蔵(본 자료는 필자가 외무성외교사료관에 정보공개를 요청하여, 이번에 공개된 비밀해제 문서이다.)

34 외무성은 이 송환이 '(일본)정부가 수 차례에 걸쳐 절충하고 우리 불교회가 진력한 결과'라고 분석하였다.

35 강제동원위원회가 유골협의체를 통해 추가로 입수한 '구 해군군속자료(2009)'에 관해서는, 심재욱, 「[舊日本海軍 朝鮮人軍屬 關聯 資料(2009)]의 微視的 分析」, 『한일민족문제연구』 24, 2013년 6월을 참조할 것.

36 2007년 당시에는 국립과학수사연구소였다. 2010년 국립과학수사연구원으로 승격했다.

37 현재 유전자감식실은 DNA수사실로 명칭이 바뀌었으며, 이승환 팀장은 현재 DNA수사실장으로 재직중이다.

38 한일유골협의체의 대표는 강제동원위원회의 사무국장과 일본 외무성의 심의관으로 구성되었다. 이후 국장급 협의와 이하 실무자급 회의가 진행되었다.

39 2005년 5월 한일유골협의에서 일측은 '조사의뢰서'를 보낼 기업이 108개사라고 밝혔다. 강제동원위원회는 대상 기업의 숫자가 너무 적다고 문제를 제기하였는데, 일측은 1991년 당시 조사된 회사가 431개사였는데, 그중 '현존하는 회사가 108개사'라고 밝혔다.

40 총무성이 각 지자체 등에 통달한 문서는 総行国第147号「朝鮮半島出身の旧民間徴用者の遺骨について(情報提供依頼)」平成17年6月20日, 여기에는 별첨문서로서 内閣官房·外務省·厚生労働省이 공동 작성하여 의뢰하는「朝鮮半島出身の旧民間徴用者の遺骨について(情報提供依頼)」지침서가 첨부되어 있다.

41 2011년 4월 현재 한일유골협의 대표급 회의는 8회, 과장급·팀장급 실무회의는 10여 차례 진행되었다. 2012년 이후 한일관계 경색에 따라 사실상 유골문제협의는 중단되었다.

42 일측은 조사대상 기업 125개사 '모두'로부터 회신이 있었다고 했지만, 대부분이 '해당 자료 없음' 또는 '모른다'는 내용의 회신이었고, '8개 회사만 사망자·유골 소재, 또는 조선인노무자 고용자료를 보내왔다'고 했다.

43 『위원회활동결과보고서』, 2016년, 313쪽.

44 이 가운데 한국측 관계자가 공동으로 참여한 실지조사는 19회이다. 공동조사는 해당 사찰 등 시설의 동의가 있는 경우에만 허용되고 한국측의 예산·인력 부족 등으로 인해 충분하게 이루어지지 않고 있다.

45 일본 사찰에 유골을 위탁보관하거나 납골할 때 기재하는 장부. 사망자의 이름과 법명, 사망일시 등이 기록되어 있다.

46 이상의 유골 실태조사 및 실지조사 관련 내용은, 오일환, 「유골명부로 보는 일본 내 한국인 유골 실태, 일본 정부에 의한 유골 실태·실지조사 결과를 중심으로」, 정혜경 외 공저, 『강제동원을 말한다-명부편 1』, 강제동원 평화총서 시리즈-01, 2011년 및 2014년경의 유골 실태실지조사 결과를 종합한 것이다.

47 한일유골협의체 출범 이후 협의 때마다 매번 이 문제를 협의했으며, 군인·군무원 유골

봉환이 완료된 이후에는 거의 이 문제만을 협의했다. 그밖에 강제동원위원회는 주한일본대사관을 통해 이 문제를 수십 차례 협의했다.

48 2011년 12월 초까지 강제동원위원회와 일본 외교 당국은 노동동원자 등 유골의 봉환과 구체적 조건에 관해 실무적으로 사실상 합의에 도달하기 직전 상태였다. 이는 12월 17~18일 간 동경에서 개최된 한일정상회담에서 우리 정부가 안건으로 상정할 예정이었으나 대통령이 일본군 위안부 문제에만 초점을 맞추기로 함에 따라 회의에서 직접 거론되지는 않았다. 그러나 정상회담 직후 일본 정부의 태도가 급경색됨에 따라 이후 노무동원자 유골 봉환 문제는 답보 상태로 접어들었고, 이후 8월 10일 대통령의 급작스런 독도 방문 사건은 사실상 한일 정부 간의 유골 봉환 사업을 중단시켰다고 할 수 있다.

49 당시 일본 외무성과 주한일본대사관 관계자 등은 강제동원위원회 측에 '한국 대통령의 독도 방문 사건이 해결될 때까지 상부로부터 일체의 유골 문제 협의와 추진을 중단하라'는 지침을 받았다고 전했다.

50 강제동원위원회는 법률상 한시 기관이라는 태생적 한계 때문에 2년 또는 1년 간격으로 국회에서 활동기간 연장에 관한 의결이 이루어지다보니 조직과 기능, 예산을 안정적으로 편성하지 못했다. 특히 국무총리실 소속임에도 불구하고 상급기관인 행정안전부(안전행정부)가 조직과 예산을 관장하다보니, 2008년 이후 사실상 강제동원 피해조사와 진상조사, 유골 관련 업무와 기능 등은 지속적으로 축소되었고, 2012년 이후에는 피해자 지원금 지급 업무를 제외한 기존의 조사기능과 유골 관련 업무에 필요한 인력과 예산은 거의 사라져서 명목만 유지한 채 사실상 기능부전 상태였다고 할 수 있다.

51 『위원회활동결과보고서』, 2016년, 348쪽.

52 정혜경, 『터널의 끝을 향해-아시아태평양전쟁이 남긴 대일역사문제 해법 찾기』, 선인, 2017, 161쪽.

53 후생연금은 탈퇴수당금을 신청해야 탈퇴가 가능하다.

54 이에 대해서는 정혜경, 「일제강점기 강제동원피해진상규명-한국정부의 궤적과 전망」, 『한일관계-무엇이 문제이고 어떻게 풀어야 하나』, 페이퍼로드, 2020 참조.